중국 현대 신유학의 철학적 탐구

중국 현대 신유학의 철학적 탐구

유술선 지음
최대우 · 이경환 공역

전남대학교출판부

이 책은 劉述先의 『儒家思想開拓的嘗試』(鄭家棟 主編, 中國社會科學出版社, 2001)에서 부록 「어머니에 대한 추억」(母親的追思)을 제외하고 완역한 것이다.

| 옮긴이의 말 |

중국 근·현대사에서 지난 20세기는 19세기 초반에 있었던 서양 문화(서양 제국주의)의 충격을 극복하는 과정이었다고 말할 수 있다. 21세기를 맞이한 오늘날 역시 이 과정 속에 놓여 있다. 따라서 이 문제는 이미 2백여 년이 된, 그러나 여전히 극복하지 못하고 있는 과제이다. 이 문제는 결코 중국이라는 한 국가에 한정된 것이 아니다. 어떤 국가가 되었든 비 서구사회는 이 문제에서 여전히 자유로울 수가 없다.

유술선의 『중국 현대 신유학의 철학적 탐구』 역시 위에서 서술한 역사문제와 깊은 관계를 맺고 있다. 중국의 역사가 마주했던 문제에 대한 철학적 반응에 해당한다. 서양 문화의 충격/수용/극복의 과정은 결코 물질적 차원에서 해결될 문제가 아니다. 이미 중국의 중체서용(中體西用), 조선의 동도서기(東道西器), 일본의 화혼양재(和魂洋才)라는 방법이 실패했음은 역사적으로 증명되었기 때문이다. 결국 이 문제의 극복은 인문적·철학적인 방법을 통하지 않으면 해결할 수 없다.

중국 현대 신유학은 서양 문화의 극복 방법에 대한 대안을 탐색하는 가운데 자신의 모습을 부단히 변화시키고 있다. 다시 말해 지금 중국 현대 신유학의 상황은 서양의 형이상학을 자신의 형이상학 체계 내에 수용하려고 노력하는 과정에 놓여있다.

이 책에서 저자는 송대 신유학의 핵심 개념인 리일분수(理一分殊)라는 관점에서 현대 신유학을 논의하고 있다. 그렇지만 이 책에서 중국 현대 신유학에 대한 논의의 초점은 다양하다. 이 책에서 논의하고 있는 내용을 간략히 요약하면 다음과 같다. 현재 중국철학(특히 현대 신유학)이 처한 상황에 대한 고찰, 동양철학과 서양철학의 융합과 그 차이점, 초월(超越)과 내재(內在)의 문제를 양행의 도리(兩行之理)라는 측면에서의 고찰, 현대사회의 특징 가운데 하나인 상대주의(절대적 상대주의와 완화된 상대주의)로 인한 윤리의 부재 문제와 동서윤리 융합의 가능성 탐구, 세계윤리선언의 기초 과정과 동양윤리의 위치, 현대 교육체계에서 통합적 지식의 문제 등이다.

먼저 현재 중국철학이 처한 문제를 '패러다임의 전환'이란 관점에서 논의하고 있다. 여기에는 근·현대 중국이 마주했던 세 가지 논점 —현대 신유학, 마르크스-레닌주의, 자유주의— 을 담고 있다. 특히 서양의 패러다임 논의는 과거를 극복 또는 부정하고서 나타난다는 유형의 패러다임 담론이 성행하였지만 이것은 서양근대의 진보적 역사관을 그 배경으로 한 것이다. 그러나 이 책의 저자는 동양의 나선적 역사관을 바탕으로 현대 신유학과 송대 신유학의 관계, 더 멀리는 선진유학과의 관계까지 논의하면서 중국 현대 신유학의 발전 방향을 탐색하고 있다. 이것은 전통과 현대의 융합 문제라고 할 수 있다.

동양철학과 서양철학의 융합과 그 차이점에 대해 저자는 일찍이 모종삼(牟宗三)이 제시했던 서양철학의 외재초월(外在超越)과 동양철학의 내재초월(內在超越)이라는 기본 개념에 근거하여 비교/분석/비판하였다. 이 문제 역시 송대 신유학의 리일분수에서 리일과 분수의 독립성과 상관성을 모두 긍정하는 입장에 서서 논의한 것이다. 리일은 리일이고 분수는 분수이지만 리일은 또 분수를 통해 드러나고 분수는 리일을 통해 그 근거를 갖는다는 점을 밝히고 있다. 따라서 리일이 없는 분수는 불가능하고 분수가 없는 리일은 무의미함을 드러내고 있다.

초월과 내재의 문제를 양행의 도리라는 측면에서의 고찰은 흔히 전통 서양철학에서 나타난 이원적 세계관의 문제점을 리일분수라는 관점에서 비판하고 있다. 저자는 도가철학, 불교철학, 유가철학의 장단점을 비판적 시각에서 분석한다. 저자의 관점에 의하면 도가철학과 불교철학은 기본적으로 초월의 측면에 편향되어 내재의 측면에 대한 관심이 부족하다. 그러나 유가철학은 초월과 내재를 모두 균형 있게 탐구하고 있다. 그 관점이 바로 앞에서 말한 리일분수이다. 저자는 초월과 내재의 탐구를 통해 안심입명(安心立命)의 길을 찾을 수 있다고 지적한다. 이 문제는 종교와 형이상학이 사라진 현대인이 처한 허무주의를 극복하고, P. 틸리히가 말한 '궁극적 관심'의 문제를 유학의 리일분수를 통해 해결할 수 있음을 보여준다.

현대사회의 상대주의로 인한 윤리의 부재 문제와 동서윤리의 융합 문제는 흔히 윤리부재의 시대라 평가되는 현대사회에서 어떻게 해야만 세계윤리를 새롭게 구축할 수 있을 것인가를 고민하고 있다. 뿐만 아니라 각 지역마다 역사적 맥락과 가치관이 다른데 이것들의 공통점과 차이점, 그리고 그것들의 융합에 대한 성찰이 논의되고 있다.

현대 교육의 통합적 지식문제는 현대 교육의 파편화된 지식 교육에 대한 비판적 성찰이다. 그 대안으로 전인교육을 제시하고 있다. 오늘날 우리가 흔히 말하는 통섭(統攝)의 문제이다. 이제 과거와 같은 전문화되고 단편적인 지식만으로는 전인적 교육이 불가능함을 강조한다.

오늘날 동양철학이 그 출구를 찾지 못하고 있다는 것은 누구나 잘 알고 있는 사실이다. 현대 신유학자들은 이것을 '유혼'(遊魂)이라 표현한다. 그런데 이 책은 중국 현대 신유학이 처한 상황을 직시하면서 그 대안을 모색하고 있다.

한국에서 현대 신유학에 대한 논의는 매우 부족한 것이 현실이다. 지금의 상황은 대체로 중국학자/서양학자들의 견해를 소개하거나 비판하는 수준에 머물고 있는 것 같다. 새로운 논의가 거의 보이지 않는다. 그 까닭은 새로운 관점에서 창의적인 논의가 이루어지지 않고 있기 때문이다. 이처럼 창의적인 논의가 부족한 것은 새로운 방향 설정을 하지 못하고 있다는 것을 의미한다. 이 문제에 대해 유술선의 저작은 한 모범을 보여준다. 비록 이 저작에서 새로운 논의의 방향을 분명히 보여주지는 못한다고 하더라도 적어도 그 방향의 기준점은 제시하고 있다.

아무튼 이 저작은 넓게는 동양철학 전반, 좁게는 현대 신유학이 어떤 방향으로 나가야할지를 보여주고 있기 때문에 한국에서 동양철학 연구자와 동양철학에 관심이 있는 일반 독자들에게도 좋은 참고자료가 될 것이다.

이 책을 번역하는 과정에서 많은 도움을 주신 여러 선생님들께 감사의 말씀을 드린다.

최대우·이경환

| 자서 |

최근 2, 3년 동안에 나는 계속해서 "유가사상의 개척"이라는 실험적 성격의 작업을 힘써 해왔다. 나는 이러한 문제에 대한 논문들을 쓰면서 관심을 특히 예지의 응용이라는 측면에 두었는데, 지금의 세계에서 어떻게 하면 종교 교류, 세계윤리, 윤리 건설, 교육 개혁, 문명 충돌과 같은 문제들을 마주하여 (해결에 필요한) 길을 찾는 것이었다. 그런데 이 책 전체를 관통하는 주도적 원칙은 "리일분수"(理一分殊)로 이전보다 분명히 더 깊고 정미하며 넓은 응용을 담고 있다.

역사를 되돌아보면 유가사상이 가장 활발하였던 때는 (중국) 문화에 중대한 위기가 발생한 시대였다. 공자는 예(禮)에 인(仁)이라는 토대를 찾아 피폐해진 주대 예악제도에 적용하려고 하였다. 리학(理學)의 흥기는 오대(五代) 때 도덕이 문란하게 된 뒤에 일어난 것이다. 명(明)나라의 멸망은 패러다임의 전환을 이끌었다. 현대에 이르자 강력한 서양문화의 충격을 받게 되면서 중국은 마침내 나라가 망하고 민족이 멸하는 위험에 처하게 되었다. 나 역시 패러다임의 전환이라는 각도에서 볼 때 현대 중국철학사상의 변화된 국면은 급진주의사상이 탄생하게 된 온상의 원인을 이해할 수 있고 또 현대 신유학이 부흥하게 된 계기의 원인을 분명히 이해할 수 있다고 제기하였다.

20세기 말에 이르자 유가의 가치에 대해 이처럼 희극적인 전환이 있게 될 줄은 누구도 생각하지 못하였다. 일본과 네 마리 작은 용의 흥기로 사람들은 유가 전통에 대해 새롭게 사고하지 않을 수 없게 되었다. 나는 "정신적 유가"(精神的儒家), "정치화된 유가"(政治化的儒家)와 "민간의 유가"(民間的儒家)라는 세 층차로 구분하여 유학의 이상과 실제를 검토하고 학자들의 최신의 연구 성과에 근거하여 최근 동아시아 발전의 성과와 한계에 대한 전반적인 고찰과 반성을 하였다.

20세기 말에 이르자 우리는 과학기술문명의 진보는 종교 신앙의 문제를 해결할 수 없으며, 만약 이 측면에서 건강한 출구를 찾지 못하면 사교(邪教)의 유혹과 제어를 받아 파괴적인 결과를 낳게 될 거라는 점을 분명히 알게 되었다. 나 역시도 종교 신앙은 신에 대한 신앙(上帝的信仰)과 같지 않고, 그것은 일종의 궁극적 관심(終極關懷)으로 초월적 지향이 있음을 알고 있다. 유가는 비록 조직된 종교가 아니지만 오히려 심오한 종교적 의미를 담고 있으며, 통상적으로 일종의 "내재초월"(內在超越)의 형태로 이해된다. 최근에 어떤 학자는 이 개념에 의문을 제기하였다. 나는 (이 문제에 대해) 여기에서 분명히 하면서 또 이러한 형태가 마주한 난점은 "외재초월"(外在超越)의 형태보다 크지 않다고 지적하여 밝혔다. 현대인도 평등, 상호존중이라는 시각으로 세계종교를 볼 수 있다.

이 책에 수록한 옛 글은 「'양행의 도리'와 안심입명」("兩行之理"與安身立命)이 유일한데 1991년에 완성하였다. 모종삼(牟宗三) 선생은 일찍이 중국전통의 3교에 대해 이렇게 말하였다. 유(儒)·석(釋)·도(道)는 모두 "지혜의 직관"(智的直覺)을 긍정하지만 많은 논쟁을 일으켰다. 나는 3교에 담긴 "양행의 도리"(兩行之理)에 대해 창의적 해석을 하였는데 "리일"(理一)과 "분수"(分殊)를 양행(兩行)으로 삼고서 새로운 현대적 해석을 하여 이 문제에 대한 참고용으로 제공하였다.

최근 몇 년 사이에 있었던 한 가지 큰 사건은 유네스코가 1997년에 "보편윤리계획"(普遍倫理計劃)을 성립시킨 것이다. 나는 전 과정에 참여하였다. 「세계윤리와 문화차이」(世界倫理與文化差異)는 문제의 자초지종을 밝혔다. 파리·나폴리에서 열린 회의 과정 및 ≪세계윤리선언≫(世界倫理宣言)을 기초한 과정의 여파를 밝혔으므로 이 책에 수록된 보고를 참고할 수 있다. 1998년 6월 북경에서 회의가 열렸으며, 나는 「현대 신유가의 관점으로 본 세계윤리」(從當代新儒家觀點看世界倫理)라는 초고를 발표하였다. 그리고 1999년 5월 타이베이(臺北)에서 회의가 열렸을 때 보완·확대하여 한 편의 완전한 논문을 완성하였으며, 유가윤리 중의 "오상"(五常)에 대해 창조적 해석을 하여 중국 전통이 이 계획에 적극적으로 참여하고 있는 증거로 삼았다.

나는 세계윤리를 세우는 일은 "같은 점을 취하고 차이점을 생략한다"(取同略異)는 귀납적 방법을 이용할 수 없고 차이를 말살하지 않으면서 회통을 구하는 "리일분수"의 길로 나가야 한다고 제기하였다. 나는 내가 이러한 규약원칙을 자주 말한 것을 들었던 나의 아들 유활부(劉豁夫)는 사회심리학을 전공하였는데 지난 백 년 이래 심리학 발전 과정에 있었던 패러다임의 전환을 성찰한 뒤에 "리일분수"가 미래의 심리학 발전에 출구를 제공할 것이라고 생각할 줄은 미처 몰랐다. 우리는 함께 동시에 영문과 중문으로 글을 써 학보에 발표하여 이러한 측면에서 진일보한 탐색의 노력을 하도록 추동하였다.

동시에 현대 사회는 전문기술교육을 지나치게 강조함으로써 이미 심각한 문제를 드러냈다. 나는 1997년 12월 동오대학(東吳大學)에서 주관한 "제5회 통합지식교육 교사 연구반"(第五屆通識教育教師研究營)의 초정을 받아 "통합지식과 지·정·의"(通識與知情意)와 관련된 주제를 강연하였다. 나는 자신이 반세기 동안 통합지식교육에 참여했던 경험을 말하였고, 또 자신의 성찰을 제시하였다. 동오대학은 지금도 여전히 자신의 새로운 통합지식 과정을 육성·발전시켜 오고 있다. 나는 "기본으로 돌아가기"(go back to basics)를 희망하고 또 그렇게 되기를 기대한다!

헌팅턴이 제기한 문명충돌에 대해 말하면, 나는 잔꾀를 부린 책략이 비록 일시적으로는 효과가 있다고 하더라도 결국 인류문명은 파괴적인 위기를 피할 수 없을 것이라고 생각한다. 그러므로 우리는 반드시 그 불가함을 알고서 세계윤리의 건설에 노력을 기울여야 하며, 그 규약원칙은 카시러가 말한 "공능의 통일성"(功能的統一性)으로, 그것은 중국 전통의 "태화"(太和)의 이념과 부합한다고 말할 수 있다.

마지막으로 나는 실제적인 시각에서 다원문화에서 중국문화의 위치를 논의하였다. 오늘날 중국은 이미 다시는 세계의 중심이 아니고 유가사상도 현실정권의 지도적 의식 이념이 아니다. 우리는 장래에 각각의 문화들이 그 특수성을 견지하면서도 공통적인 인식을 응집하여 모두가 이 지구촌에서 평화공존 하는 삶을 얻기 희망한다. 매우 아이러니한 것은 현대에서 후기현대로 이르면서 유가사상은 여전히 가치가 있는 자원을 제공하고 있으며, 우리가 준비를 잘하여 새천년을 맞이하도록 한다는 점이다.

마땅히 미리 밝혀야 할 점은, 이 책에서 「양행의 도리를 논의함」(論兩行之理)이라는 한 편의 글 이외의 다른 논문들은 모두 이미 타이베이 중앙연구원(中央硏究院) 중국문철연구소(中國文哲硏究所)에서 출판할 『유가사상 의미의 현대적 해석 논문집』(儒家思想意涵之現代闡

釋論集)에 수록하였다는 것이다. 그리고 나는 1996년에서 1997년 사이 휴가 때 영문으로 된 유가철학(선진시대와 송명시대) 원고를 완성하여 이미 1998년에 출판하였다. 나는 영문으로 된 책에서 일찍이 아버님이 내가 유가철학연구에 종사할 수 있도록 한 원천이었다고 밝혔는데 어머님에 관해서는 한 마디도 언급하지 않았다. 그렇지만 마음 한 편에 불편한 생각은 없었다. 사실 어머님의 사랑과 보살핌이 없었다면 나라는 사람은 근본적으로 존재할 수 없었으니 다른 것을 더 논할 필요가 있겠는가. 이사를 하게 되었을 때 12년 전 내가 썼던 「어머니에 대한 추억」(母親的追思)을 우연히 번역하게 되었지만 사정상 발표하지 못했다. 지금도 그때의 감정과 별로 달라진 점이 없으므로 이 책의 부록으로 삼았고 또 특별히 이 책을 어머님께 바치고자 한다.

유술선

중앙연구원 중국문철연구소에서

1999년 12월 28일

목차

1

패러다임의 전환이라는 측면에서 본 현대 중국 철학사상의 변화 국면

1960년대에 쿤(T. S. Kuhn)은 "패러다임"(paradigm)론을[1] 제시하여 과학철학계에 큰 충격을 주었다. 그의 견해에 의하면 과학의 발전은 안정적인 상태에서 지식이 부단히 축적되는 것이 아니라 어떤 시기에 모두 모종의 패러다임을 받아들임으로써 잘 살펴보지도 않고 습관적으로 정상 과학(normal science)의 작업을 진행한다는 것이다. 그렇지만 이 패러다임은 결국 새로운 상황과 문제에 대해 대처할 수 없게 되면서 과학혁명을 낳게 된다. 이러한 혁명은 결코 지엽적인 변화가 아니라 근본적인 패러다임의 변화이다. 예를 들어 서양에서 고대로부터 근대에 이르던 때가 바로 이러한 변화의 시기였다. 표면상으로 볼 때 역사에 연속성이 있는 것처럼 여겨지지만 사실 역사는 단절되었다. 근

1 Thomas S. Kuhn, *The Structure of Scientific Revolutions* (Chicago: The University Chicago Press, 1962) 참조.

대과학은 완전히 새로운 패러다임을 발전시킨 것으로서 고전적 패러다임과는 구조적(framework)으로 서로 받아들일 수 없을(incompatible) 뿐만 아니라 심지어는 비교 자체가 불가능한(incommensurable) 것이다. 계발성이 풍부한 쿤의 학설은 당시의 논리실증론이 주도하여 주류가 된 "통합과학"(unity of science) 사상에 직접적으로 도전한다. 그는 우리로 하여금 다음과 같은 분명한 사실에 주목하도록 만들었다. 과학의 발전은 평온하게 흘러 온 것이 아니라 일단 돌발적인 변화가 발생하게 되면 새로운 패러다임이 형성되어 표면상으로는 여전히 옛 용어를 사용하고 있는 것 같지만 사실은 모두 이미 새로운 의미를 부여한 것이다. 이러한 관찰은 미시적이다. 그렇지만 쿤의 학설에는 중대한 문제점이 있다. 역사의 단절을 주장한 그의 학설은 상대주의에 빠질 위험성이 있는데, 어떤 면에서 보면 슈펭글러(Oswald Spengler)와 같은 유형으로 변한 것이다. 이러한 관점이라면 해석학(hermeneutics)의 이른바 "지평의 융합"(fusion of horizons)도 근본적으로 불가능하게 된다.[2] 누구나 알고 있듯이 고대 그리스, 중세기와 근대 서양의 사상 구조는 큰 차이가 있지만 화이트헤드는 근대 서양 과학의 연원은 바로 그리스의 사조와 중세기의 보편적 관념으로 소급해갈 수 있다고 논하였다.[3] 이것으로 패러다임의 차이가 반드시 지평의 융합을 방해하는 것은 아님을 알 수 있다. 사상 발전이 모종의 상황에 이르게 되면 돌발적인 변화를 초래하게 되어 이른바 패러다임의 전환이 있게 된다. 이것은 일종의 포괄적인 의미에서 당연히 받아들일 수 있지만 패러다임

---

2 해석학의 관점은 Hans-Georg Gadamer, *Truth and Method* (London: Sheed & Ward, 1975), 특히 273, 337쪽을 참조하였다.

3 Alfred North Whitehead, *Science and the Modern World* (New York: The Macmillan Co., 1950), pp. 1-28.

을 엄격한 이론으로 삼는다면 그것은 여러 가지 난점에서 벗어날 수 없고 학자들의 공통된 인식을 얻을 수도 없다.

모두가 곤혹감을 갖게 되는 것은 “패러다임”이라는 용어가 근본적으로 엄격한 정의를 결핍하고 있다는 점이다. 쿤 자신이 그 용어를 사용할 때부터 다른 함의를 가지고 있었다. 그도 일찍이 비교적 확정적인 표현을 하려고 노력하였지만 그다지 성공을 하지 못하였다. 그 자신은 뒤에 이 용어의 사용을 자제하였다. 그렇지만 “패러다임”론이 제기되었을 때 그 개념이 갖는 엄격성의 결핍과는 상관없이 빠르게 전파되었다. 사람들은 각자 자신들이 이해하는 방식이 있을 것이고, 또 반드시 쿤이 말한 원래 개념에 구속될 필요도 없다. 예를 들어, 뉴턴의 고전물리학에서 20세기의 상대성이론과 양자론으로 변화한 것은 한 차례의 과학혁명으로서 패러다임의 전환이 아닌가? 비교적 느슨한 기준으로 볼 때, 그것을 과학혁명으로 본다고 하더라도 문제가 될 것은 없지만 여전히 많은 물리학학자들은 상대성이론과 양자론의 성과는 단지 몇 가지 중대한 수정에 불과한 것으로 패러다임의 전환과 같은 정도는 아니라고 생각한다. 기준을 다시 좀 더 관대하게 적용하면, 이른바 유심(唯心)·유물(唯物)은 두 가지 다른 패러다임으로 볼 수 있는가? 헤겔로부터 마르크스에 이르기까지를 이른바 패러다임의 전환이 이루어졌다고 하더라도 안 될 것은 없을 것 같다. 그러나 이러한 패러다임의 의미는 완전히 다른 것이다. 유심·유물은 서양 근대에 데카르트가 심물이원(心物二元)을 엄격하게 구분한 뒤에 발전되어 나온 두 가지 종류의 철학적 기본 유형으로 피차간에 모순·충돌을 하지만 오히려 상호 충돌하면서 교류하는 것이다. 공산당 정부는 전체 철학사를 유심·유물이라는 두 가지 노선의 투쟁으로 보지만 이것은 패러다임의 이해에 있어서는 쿤의 학설과 별반 관련이 없다. 종합하면, 사람들은 모두 "패러다임"에 대해 이해하고 있는 것 같지만 한 걸음 더 나아가 살펴보면 곳곳에 모두 문제가 있어 하나로 일치되지 않는다는 것을 알 수 있다. 이 글에서는 이러한 논쟁을 해결할 의도는 없고, 단지 "패러다임"을 하나의 계발식의(heuristic) 관념으로 삼아 우리의 견해에 도움을 받고자 할 뿐이지 그 밖의 더 큰 뜻은 결코 없다.

이와 같이 우리는 "패러다임"이라는 관념을 중국 철학사상의 발전 과정에 응용해보고자 한다. 어떤 면에서 볼 때, 만약 반드시 쿤의 원래 의미에 따라야 한다면 피차간에는 전혀 어울릴 것 같지 않다. 중국은 한대 이래로 2천 년 동안 유가사상을 주도로 하여 흡사 어떤 패러다임의 전환을 볼 수 없는 것 같다. 그렇지만 유가가 지배하던 상황에서도 몇 가지 패러다임의 전환을 볼 수 있다. 우리는 곧 이른바 한대와 송대의 논쟁을 생각하게 될 것이다. 한대에 정치화된 유학은 경학을 주축으로 한다. 송명이학은 의리(義理)를 중심으로 하여 천도성명(天道性命)이 서로 관통한다고 제창하였으며, 이 노선은 발전하여 황종희(黃宗羲)에 이르러 종결을 지었다.[4] 청대 초기에 이르러 진확(陳確), 대진(戴震)은 또 "감정과 욕망을 긍정한다"(達情遂欲)는 새로운 패러다임을 시작하였다.[5] 그러나 이 새로운 패러다임은 충분히 발전하지 못하였고, 얼마 지나지 않아 청대 학술은 고증학으로 전환하였다. 패러다임의 전환이라는 관념을 현대 중국철학에 응용하게 되면 매우 복잡한 이론적 효과를 낳게 된다. 이 글에서는 다만 초보적인 논의를 하고자 한다. 마땅히 주의해야 할 것은 쿤의 과학혁명론은 일종의 역사의 단선 진행론을 예정하여 옛날의 패러다임을 대체한 후에는 결코 다시 돌

---

[4] 劉述先, 『黃宗羲心學的定位』(臺北: 允晨文化實業公司, 1986).

[5] 劉述先·鄭宗義, 「從道德形上學到達情遂欲—清初儒學新典範論析」, 劉述先·梁元生 編, 『文化傳統的延續與轉化』(香港: 中文大學出版社, 1999).

아오지 않는다는 것으로 "문예부흥"의 가능성을 단절해버리는 것과 같다는 점이다. 송학은 한학이 몰락하면서 계승하여 일어난 것이기는 하지만 한학은 단절되지 않았고, 청대에는 또 한학을 기치로 한 학문이 크게 일어났다. 당연히 청학은 한학과 동등한 것이 아니다. 그러나 역사는 나선형식으로 전진하는 과정이라고 해석할 수 있다. 같은 이치로 송명 리학은 건가지학(乾嘉之學)이 성행할 때 거의 몰락한 것 같았지만 오늘날에는 오히려 또 현대 신유가가 있어 이러한 전통[統緒]을 새로운 모습으로 회복하였다. 이것으로 철학사상 발전의 영역 내에서 패러다임은 한 번 사라지면 없어지는 것이 아님을 알 수 있다. 사실상 부단히 문예부흥이 있는 것이고, 부단히 새로운 시각이 융합되면서 새로운 패러다임이 부흥하는 것이다. 이러한 현상들이 모두 반드시 그에 합당하게 중시되어야만 철학사상의 발전 궤적을 파악할 수 있고, 그에 상응하는 해석을 할 수 있게 된다.

현대에 이르러 서양의 강력한 군사력으로 중국은 자신의 문화가 많은 측면에서 서양에 낙후되었음을 깨닫게 되었고, 그 결과 이른바 "의미의 위기"(意義的危機)가 발생하였다.[6] 장호(張灝)는 5·4 신문화 운동이라는 반 전통의 광풍이 불 때 "상실"(迷失) 상태는 극치에 이르게 되었는데, 이것은 "도덕 상실"(道德迷失), "실존 상실"(存在迷失), "형이상학 상실"(形上的迷失) 등 다른 측면을 포괄한다고 하였다. 다시 말해 유가 전통의 패러다임이 심각한 도전을 받게 되어 한 때 선별[揚

[6] 張灝, 「新儒家與當代中國的思想危機」, 『幽暗意識與民主傳統』(臺北: 聯經出版社, 1989), 79-116쪽 참조. 이 글은 林鎮國이 번역하였다. 원문은 Charlotte Furth, ed., *The Limits of Change: Essays on Conservation Alternatives in Republican China* (Cambridge, Mass.: Harvard University Press, 1976)에 보인다. 또 Hao Chang, *Chinese Intellectuals in Crisis: Search for Order and Meaning*, 1890-1987 (Berkeley: University of California Press, 1987) 참조.

棄]을 당하는 운명에 처하였음을 말한 것이다. 나는 1995년에 새로 나온 『캠브리지 철학사전』(Cambridge Dictionary of Philosophy)의 "중국철학" 조목을 편찬할 때 현대 중국철학의 발전을 논하면서 유가사상을 포함한 전통 중국철학은 결코 현대 중국철학의 주류가 아니라고 분명하게 지적하였다. 최근 백 년 이래 서양의 여러 가지 사상이 앞 다투어 들어왔다. 20세기가 곧 마감되는 오늘날 최근 백 년 이래 중국철학의 대세를 총결하면 대체로 아래와 같은 추세를 확인할 수 있다. 첫 번째로 득세하고 있는 것은 서양의 자유주의 사상으로 호적(胡適)을 대표로 한다. 그 다음은 마르크스 —레닌주의 사상으로 모택동을 대표로 하는데 오늘날까지도 중국 대륙 사상의 주도적 원칙으로 그 의식형태의 근거이다. 마지막으로 의도적임을 벗어날 수 없기는 하지만 최근에 갈수록 사람들의 주목을 끄는 것은 현대 신유가 사상의 전통으로의 회귀이다.[7] 이것으로 볼 때, 유가사상은 비록 20세기 중국철학사상의 주류가 아니지만 전통사상은 결코 사라진 것이 아님을 알 수 있다. 중국 대륙의 학자들 중에도 두유명과 필자의 학설에 동의하는 학자들이 있지만 현대 중국사상의 전도는 서양철학, 마르크스—레닌주의와 신유가라는 세 가지 사조가 건강하게 상호작용하는데 있다고 생각한다. 그런데 일본과 아시아의 네 마리 작은 용이 경제적 기적을 창조한 뒤에 갈수록 많은 학자들이 유가사상은 미래에 중요한 정신 자원을 제공할 수 있으므로 가볍게 볼 수 없다고 생각하게 되었다. 이것이 바로 우리가 21세기로 들어서기 전에 대면하고 있는 사상적 상황이다.

[7] 劉述先, 『當代中國哲學論・人物篇』・『當代中國哲學論·問題篇』(뉴저지: 八方文化企業公司, 1996) 참조하였는데, 서화론, 마르크스-레닌주의, 현대 신유가 3대 사조에 대해 모두 비교적 깊은 토론과 분석평가를 하였다.

광의의 패러다임론의 관점에서 볼 때, 20세기는 바로 중국이 천지가 개벽하는 것과 같은 패러다임 전환의 시대에 직면하게 된 때이다. 앞에서 서술한 것처럼 근 백 년 사이에 연이어서 서양, 마르크스—레닌주의 및 신유가의 패러다임이 출현하면서 내면에서 복잡하게 전통과 현대가 뒤엉켜 패러다임 사이의 시각 영역이 융합하는 상황이 발생하였기 때문에 한 걸음 더 나아가 관찰하고 탐구해볼 가치가 있다.

전통적 패러다임이 장벽에 부딪치게 된 것은 1919년에 발생한 5·4 신문화 운동이 그 상징적 사건이라 할 것이다.[8] 5·4운동의 반 전통은 전면적이고 철저하였다. 그것이 폭발하면서 처음에는 애국운동이 되었고 한 바탕 정치운동이었나고 할 수 있지만 뒤에는 확대되어 전면적인 신문화 운동이 되었다. 서화파(西化派)의 대표적 인물 호적은 자신이 직접 5·4 애국운동에 참여하지 않았고, 반대로 그는 이 정치운동에 대해 억지로 일정한 거리를 두었다. 그러나 5·4 신문화 운동이 민주와 과학의 구호를 제기하자 호적은 전면에 등장하여 이 운동의 대표적 인물이 되었다. 그는 소극적으로 오우(吳虞)의 "유학을 타도하자"(打倒孔家店)는 구호를 받아들였고, 적극적으로 진서경(陳序經)의 "전반서화"(全盤西化)라는 구호를 받아들였다. 뒤에 또 반광단(潘光旦)의 건의를 받아들여 노선을 수정하면서 "전심전력하여 현대화하라"(全心全意的現代化)는 구호를 주장하였다. 어쨌든 호적의 마음속에 전통과 현대는 대립하는 양 극단이었다. 혹은 실용적 목적에서 볼 때, 적어도 호적의 의식 차원에 출현한 전통은 반드시 제거해야만 하는 걸림돌이었다. 그가 세상을 떠나기 1년 전인 1961년 호적은 "동아시아 과학 회

---

8 Tse-tsung Chow, *The May Fourth Movement: Intellectual Revolution in Modern China* (Cambridge, Mass.: Harvard University Press, 1960) 참조.

의"(亞東區科學會議)라는 강연에서 중국문명과 인도문명은 정신 가치를 결핍하였다고 비판하면서 서양의 과학과 기술의 근대 문명만이 고도의 이상주의적이고 정신적 문명이라고 하였다.[9]

이것으로 볼 때, 호적이 그의 일생 동안 하였던 사상적 고취는 패러다임의 혁명이라는 것을 알 수 있다. 그는 서양의 과학, 민주라는 패러다임으로 전통적 패러다임을 대체하려고 생각하였다. 그렇지만 우리가 만약 호적의 말을 전적으로 믿고서 그를 단편적으로 반 전통적 급진주의의 선봉장으로 그린다면 그 당시 중국사상사의 실상을 완전히 이해할 수 없게 된다. 최근의 연구에서는 전통과 현대 사이에는 더 복잡한 변증법적 관계가 있음을 지적하고 있다. 임육생(林毓生)의 관점에 의하면, 5·4운동의 반 전통주의자는 중국 전통은 유기체적 정체(整體)로 전통을 타도하지 않으면 그만이지만 전통을 타도하려면 그 전체를 타도하지 않으면 안 된다고 생각하였다. 그렇지만 아이러니하게도 이와 같은 정체관의 사유 방식은 바로 중국 전통의 사상을 근본으로 한 일원론적 사상 방식에서 변화하여 나온 것이다. 그러므로 임육생은 5·4 신문화 운동의 정체성은 반 전통주의의 흥기라는 단방향의 길을 다시는 취하지 않고 "주로 세 가지 요소 — 수입된 서양 문화, 전통 정치 질서가 붕괴된 이후 생겨난 결과, 중국에 깊은 뿌리를 내려 끊이지 않고 이어져 온 문화 중에서 몇 가지 경향 — 가 서로 격렬하게 싸우면서 성립한 것이다"고 논하였다.[10] 임육생의 전통으로써 사상을

9 胡適, 「科學發展所需要的社會改革」, 徐高阮 譯, 『文星』 제9권 제2기(1961년 12월 1일). 이 글에서 용어 사용이 신중하지 않아 개념이 혼란스럽다. 나의 평가는 「文化論爭的回顧與批評」에 보인다. 이 글은 원래 『大學生活』 제8권 제23기 (1963년 4월 16일)에 발표하였고, 뒤에 『文化與哲學的探索』 (臺北: 臺灣學生書局, 1986)에 수록하였다.

10 林毓生, 「五四式反傳統思想與中國意識的危機」, 『思想與人物』 (臺北: 聯經出版社, 1983),

견지한다는 결정론적 태도가 학설로서 성립하는지 여부는 또 하나의 다른 문제이지만 그의 예지적 인식은 우리가 주목할 가치가 있다. 우리는 호적의 반 전통의 겉모습만을 봐서는 안 된다. 사실 그의 사상은 전통의 제약과 한계를 깊게 받았다. 양정덕(楊貞德)은 표면적으로 볼 때 호적이 듀이(John Dewey)의 실용주의를 크게 주장한 것처럼 보이지만 사실 그가 강조한 실제 내용은 스승의 관점과 같지 않다고 지적하였다. 듀이는 외재적 조건의 질서를 중시하였지만 호적은 이른바 "대담하게 가설을 세우고 조심스럽게 증명한다"(大膽假說, 小心求證)고 제창하여 중점을 심리 방면으로 전이시켜 중국의 수신의 전통에 더 접근하였다.[11] 듀이의 사상 중에는 사회참여의 경향을 중시하는 것이 있어서 이미 서양 전통의 자유주의가 개인을 중시하는 경향과는 매우 달랐으므로 중국인이 받아들이기에 비교적 용이하였다. 그런데 호적이 듀이의 주장에서 약간의 진보적인 개량주의 사상을 계승하였지만 사실 중국 전통과 자못 합치된다. 호적 본인은 작은 것을 취하여 평생 고수하였다. 이것은 그의 실제적 행위가 전통과 완전히 합치된다는 것을 설명해준다. 그의 일기 역시 부사년(傅斯年)의 행위가 근본적으로 전통적인 중국의 방식이었다고 관찰하였다. 이것은 그들이 살았던 시대의 "사대부"의 모종의 보편적인 방식으로 가볍게 무시할 수 없었다는 것을 알 수 있다. 그러나 우리는 전통이 내부에 깊게 침윤된 서화파였던 호적과 부사년의 반 전통적 경향이 단지 폼이나 잡는 것에 불과

132쪽. 임육생은 쿤을 추종하지만 어떤 측면에서 우리가 쿤으로부터 혜택을 받을 수 있는지 상세하게 설명하지 않았다.(125쪽에 보인다)

11 楊貞德의 아직 출판하지 않은 박사논문 Chen-te Yang, "Hu Shih, Pragmatism, and the Chinese Tradition", Ph. D. dissertation, University of Wisconsin Madison, 1993 참조. 또 楊貞德, 「胡適的自由主義與"修身"的政治觀」, 劉述先 主編: 『當代儒學論集: 挑戰與回應』(臺北: 中央研究院中國文哲研究所籌備處, 1995), 61-103쪽 참조.

하였다고 말하려는 것은 아니다! 사실 그들의 전통에 대한 파괴는 분명 큰 영향을 주었고 일정한 역할을 하였다. 다만 시대가 그들이 원하던 방향으로 나아가지 않았을 뿐이다! 그런데 그렇게 된 그 부분적인 원인은 바로 그들이 제공한 방안이 전통의 파괴에 철저하지 못하였고 신속하지도 못하였다는 점에 있다. 호적의 점진적 개량주의는 당시에 직면한 내우외환이라는 중국의 문제를 근본적으로 해결할 수 없었다. 그것을 대신하여 흥기하였으면서 갈수록 급진적으로 변한 마르크스 — 레닌주의 사상이 점차 시대적 사조의 주류가 되면서 서화파는 곧바로 제국의 식민주의 깃발을 들고 소리치는 낡은 사상이라 폄하되었다. 서양화라는 패러다임은 한 때 주도적이었다가 곧바로 한쪽에 내쳐지게 되었는데, 그것이 했던 가장 큰 역할은 급진파의 마르크스 — 레닌주의 혁명사상에 길을 닦는 것이었다.

마르크스 — 레닌주의 사상이 중국 대륙에서 빠르게 자리를 잡게 된 것은 세계적 사조와 중국 본토의 문화가 결합한 매우 독특하고 흥미로운 실제적인 사례라고 말할 수 있다. 20세기 초, 자본주의 제도에서는 온갖 것이 다 터져 나왔다. 사회적으로 빈부의 현격한 차이가 나는 현상이 가속화되어 노동자와 자본가가 대립하였지만 또 주기적으로 경제적 침체 국면을 맞이하게 되었다. 여러 가지 사회주의 사상이 유행하던 가운데 마르크스가 계급투쟁론을 제기하자 순식간에 급진적 이상주의를 품은 청년들의 마음을 사로잡았다. 공산당의 혁명 운동은 빠르게 전 지구적으로 전파되어 생각지도 않게 빈곤하고 낙후되었던 러시아에서 정권을 차지하였다. 이것은 이웃한 나라였던 중국에 중요한 모델을 제공해주었다. 청년 모택동은 시골 벽촌에서 살았고, 사상적 자원도 대단하지 않았다. 그는 스승 양창제(楊昌濟)에게 공부하였으므로 옛 학문의 바탕이 있었지만 한 때 가장 숭배한 인물은 증국번(曾國

藩)이었다. 그는 일찍이 이상적인 정부를 조직하려면 마땅히 강유위(康有爲), 양계초(梁啓超), 손중산(孫中山)을 포괄해야 한다고 생각하였다. 이것은 그가 개량파(改良派)와 혁명파(革命派)에 대한 분별이 분명하지 않았음을 나타낸다. 그는 손중산과 같이 원래 개량파였고, 뒤에 가서야 갈수록 급진적으로 변하여 혁명파가 되었음이 매우 분명하다. 그는 일찍이 『신조』(新潮)와 호적의 영향을 받아 한 동안 개인 해방의 기치를 내걸었다. 의심할 여지없이 서화파는 자유연애, 결혼자유를 주장하여 "봉건적"인 부권 중심의 대가족 제도를 파괴하는 과정에서 중대한 역할을 담당하였다. 그러나 내우(군벌이 할거하던 상황)와 외환(열강의 침략으로, 특히 일본이다)의 위협 속에서 서양식의 자유주의와 개인주의는 근본적으로 진일보하여 발전할 수 있는 토대를 찾을 수 없었다. 그리고 이상이 있는 청년들이 제국주의의 침략에 강력히 비판을 하고 죽음을 무릅쓰고 저항할 수 있었으며, 전체주의에 기울게 된 것, 자신을 희생하면서 급진적 혁명운동에 가입한 것은 거부할 수 없는 추세였다.[12] 특히 모택동이라는 하나의 사례는 우리가 주목할 만한 가치가 있다. 이 하나의 사례에서 우리는 전통과 현대의 기묘한 결합과 피차간에 복잡하게 얽힌 관계를 살펴볼 수 있다.

모택동은 분명 진정으로 중국 본토에서 성장한(土生土長) 인물이다. 그는 전통 속에서 양육되었지만 오히려 첫 번째로 전통의 패러다임을 부정하였다. 그런 뒤에 서화파 호적의 개량주의와는 각자 제 갈 길을

12 이처럼 갈수록 급진적인 경향은 제거할 수 없는 형세가 된 것 같았는데, 학자들은 망국을 구하는 것이 계몽을 압도함이 있었다고 하는 설이 있다. 李澤厚, 「啓蒙與救亡的雙重變奏」, 『中國現代思想史論』 (北京: 東方出版社, 1987), 7-49쪽 참조. V. 슈왈츠(Vera Schwarcz)에게도 유사한 견해가 있다. V. 슈왈츠 저, 李國英 外 譯, 『中國的啓蒙運動 — 知識分子與五四遺産』 (太原: 山西人民出版社, 1989) 참조.

가게 되면서 혁명의 길을 걸었다. 그는 마르크스—레닌주의의 패러다임을 선택하여 "계급투쟁"을 강령으로 삼았다. 이것은 마침 그의 성격에 맞았다. 그가 젊었을 때 일기에 썼던 이런 말과 같다.

> 하늘과 다투니 그 즐거움이 무궁하다! 땅과 싸우니 그 즐거움이 무궁하다! 사람과 분투하니 그 즐거움이 무궁하다!(與天奮鬪, 其樂無窮! 與地奮鬪, 其樂無窮! 與人奮鬪, 其樂無窮!)

그가 마르크스 — 레닌주의의 원칙을 확립한 뒤에 그것을 실천하고 중국의 본토 내에 이식하는 것은 결코 간단한 일이 아니었다. 모택동은 이와 같은 상황에서 농민혁명의 새로운 패러다임을 펼쳤다. 모택동은 농촌에서 성장하였고 중국의 역사를 숙독하여 중국 전통 사회에 대하여 상당히 깊은 이해가 있었기 때문에 그 사이에 있는 중요한 모순을 장악하고 투쟁을 전개하여 마침내 혁명을 성공적으로 이끌어 인민공화국을 이루었다고 말할 수 있다. 그렇지만 모택동이 밑천으로 삼았던 전통은 결코 내가 잘 알고 있는 유가의 인애·중용사상(仁愛中庸思想)을 위주로 한 대전통(大傳統)이 아니라 장로(張魯)의 오두미도(五斗米道)와 같은 이른바 농민혁명의 소전통(小傳統)이다. "혁명"이 네 가지의 낡은 것을 깨부수면서 비림비공(批林批孔)을 했던 목적은 바로 봉건적이라고 비판을 받은 대전통을 철저하게 파괴하는 것이었다. 모택동은 말년에도 한결같은 마음으로 '영국을 초월하고 미국을 따라잡는다'(超英赶美)고 하여 인민공사(人民公社)를 실시함으로써 공산사회(吃飯不要錢的社會)를 실현하려고 하였다. "문화혁명"(文化革命) 이후 등소평(鄧小平)이 다시 정권을 장악하여 정치적 안정(撥亂反正)을 도모하면서 중국 대륙은 점차 다시 살아나게 되었다. 그 결과 오늘

날과 같이 개발이 가능한 거대한 경제적 잠재력을 가진 사회로 보게 되었다.[13]

몇몇 학자들은 모택동의 전통적 성분 내지 주장은 유가화한[儒化] 마르크스주의의 대표라고 강조한다.[14] 나는 이러한 견해를 전혀 받아들일 수 없다. 의심할 여지없이 모택동은 중국문화의 산물이다. 동시에 나도 "문화혁명"처럼 절대적 지도자와 군중이 결합된 상황은 중국의 독특한 현상임을 부정하지 않는다. 그러나 모택동을 유가화된 마르크주의라고 말하는 것은 지나친 추측이다. 그러므로 심각한 오류를 범한 것이다. 인애·중용(仁愛中庸)의 원칙을 부정하는 어떤 주도적 사상에 유가라고 이름을 한다면 타당하지 않다. 만약 한 걸음 더 나아가 분석을 해 보면, 모택동은 분명히 유가정신의 대전통과 무관하고, 한대 이후 정치화된 유가, 특히 명・청시대의 전제주의가 두드러졌던 권위주의와는 분명히 일정한 관련이 있고, 또 민간의 소전통이 뒤섞인 유・불・도 3교의 신앙과 다양한 관계가 있다. 그러나 그것은 계급투쟁을 강령으로 삼는 것으로 어떤 구조상으로 전통과 유사한 것이라도 그것을 유가적이라고 말할 수는 없는 것이다. 공산당이 구조적으로는 천주교에서 나온 것을 답습하였지만 그것을 기독교 종교라고 말할 수 없는 것과 같다.[15] 우리의 관점에서 볼 때, 모택동 사상은 마르크스 —

13 최근에 출판된 『時代』 잡지(Time Magazine) 9월 29일자는 "중국이 포효하다"(中國咆哮: China Roars)를 커버스토리로 하였다.

14 金觀濤・劉青峰, 『開放中的變遷: 再論中國社會超穩定結構』 (홍콩: 中文大學出版社, 1993), 370-378쪽.

15 劉小楓, 「儒家革命精神源流考—回應顧彬(Wolfgang Kubin)教授的'上帝病—人病'」, 『道風』 제7기(홍콩: 漢語基督教文化研究所, 1997년 가을), 229-289쪽. 그러나 유소풍이 비록 쿠빈 교수의 "현대 중국 혁명사상도 기독교의 세속적 판박이(世俗版本)이다"(231쪽)라는 논의를 논박할 때에도 말끝마다 道를 말하였지만, 오히려 "康有爲, 孫文, 蔣介石, 毛澤東, 梁漱溟, 熊十力, 蒙文通, 牟宗三의 유가적

레닌주의의 패러다임에 속하고, 그 지엽적인 의식은 변법(變法) 이후 정치화된 유가 및 민간의 소전통에서 나온 것이라고 말할 수 있다. 그의 사상은 이와 같이 여러 가지가 종합된 것으로 유가화된 것으로 보기 어렵다. 왜냐하면 그것은 근본적으로 유가 전통의 인애·중용을 주도로 한 원칙의 패러다임을 부정하기 때문이다. 그러므로 이 "문화혁명"이 비록 특수한 중국적 현상이지만 가장 전제주의적 전통의 제왕이 통치하던 때에도 결코 이러한 현상은 발생할 수 없었다. 사실 계급투쟁 원칙의 주도 아래 ―설령 오용되었다고 하더라도― "사인방"(四人幇)만이 이와 같이 역사적으로 전무후무하였던 큰 재앙을 저지를 수 있었던 것이다. "문화혁명" 이후, 오늘날 중국공산당의 지도자들은 유가를 말하기 매우 좋아한다. 이것은 당연히 환영할만한 현상이다. 그러나 그들 자신은 우리를 재삼 각성하게 해준다. 그들을 주도하는 사상은 마르크스 ― 레닌주의이고, 유가사상은 많아야 하나의 지원을 해주는 지위를 차지할 뿐이라고…….

매우 흥미로운 점은, 20세기가 이미 끝나가는 시기에 유가 전통은 몇몇 학자들이 예언한 것처럼 박물관의 골동품이 되지 않았고, 그와는 정반대로 매우 활력이 있는 사조가 되었으니 특별한 상황이라 말할 수 있겠다! 그런데 사람을 놀라게 하는 것은 현대적인 것이라고 해서 과연 그렇게 현대적이지도 않고, 전통 역시 현대 신유가와 같이 전통적이지 않다는 점인데, 비록 전통에 돌아감을 표명하지만 오히려 결코 전통만을 고수하려고 하는 세대가 아니다. 그들이 추구하고자 하는 것은 전통에 기초하고 전통에 대한 새로운 해석과 변화를 통해 서양의

혁명정신의 기질은 동일하다"(289쪽)고 강조하여 쿠빈 교수와 비슷한 잘못을 범하였기 때문에 동의하기 어렵다.

현대 사회가 이룩한 성취를 흡수하여 전통의 활력을 회복해서 중국을 다시 진작시키고 또 세계에 공헌을 하는 것이다. 서화파의 이론이 중국 대륙에 풍미할 때 양수명(梁漱溟)이 먼저 자발적으로 나와 다른 견해를 발표하였다. 비록 그의 궁극적 관심이 불교였지만, 그러나 전략적으로 생존을 도모하기 위해서는 중국은 먼저 전진을 나침반으로 삼은 서양 문화의 성취를 흡수하고, 전진과 후퇴라는 쌍방향의 중국문화를 함께 되돌아보아야만 최종적으로 뒤로 물러서서 불교의 열반의 경지에 귀의할 수 있다고 하였다. 웅십력(熊十力)은 인도철학, 특히 불교의 예지를 귀속처로 삼고서 『신유식론』(新唯識論)을 저작하여 협의적 의미의 현대 신유가의 시소가 되었나. 웅십력의 제자 당군의(唐君毅), 모종삼(牟宗三), 서복관(徐復觀), 사학자 전목(錢穆), 정치가 장군매(張君勱)는 모두 중국 공산당을 강력히 반대하면서 공산당이 전통을 철저하게 훼손한 것은 잘못된 것이라고 생각하였다. 그렇지만 현실적으로 힘이 없었기 때문에 단지 고립무원의 심정을 품고 홍콩, 대만, 해외를 유랑하면서 학술 문화 작업에 전심전력을 하였다. 이러한 노선은 당시의 시대적 사조에 힘써 저항하면서 참으로 위태롭게 이어졌다고 말할 수 있었으니 지금처럼 중국 대륙과 해외에서 모두 주목받는 학문이 될 줄 어찌 알았겠는가. 참으로 불가사의하다! 오늘날 제2대 신유학 역시 이미 쇠퇴하였으므로 마땅히 이것에 대한 새로운 검토를 해야 할 적당한 때가 되었다고 할 것이다.

우리는 잠시 주의력을 철학의 범위 내에 집중해야 한다. 당군의, 모종삼이 비록 모두 외국으로 유학을 가지는 않았지만 서양철학에 대해 깊은 이해와 연구를 하였다. 당군의는 『철학개론』(哲學槪論)을 썼는데 당시 유행하던 서양철학 사조에 대하여 거의 보지 않은 책이 없었지만 결국 헤겔의 절대유심론에 들어가 중국철학과 서양철학의 융합이라는 작업에 온 힘을 기울였다. 모종삼은 논리학을 집중적으로 연구하여 칸트의 비판철학을 계승하였지만 반대로 중국 본토의 3교를 밝혀 그의 이른바 "지혜의 직관"(智的直覺)의 체험적 증험[體證]을 긍정하였다. 그들은 전통의 심성지학(心性之學)을 핵심으로 하는 "도통"(道統)을 옹호하였으나 오히려 "곡통"(曲通)의 방식으로 한 걸음 더 나아가 "학통"(學統)과 "정통"(政統)을 개척하여 서양의 과학과 민주의 성취를 흡수하였다.[16] 오늘날의 관점으로 볼 때, 그들의 시각은 당시의 시대적 특징과 한계를 반영한다는 점을 면할 수 없는데, 여기에서 간략하게 토론을 하여 그 사이에 영향을 주었던 이론적 효과를 지적하고자 한다.

현대 신유가는 유가의 패러다임을 다음과 같이 생각한다. "천도와 성명은 서로 관통한다"(天道性命相貫通)는 말에는 만고에 항상 새로운 의미가 있기 때문에 결코 현대사회가 되었다고 해서 그 의미를 잃지 아니다. 생생불이(生生不已)한 천도는 인간에 내재하여 심성을 초월하는 근원이 되었다. 이것은 논리적 추론 혹은 경험적 추론으로 접근할 수 있는 것이 아니다. 그것은 내재적 체험의 증험과 성실하게 실천을 해야만 개인의 생명 중에서 실현될 수 있는 것이며, 다시 자신으로부터 미루어 나아가 타인에게 이르는 과정을 통하여 이상을 사회생활 속에서 실현해야 한다. 그러나 중국 전통은 줄곧 추상적 사유를 중시하지 않았지만 현대 신유가는 오히려 칸트, 헤겔의 영향을 흡수하는 방식을 통하여 자신의 시야를 확대하였고, 또 자신의 전통이 가지고 있는 한계를 분명히 인식하였다. 중국 전통의 내성외왕(內聖外王)은 직접 관통하는 방식으로 인정(仁政)의 이상을 실현할 수 없었고, 반대

16 1958년 元旦에 『民主評論』과 『再生』에 張君勱, 唐君毅, 牟宗三, 徐復觀 네 사람의 학자들이 서명을 한 유명한 「中國文化與世界宣言」을 동시에 발표하였다.

로 전제 정치의 폭정을 낳았다. 그런데 중국의 전통은 추상적 구조의 사유가 결핍되어 과학의 발전 역시 심각한 제약을 받게 되었다. 그러므로 현대 신유가는 5·4신문화 운동 이래로 제창하였던 민주와 과학의 이상을 배척하지 않았지만 인생의 의미의 추구라는 측면에서는 여전히 전통적 지혜를 견지하여 사람은 각기 태어나면서 심성을 초월하는 근원을 갖추고 있다고 강조하였다. 생명의 자아 확대라는 과정을 통하여 적어도 이론상 도(道)·학(學)·정(政) 3통(統)의 유기적 종합의 노선을 찾았지만 단지 실용적 차원에서 중국과 서양을 뒤섞어 "중국의 학문을 체로 삼고 서양의 학문을 용으로 삼는다"(中學爲體, 西學爲用)는 구호를 외치는 천박한 이해의 차원에 머문 것은 아니다.

제2대 신유가의 구상에는 충분한 이유가 있다. 그들은 전통적 지혜에 대한 재해석과 활력의 회복에 일정한 공헌을 하였다. 그렇지만 그들이 하였던 종합은 오히려 서양문화 자체가 앞으로 향해가던 추세로 인하여 점차 효력을 상실하게 되었다. 우리가 서양문화를 향하여 그들의 경험을 흡수하던 시기에 서양 자체는 오히려 두 차례의 세계 대전을 경험하였고, 미국은 한국전쟁과 베트남전쟁을 경험하면서 이전의 자신감을 상실하게 되면서 자기 자신을 회의하는 심연에 빠지게 되었다. 헤겔의 절대유심일원론(絕對唯心一元論)은 일찍이 이미 취사선택이 이루어졌고, 칸트가 계승한 계몽이성(啓蒙理性) 역시 현대에서 후기 현대로 나아가고 있는 시대에 심각한 비판을 받았다. 현대인은 충분한 분석, 반성과 비판이 없는 이성은 곧 일종의 패권을 대표하고, 여러 가지 악행이 이성이라는 이름을 빌어 행해진다는 것을 깨닫게 되었다. 현재 지식계에서는 상대주의, 다원주의의 경향이 유행하고, 해체주의(deconstruction)와 다문화주의(multi-culturalism)가 시대적 형식이 되었지만 오히려 원자화되는 경향을 조장하였다. 그것의 지나친 강조는 인류 생존공간이 갈수록 좁아지는 미래의 지구촌에서 서로 조화롭게 살아갈 기회에 유리하지 않다. 이것이 우리가 지금 반드시 마주해야 할 상황이다.

우리가 지금의 시각으로 볼 때, 이러한 반성은 전혀 무리가 아니다. 그러나 현대 신유가의 기본 논지를 해치지 않을 뿐만 아니라 반대로 한 걸음 더 발전해 나아갈 새로운 기회를 촉진하였다.[17] 오늘날의 관점에서 볼 때, 계몽주의를 계승한 칸트의 형식주의 윤리는 분명히 "시민사회"(civil society)와 같은 실질적 문제에 대한 고찰을 충분히 살펴보지 못하였고, 또 권위주의에 이용되어 내용을 왜곡할 위험이 있다. 그리고 헤겔의 절대유심론 일원적 구조라는 패도철학은 충동적으로 결국 도술(道術)이 천하에 분열되는 결과를 면할 수 없게 되어 크게 성행하다가 쇠락하고 낙관적이었다가 비관적이 될 것이기 때문에 분명히 우리가 깊이 생각해 볼 필요가 있다. 중국은 근대 1, 2백 년 사이에 쇠락하였는데 그 유래가 있다. 중국의 전통 문화가 지나치게 일원적 정통[一元正統]을 강조하고 도덕 실용의 성격에 기울게 되면서 일정한 한계를 만들었기 때문이다. 제2대 신유가가 서양을 향해 자아를 확대하면서 민주와 과학을 흡수한다는 방향은 정확한 것이었다. 그러나 현대에서 후기 현대로 나아가는 이 시대에 한 걸음 더 나아가 서양의 철저한 비판정신을 흡수하지 않을 이유가 없고, 맹자·주자·왕양명을 포함한 중국의 전통 문화의 비판정신과 결합해서 다문화주의가 흥기한 기회를 이용하여 중국 전통 문화의 "리일분수"(理一分殊), "천인합일"(天人合一)이라는 지혜에 대해 새로운 해석과 개조를 가하여

17 劉述先, "當代儒學發展的新契機-第三屆當代新儒學國際學術會議主題演講". 원래 『信報月刊』 總 第214期 (1995년 1월)에 발표하였다. 지금 『當代中國哲學論: 問題篇』, 251-266쪽에 수록하였다.

세계로 나아가야 한다.

이러한 관점에 서서 앞으로 나아가 탐구한다면 우리는 유가 패러다임의 핵심은 생생불이(生生不已)하는 천도와 나에게 내재하는 초월 심성의 긍정에 있음을 발견하게 될 것이다. 이러한 사상의 구체적 표현은 공자 · 맹자 · 정자 · 주자 · 육구연 · 왕양명 · 당군의 · 모종삼 등 누가 되었든지 모두 그 시대적, 언어적 한계가 있었겠지만 우리가 그 속에서 일관된 정신이 있고 관통되어 있다는 것을 체득하는데 방해가 되지 않는다. 우리의 핵심원칙은 바로 왕양명이 말한 아래와 같다.

> 양지(良知)가 바로 변역[易]이다. "그 도는 자주 바뀌고 변동하여 한 군데 머물지 않으며, 육허(六虛)에 두루 유행하여 오르고 내리는 데 일정함이 없으며, 강함과 부드러움이 서로 바뀌어 고정된 준칙을 만들 수 없으니, 오직 변화에 따른다."[18]

"분수"(分殊)로 볼 때, 우리는 온 힘을 다해 기존의 어떤 학설을 지키려고 할 필요가 없고 다만 그것의 시의적절함을 지적하고 이와는 반대로 그것들의 한계로 인하여 오히려 개념과 언어로 충분히 표현할 수 없는 "리일"(理一)의 초월성을 지적해야 할 필요가 있다. 우리의 책임은 우리의 시대와 개인의 한계 속에서 이 초월적 원리를 규명하는 것이다. 이와 같은 탐구 과정에서 분명한 것은 중국이 되었든 서양이 되었든 이것들은 모두 우리가 지금 이미 완성된 지도적 지침으로 삼을 수 없다는 점이다. 예를 들어, 우리의 패러다임 이론은 쿤의 패러다임

---

18 [옮긴이] 王陽明, 『傳習錄』(第340條): "良知卽是易, 其爲道也屢遷, 變動不居, 周流六虛, 上下無常, 剛柔相易, 不可爲典要, 惟變所適." (한글 번역은 정인재·한정길 역주, 『전습록』(2)(청계, 2001), 859쪽 참조.)

이론의 재현일 수 없다. 그러나 다른 한 편으로 우리 역시 어떤 사조라도 영감을 취할 수 있는 원천이 된다는 가능성을 배제할 수 없는데, 해석학이든 소통이론이든 우리가 이용할 수만 있다면 모두 우리의 사상에 합치될 수 있다. 그렇다. 우리의 근본은 전통 중에 깊게 뿌리를 내리고 있지만 전통 역시 부단히 변화하면서 자아의 확대 과정 중에 있는 것이다. 여기에는 외래의 패러다임으로 전통의 패러다임에 덧붙이거나 혹은 곡해를 하는 등의 문제는 없다. 우리가 자각적으로 해야 할 일은 나를 주체로 하여 외래의 자원을 흡수함으로써 자신의 생명을 건실하게 하는 것이다. 이것이 바로 우리가 부단히 노력하고 개척해 나가야 할 방향이다.

|주註|

* 이 글은 원래 인터넷 『철학잡지』(哲思雜志) 제1권 제1기(1998년 3월)에 발표하였다.

2

유학의 이상과 현실

- 최근 동아시아 발전의 성취와 한계에 대한 반성

1960년대 말에 J. R. 레빈슨(Joseph R. Levenson)은 유가는 장래에 박물관에서나 찾을 수 있는 물건이 될 것이라고 생각하였다.[1] 그런데 1970년대에 아시아 경제가 비약적으로 발전하기 시작하면서 네 마리 작은 용(四小龍)이 경제 기적을 창조할 지 어찌 알았겠는가. 일본이라는 큰 용과 홍콩, 대만, 싱가포르, 한국이라는 네 마리 작은 용이 모두 유가 문화의 배경을 가지고 있었기 때문에 유가에 대한 흥미를 이끌었다.[2] "문화혁명" 뒤에 정치적 안정을 찾게 되면서 중국 대륙에서도 쇄

---

1 Cf. Joseph R. Levenson, *Confucian China and Its Modern Fate: A Trilogy, Vol.* 3 (Berkeley: University of California Press, 1968)

2 예를 들어, 1993년 6월 14일의 『타임』의 표지는 공부자(孔夫子)이고, 주제는 "민주: 아시아는 자신의 방식을 찾았다"이다. 이 글에서는 '역사의 종말'을 제창한 일본계 미국인 프랜시스 후쿠야마의 설을 인용하여 현실사회주의 국가가 붕괴된 후에 서양의 자유, 민주의 이념에 도전할 수 있는 것은 이슬람의 근본원리주의가 아니라 동아시아식의 연성(軟性)의 권위주의라고 하였다. 이른바 동아시아 방식은 일

국정책을 포기하였고, 1986년에 "현대신유가"는 국가의 중점 연구 항목이 되었다.[3] 국내외에서 모두 유가 전통이 현대화 과정에서 궁극적으로 어떤 역할을 하였는지 탐구하였다.[4] 최근 아시아에서 금융위기가 발생하자 모두들 또 아시아의 경제 기적은 일시적 현상이 아닌가하는 회의가 일어났다. 궁극적으로 유가 전통은 부정적 작용을 하였는가? 그래서 또 뜨거운 논쟁이 일어났다.

나는 줄곧 유가는 지극히 복잡한 현상으로, 만약 개념상에서 해명이 있지 않으면 근본적으로 의미 있는 토론을 할 수 없다고 생각하였다. 나 자신은 습관적으로 항상 일종의 삼분법(三分法)을 취하였다.

(1) 정신적 유가(spiritual Confucianism)이다. 이것은 공맹(孔孟), 정주(程朱), 육왕(陸王)의 대전통을 지적한 것이고, 또한 바로 현대 신유가가 창조성의 발휘와 개조를 통하여 대전통의 부흥을 힘써 추구한다는 것이다.

(2) 정치화된 유가(politicized Confucianism)이다. 이것은 한대 때 동중서(董仲舒), 반고(班固) 이래로 발전하여 조정의 의식이 된 전통으로 강상(綱常)을 위주로 하지만, 또 도가, 법가 및 음양가의 요소가 뒤섞

본, 싱가포르를 대표로 하는데 모두 유가윤리를 실행하여 큰 영향이 발생한 지역이다.

3 1987년 9월 安徽省 宣州에서 제1차로 전국적인 규모의 "現代新儒家思潮" 학술토론회를 개최하였다. 연구 계획은 方克立, 李錦全이 주도하였다. "現代新儒學集要叢書" 15冊은 이미 中國廣播電視出版社에서 1992년부터 1996년 사이에 연이어 출판되었다.

4 Cf. Tu Wei-ming, ed., *Confucian Traditions in East Asian Modernity: Moral Education and Economic Culture in Japan and the Four Mini-Dragons* (Cambridge, Mass.: Harvard University Press, 1996); 李明輝 主編: 『儒家思想在現代東亞: 總論篇』(臺北: 中央硏究院中國文哲硏究所籌備處, 1998). 본문에서는 이 두 책을 출발점으로 삼아 진일보한 관찰과 반성을 하였다.

여 들어갔다.

(3) 민간의 유가(popular Confucianism)이다. 이것은 풀뿌리 차원에서 지속적으로 역할을 한 신앙과 습관인데, 가정과 교육의 가치를 중시하고, 근로와 절검을 유지하는 생활방식으로서 도교·불교의 영향 내지는 귀신을 믿는 미신이 뒤섞인 것이다.[5] 나는 이 세 가지의 상호 작용으로 인하여 일본, 한국, 대만, 홍콩, 싱가포르의 유가 전통은 서로 다른 역할을 충분히 발휘하였으므로 한 가지로 논의하기가 어렵다는 점을 몇 가지 관찰하였고 또 충분히 체현하였다. 이 글에서 나는 전문학자의 연구와 분석에 근거하여 필자가 관찰하고 반성한 것을 참고로 제공하고자 하니 거리낌 없이 지적해주기 바란다.

먼저 일본의 사례에서 이야기를 시작하기로 한다.[6] 모두들 잘 알고 있는 바와 같이 일본은 거의 단일 민족의 문화로 수많은 '특수'한 전통을 보전하고 있는 것 같지만, 오히려 또 중국으로부터 유가와 불가를 흡수하여 근대에 이르렀고, 다시 한 걸음 더 나아가 서양문명을 흡수했기 때문에 또한 '보편'적 요소도 있다. 이것은 매우 기이한 종합이다. 지금 여기에서는 단지 유가의 시각으로 몇 가지 관찰과 반성을 하

[5] Cf. Shu-hsien Liu, *Understanding Confucian Philosophy*: *Classical and Sung-Ming* (Westport, Conn. and London: Greenwood Press and Praeger Publishers, 1998), pp. 13-14.

[6] Cf. Watanabe Hiroshi, "'They are almost the same as the Ancient Three Dynasties': The West as Seen through Confucian Eyes in Nineteenth-Century Japan," Samuel Hideo Yamashita, "Confucianism and the Japanese State, 1904- 1945," Robert J. Smith, "The Japanese(Confucian) Family: the Tradition from the Bottom up", S. N. Eisenstadt, "Some Observations on the Transformation of Confucianism (and Buddhism) in Japan," in Tu ed., *Confucian Traditions in East Asian Modernity*, pp. 113-185. 또 溝口雄三: 「中國與日本 "公私"觀念之比較」, 『二十一世紀』 總 第21期 (1994년 2월), 25-97쪽; 溝口雄三: 「日本的近代化及其傳統因素: 與中國比較」, 『儒家思想在現代東亞: 總論篇』, 195-216쪽.

고자 한다.

일본은 중국의 당조(唐朝)로부터 한대(漢代) 이래의 정치화된 유가 전통을 흡수하였지만 두 나라의 상황은 시종일관 차이가 있었다. 중국은 옛날부터 '천명은 변한다'(天命靡常)는 것을 믿었고, 끊임없이 왕조의 흥망성쇠가 있었다. 그런데 일본에서는 만세일계(萬世一繫)인 황실은 천조여신(天照女神)의 후예라 하여 제2차 세계대전 때까지 이어졌고, 뒤에 천황은 신격(神格)을 버리게 되었지만 중국의 지식인들이 보편적으로 믿었던 것처럼 덕이 있는 자가 황제의 재위에 오른다거나 포의경상(布衣卿相) 같은 관념과 달랐다. 도쿠가와(德川) 막부(幕府)는 유가윤리를 제창하여 한 때 사회를 안정시키는 효과를 거두었지만 역시 뿌리를 내리지 못하였다. 그 결과 명치유신(明治維新) 때 막부가 권력을 황실에 돌려준 것은 당연한 일이 되었다. 어떤 사람은 중국에서 만약 군주입헌제를 유지하고 혁명을 하지 않았다면 상황이 더 좋았을 것이라고 말한다. 이러한 설은 중국의 정세에 매우 어두운 것으로, 만주족이 세운 청나라는 이민족의 통치라는 것을 이해하지 못한 것이다. 설령 군주가 실권이 없는 지위를 유지한다고 하더라도 영국이나 일본과 같이 상징적 작용은 발생할 수 없었다. 일단 "오랑캐를 내쫓고 중화를 회복한다"(驅逐韃虜, 恢復中華)는 구호가 터져 나오면서 돌이킬 수 없는 길을 걷게 되었는데, 오늘날 이와 같이 현실적이지 못한 공허한 상상을 하는 것은 의미가 없다. 그런데 현대화의 과정에서 중국과 일본은 일찍이 한 가지 같은 문제를 만났고, 또 몇 가지 유사한 반응을 하였다. 예를 들어, 모두 일찍이 전통과 현대를 서로 결합하여 중국은 '중체서용'(中體西用)을 주장하였고, 일본은 "화혼한재"(和魂漢才)에서 '화혼양재'(和魂洋才)로 전환하였다. 당연히 첫 번째 단계에서 옛 전통을 지키려는 노력은 진보에 장애가 되었고, 동아시아의 생존을 도모하기 위해서는 반드시 과학화 · 산업화 · 상업화를 진행해야만 했기 때문에 그에 상응하는 정치 · 경제 · 사회 구조라는 측면의 변화를 만들었다. 이러한 의미에서 현대화는 반드시 서양을 주도로 해야 하였다. 이것은 부정할 수 없는 사실이고, 또 몇 가지 보편적 요인은 부인할 수 없다. 그렇지만 현대화의 과정에서 전통이 비록 파괴되었거나 부분적으로 훼손이 되었다고는 하더라도 결국 완전히 제거할 수는 없었다. 정반대로 각 지역의 현대화 성공의 정도는 모두 전통적 요소의 제약을 받았으며, 어떻게 하면 새로운 상황에 맞춰 조정 · 적응할 것인가 하는 것이 핵심 요인이었다. 오늘날 유가 전통을 순전히 부정적인 요소로 보는 사람은 없지만 각 지역의 유가 전통은 완전히 같은 것이 아니다. 이러한 차이가 어떻게 각 지역의 현대화 과정에서의 차이를 이끌어냈는지가 지금 학자들의 중요한 관심거리이다.

유가 전통이 일본문화의 중요한 구성 요소가 된다는 것을 부정할 사람은 없을 것이다. 이것은 일본의 교과서에 매우 분명하게 반영되어 있다. 그러나 유가 윤리가 일본에 전파된 이후에 도리어 중대한 변화가 발생하였다. 간단하게 말해서 중국 본토에서 강조했던 인의(仁義)의 원칙은 일본에서 배경적 지위에 머물게 되었고, 드러난 것은 구체적인 충효인데 특히 충을 핵심적 덕목으로 한다. 미조구찌 유조(溝口雄三)의 공(公)과 사(私)에 대한 분석은 계몽작용이 약간 있었다. 그는 중국 문화 전통에서 이른바 '천하는 공적인 것이다'(天下爲公)는 진실로 보편성을 갖는 관념이라고 지적하였다. 일본의 문화 전통에서 상황은 오히려 확연히 달랐다. 공의 최대 한계치는 천황에게 복무하는 것에 머물렀지 결코 전체 인류 혹은 전체 우주에까지 확대되어 "만물은 일체로 인이다"(萬物一體爲仁)라고 말할 수 없었다. 개인은 당연히 서양의 개인주의 관점으로 이해할 수 없었고, 자신의 신분 · 가정 · 생명은 모두 영주에게 종속되었다. 그런데 일본은 장자 상속을 실행하여 재산이 집중되었고 또 가족의 계승은 재능에 의한 것이었는데, 어떤 경우에는 양자에게 중임을 맡겼으며 혈연은 결코 가장 중요한 고려 사항이 아니었다. 사무라이(武士)가 강조한 것은 무용정신(武勇精神)이었다. 이것은 또 일본이 서양을 모델로 삼아 전환하는 과정에서 중국에 비해 유리한 조건을 갖추었음을 말한다. 구시대의 '다이묘'(大名: daimyō)는 새로운 시대에 재벌(財閥)로 전환되었다. 개인은 집단을 위해 분투하고 무용은 경쟁정신으로 전환하였다. 위로는 천황을 위해 무조건 충성해야 했기 때문에 자본주의와 군국주의의 발전에 유리하였다. 이에 비해 중국은 땅이 광활하고 인민은 흩어져 있었으며 전통이라고는 단지 천하관념(天下觀念)이 있을 뿐이었지 현대의 '국가'(國家: nation-state)와 같은 관념이 없었기 때문에 전환이 매우 어려웠고 현대화의 과정에서 일본에 비하여 낙후되었던 것에는 그 문화적 요소가 있었다는 점은 결코 완전히 우연한 결과가 아니다. 그리고 중국의 사회주의적 경향 역시 그 유래가 있었고 일본과 매우 다른 길을 걸었다.

미조구찌 유조는 스스로 사학자라고 하지만 의식하지 못한 가운데 가치판단을 하였다. 그는 일본 민족의 우수성과 같은 관념에 찬성하지 않는다. 그는 단지 특정한 역사 문화적 조건 속에서 일본은 현대화의 과정에서 우월한 요인을 얻었다고 지적하고자 생각할 따름이다. 그러나 그는 서양이 주도하고 일본이 뒤따라갔던 이러한 역사 단계는 이미 수많은 틈이 생겨났고, 어느 땐가는 과거가 될 것이라고 생각하였다. 사실 지구촌의 자원은 한계가 있고, 치열한 경쟁을 하는 자본주의의 방식은 이미 한계에 도달하였다. 그는 다음의 역사 단계에서 중국식의 '조화공존'(調和共存) 문화는 중요한 역할을 하게 될 것이라고 생각하였다. 나는 미조구찌 유조가 견지하고 있는 역사주의적 관점에 완전히 동의하지는 않지만 그의 관찰은 분명 우리에게 매우 큰 시사점을 주었다고 생각한다. 유가의 이상과 실제가 중국과 일본에서 표현된 것은 확실히 큰 차이가 있어서 한 마디로 논의할 수는 없다. 그들 사이에는 공통점(예를 들어 장유존비(長幼尊卑)의 질서)이 있고 차이점이 있기 때문에 우리는 다시 자세하게 살펴볼 필요가 있다.

한국의 상황은 일본과 완전히 다르다.[7] S. N. 아이젠스테트(Eisenstadt)의 관찰에 의하면 아시아 대륙의 한국, 베트남이 흡수한 것은 중국 유가에 있는 보편적 이상으로 일본에 있는 우월주의적[特殊主義] 경향과 같지 않다. 사실 한국에는 자신의 오래된 유가 전통이 있었다. 그들은 퇴계(退溪) 이황(李滉)이 주희의 도통을 계승하였다고 생각할 뿐만 아니라 중국의 리학(理學)이 명대에 왕양명(王陽明)의 심학(心學)이 된 것과 같은 변란이 없었기 때문에 심지어 어떤 한국학자는 주대 초기의 유가 문화는 무왕(武王)이 은상(殷商)의 유민(遺民) 기자(箕子)에게 도를 물었던 것(이것은 『상서』(尙書) 「홍범」(洪範)편에 보인다)에까지 소급하고서 기자가 곧 한국인의 조상이라고 생각한다. 한국의 유학은 분명 그 자체의 특색이 있다. 예를 들어 사단(四端)·칠정(七情)의 논변은 중국에서 보이지 않는다. 1997년 국제중국철학회(國際中國哲學會)를 한국에서 개최하였고, 한국학자들은 이 회의에서 한글로 된 수 십 편의 논문을 발표하였다. 이것으로부터 우리는 이러한 전통이 한국에서 아직도 강력한 활력을 가지고 있음을 알 수 있다. 흥미롭게도 한국의 고전은 한문으로 쓴 것이다. 이점은 일본의 상황과 약간 비슷하다.

---

7 Cf. Koh Byong-ik, "Confucianism in Contemporary Korea," Kim Kwang-ok, "The Reproduction of Confucian Culture in Contemporary Korea: An Anthropological Study," in Tu. ed., *Confucian Traditions in East Asian Modernity*, pp. 187-227. 또 宋榮培: 「當代韓國儒學發展之槪況」, 『儒家思想在現代東亞: 總論篇』, 217-254쪽 참조.

현대에 이르자 민족주의가 고조되면서 한글이 발전하게 되었고, 우리가 한 글자도 알 수 없지만 여전히 많은 공통된 연원을 가지고 있다. 그들 역시 공자, 맹자, 주희를 존숭하고, 지금도 유학생들이 중국 대륙, 대만에 유학을 오고 중문 서적을 한글로 번역하면서 서로 여전히 밀접한 관계를 유지하고 있다. 이것은 분명히 주목할 만한 현상이다.

한국의 민주화 과정에서 일반적으로 유학자는 큰 공헌을 하지 않았다고 생각한다. 그들은 비록 군사정권이 권력을 장악한 것에 대해 불의라고 비판을 하였지만 적극적 저항을 하지 않았으며, 오늘날 반대파였던 김대중이 대통령에 당선이 되면서 한국의 정치는 새로운 단계에 진입하게 되었다. 그러나 한국 경제의 발전은 전통적 방식과 매우 밀접한 관계를 가지고 있다. 한국 정부는 적극적으로 지도자의 역할을 담당하였다. 전국적으로 몇 개의 대기업이 있다. 예를 들어 현대(Hyundai)와 같은 대기업들은 완전히 소수의 가족과 붕당(朋黨)의 수중에 집중되어 있으며, 관료와 상업이 하나로 형성되었다. 한국은 이러한 방식으로 자동차 산업을 발전시켜 결국 일본이 석권하였던 시장에서 틈새시장을 찾았으니 참으로 대단하다고 할 것이다. 서울은 세계에서 보기 드문 도시이지만 도로에서 일본차를 거의 볼 수가 없다. 한국에는 거대한 박물관이 있어 일본이 한국을 식민지로 지배하였던 만행을 일깨워주고 있어 사람들에게 가르침을 준다. 이것으로 한국 국민의 국민성은 일본인에 대한 원한이 강렬하다는 것을 알 수 있다. 그러나 한국이 일본의 경제적 패권에 저항하면서 취한 방식은 또 그에 상응하는 심각한 대가를 치러야만 하였다. 노동자들의 대우가 좋지 않아 생활이 어려워서 저항하는 분위기는 일촉즉발과 같은 상황이다. 학생들은 항상 시위를 하는 전통이 있고, 북방에는 북한의 위협이 있어서 반드시 미국의 보호막에 의지해야 하지만 반대로 또 흔히 강렬한 반미

정서가 있기도 하다. 문제는 상당히 복잡하다.

한국 민간의 유가 문화의 영향은 매우 깊다. 고병익(高炳翊)의 연구에 의하면, 비록 유교의 신도가 2%정도에 불과하지만 부모님께 효도하고, 조상에게 제사를 올리고, 사당(祠堂)의 활동에 참여하는 것은 유가식의 행위라고 모두 인정한다. 불교도와 유교 신도는 근본적으로 어떠한 차별이 없고, 기독교 신도라 할지라도 7, 80%정도는 부합한다. 내가 한국을 방문하였을 때 강한 인상을 받았던 것은 한국이 매우 유교화가 심화된 국가로 오늘날 중국의 어떤 곳도 여기에 비할 수 없다는 점이었다. 1949년 이후 '문화혁명'(文化革命) 시기에 전통 문화에 대해 남김없이 파괴를 하였고, 최근에는 점차 전환하여 변화하고 있는 중국 대륙에서 뿐만 아니라 대만에서도 전통은 갈수록 약화되고 있다. 듣자하니 공맹학회(孔孟學會)는 한국학자들과 교류하기 위하여 서둘러 창립한 것이라고 한다. 그런데 한국의 서원은 오히려 대대로 전수하는 사람이 있다. 이율곡(李栗谷) 학파의 수장 최근덕(崔根德) 교수는 도포를 입으면 곧바로 우리에게 유가의 의식을 보여줄 수 있었는데 우리가 눈을 크게 뜨도록 해주었다. 그런데 우리의 친구 양승무(梁承武) 교수는 대만에서 박사학위를 받았고, 이미 족보에서 기록을 찾을 수 있다. 이러한 상황에 비해 중국인은 예악이 붕괴되어 거의 남아 있지 않으니,[8] 참으로 매우 유감스러운 일이다.

한국에서 유가의 영향이 점차 감소하고 있다는 말을 자주 듣게 된다. 그런데 이것은 이상한 일이 아니다. 산업과 상업이 주도하는 사회에서 전통의 영향이 약화되는 것은 자연스러운 일이다. 그러나 1991

[8] 唐君毅:「中華民族之花果飄零」,『中華文化與當今世界』(臺灣: 臺灣學生書局, 1975), 上冊, 1-27쪽 참조.

년 10월 성균관대학교 학생 한 명이 반정부 시위를 하고 자살을 하였을 때 관을 들고 있던 행렬이 대학 입구에 이르자 유교 복식으로 의관을 한 사람이 성지를 더럽힌다고 들어오지 못하도록 막았다. 학생들도 감히 들어가지 못하자 쌍방은 정좌하고 대치하다가 마지막에 타협점을 찾게 되었는데 장례 행렬이 후문으로 들어감으로써 이 어려운 국면을 해결할 수 있었다. 이것으로 볼 때, 옛 전통이 비록 반드시 시대적 조류에 합치된다고 할 수는 없지만 이미 세워진 규범은 여전히 일정한 존중을 받고 있음을 알 수 있다. 넓은 의미에서 말하자면, 이러한 예의 및 윤리 규범은 가볍게 볼 수 없는 영향력을 가지고 있다. 한국의 사례에서 더 분명하게 볼 수 있는 것처럼, 전통은 현대와 단칼에 베어낼 수 없는 것으로 그 자원과 한계는 한 뿌리에서 나온 것이기 때문에 긍정적·부정적 효과를 보여준다고 할 수 있다.

대만은 또 이와 다른 사례가 있는데 그것의 경제적·정치적 발전은 또 한국과 매우 다르다.[9] 1949년 국민당 정부가 대만으로 옮기게 되고, 정국이 어지러워 정치적으로 어쩔 수 없이 엄격하게 통제하고 권위적 체제를 취하게 된 것은 이해할 수 있다. 한국에서 한국전쟁이 발발한 것과는 달리 대만에서는 숨을 고를 수 있는 기회가 주어졌다. 한쪽에 치우쳤고 바다에 둘러싸여 있으면서 지금처럼 반세기의 세월이 흘러가 마침내 네 마리 작은 용 가운데 하나가 되었다. 먼저 경제적

---

[9] Cf. Ambrose Y. C. King, “State Confucianism and Its Transformation: The Restructuring of the State-Society Relation in Taiwan,” Thomas B. Gold, “Civil Society in Taiwan: The Confucian Dimension,” in Tu. ed. Confucian Traditions in East Asian Modernity, pp. 228-258. 또 金耀基: 『中國社會與文化』(香港: 牛津大學出版社, 1992년); 金耀基: 『中國社會與文化』(香港: 牛津大學出版社, 1997년); 陳昭瑛: “儒學在臺灣的移植與發展: 從明鄭至日据時代”, 黃俊杰: “戰後臺灣的儒家思想: 存在形式、內涵與功能” 참조. 모두 『儒家思想在現代東亞: 總論篇』, 117-194쪽에 수록하였다.

전환이 이루어졌고, 뒤에 또 정치적 전환이 이루어져서 중국 대륙과 대만 사이에도 큰 변화가 발생하였으니[10] 참으로 대단하다고 할 것이다.

대만에서 국민당의 주도적 사상은 삼민주의(三民主義)이다. 비록 손중산(孫中山)이 『예기』(禮記) 「예운」(禮運)편의 대동사회(大同社會)라는 이상을 찬양하여 요(堯) · 순(舜) · 우(禹) · 탕(湯) · 문왕(文王) · 무왕(武王) · 주공(周公) · 공자(孔子)의 도를 계승하였다고 말하였고, 장중정(蔣中正: 蔣介石) 역시 스스로 왕양명(王陽明)의 신도라 인정하였지만 국민당의 이념을 간단히 유가사상이라고 말할 수 없다. 국민당의 조직은 혁명을 강조하는 레닌식의 정당이지만 국민당의 목표는 '군정'(軍政), '훈정'(訓政)의 단계를 통과하여 민주 '헌정'(憲政)을 실현하는 것이다. 다시 말해서 중국공산당(中共)은 러시아를 모범으로 삼아 급진적 독재 공산주의의 길을 걷게 되었다. 그런데 국민당은 얼마간 서양의 요소를 받아 들여 온화한 사회주의의 길을 걷게 되었지만 또 현실적 요인으로 인하여 기술 관료를 중용하고 어느 정도 자본주의의 성분을 흡수하면서 중·서의 요소가 혼합된 체제를 형성하였다. 이것이 뒤에 전환적 유형의 바탕이 되었다.

간단히 말해서 1950년대 국민당의 권위주의 통치 속에서 반공을 전제로 정치화된 유가의 전통을 계승하여 충효를 제창하고, 전체주의를 선전하여 지도자의 정신을 본받을 것을 제창하였기 때문에 민주자유가 발전할 수 있는 공간이 결핍되었다. 경제 역시 결코 자유방임이 아니라 정부의 주도와 간여가 중요한 역할을 담당하였다. 그러나 정부는 정확하고 실제에 부합하는 정책을 제정하였다. 먼저 토지개혁을 하였

---

10 새로운 단계에는 또 새로운 문제를 만나게 되겠지만 내가 발표한 時論은 『永恒與現在』(臺北: 三民書局, 1997), 『輯五: 中國問題與海峽兩岸情勢』, 240-337쪽 참조.

고, 뒤에 정부는 연이어 두 차례 '4개년 경제 개발 계획'(四年經濟計劃: 1953년-1956년, 1957년-1960년)을 실시하여 '수입형에서 산업화로'(進口型的替代工業化)를 기본 발전 전략으로 삼고서 국가무역 보호주의 정책 속에서 국내 산업을 보호 · 육성하였다. 1960년대에 그 정책적 전략을 또 '수출주도형 산업화'(出口型的工業化)로 전환하여 3차에 걸친 '4개년 경제 개발 계획'(1961년-1964년, 1965년-1968년, 1969년-1972년)을 성공적으로 실시함으로써 민간 부문의 제조업이 빠르게 발전하였다. 뿐만 아니라 대만에서는 의무교육을 9년까지 연장하여 국민의 교육수준을 보편적으로 높여 뒤에 한 걸음 더 발전하는데 필요한 인력 자원을 제공하였다. 이것은 아시아에서 현대화를 실현할 때 반드시 서구화의 길을 걸을 필요가 없고, 또 전통의 전환을 통해 '비서구화'의 '서구화'를 진행함으로써 1970년대 이래 경제 기적을 이룸으로써 라틴아메리카의 사례에서 나타났던 '종속이론'이 예견한 비극적 운명을 타파할 수 있었다.

그런데 대만의 경제 발전은 또 한국이 걸었던 길과 다르다. 한국은 국제시장에서 자동차 산업을 일본과 경쟁할 수 있을 정도로 발전시켰지만 일반 노동자의 대우는 매우 낮아 노동자와 자본가 쌍방에 심각한 모순이 있었다. 대만은 오히려 중소기업을 보호 · 육성하는 길을 걸어 전통적으로 '부를 균등하게 한다'(均富)는 사상에 비교적 가까워 소시민의 생계를 지원하였다. 최근에 빈부의 격차가 벌어지는 상황이 발생하였지만 상대적으로 말해서 변화의 과정은 비교적 안정적이다.

그런데 대만이 길어갔던 민주화의 길 역시 한국과 다르다. 대만은 한국처럼 격렬하게 저항하는 전통이 없다. 정치적 변화가 경제적 변화에 비해 늦었다. 그렇지만 손중산이 창도한 것에는 본래 민주적 이념 및 국영 기업과 민영 기업이 병존하는 '혼합경제체제'(混合經濟體制)

를 담고 있었다. 대만은 미국의 군사적·경제적 원조의 영향을 받았고, 경제 업무를 주관하는 기술 관료들 역시 미국식 훈련을 받아 겉으로 나타나지 않는 중대한 변화가 있었다. 1960년대에 국영 기업은 공업생산 가치의 약 48%를 차지하였다. 1986년에 이르자 공공부문의 생산 가치는 겨우 전체 공업 생산 가치의 14.8%를 차지할 뿐이었다. 이것은 민영 기업의 성장 속도가 공공 부문의 성장 속도를 초월하였음을 나타낸다.[11] 경제적 발전에 따라 시장을 기초로 한 사회가 점차 더 많은 독립적 실체를 갖게 되었다. 도시 중산계급이 점차 증가하고, 경제가 점차 정치로부터 분화하였다. 1970년대에 이르자 중국 대륙과 대만의 권력 분화는 이미 분명한 형세를 나타냈다. 전자는 정치 부문을 통제하였고, 후자는 경제 부문을 조종하였다. 더 근본적인 구조 변화는 국가와 서로 대항하면서 날로 강해진 시민사회에서 나타났다. 그렇지만 정치는 결코 경제의 부속 현상으로 볼 수 없다. 대만 정치 체제는 항상 자주적 역량을 갖추고 있었다. 7, 80년대 선거 측면에서의 정치적 발전은 사실상 정치 체제 중심에서 추동하여 있어난 것이다. 아버지 장개석을 이어 총통의 자리에 오른 장경국(蔣經國)은 결정적 역할을 담당하였다. 1980년대에 일어난 사회운동은 어쩌면 마땅히 권위주의 국가 기관이 민주로 향하는 전환의 결과로 보아야 할 것이다. 시장경제와 정치 다원화의 발전에 따라 유학은 이미 국가 의식 형태가 아니었다. 그러나 '제도화된 유학'이 비록 이미 수명을 다하여 한편으로 '사

[11] Chu-yuan Cheng, "The Doctrine of People's Welfare: The Taiwan Experiment and Its Implication for the Third World", in Chu-yuan Cheng, ed., *Sun Yat-sen's Doctrine in the Modern World* (Boulder: Westview Press, 1989), p. 252. 또 金耀基, 「國際儒學體制及其轉化」, 『中國政治與文化』, 99-123쪽 참조. 아래에서 토론할 때에도 이 글을 많이 참조하였다.

상형 유학'(思想型儒學: intellectual Confucianism)에 의하여 대체되었지만[12], 다른 한편으로 유가윤리와 가치는 여전히 생기발랄한 문화적 역량을 잃지 않았다. 동아시아 지역으로 말할 것 같으면, 만약 민주주의가 충분히 발전하게 된다면 그것은 반드시 유학과 모종의 타협에 도달하게 되고, 유학 자체 역시 '민본'사상이 전환하여 '민주'사상이 될 것이다.[13]

당연히 이상과 현실 사이에는 언제나 큰 차이가 있다. 이후 장경국 시대에 대만의 민주적 전환의 발전 속도는 깜짝 놀랄 정도였고, 그 과정에서 얻게 된 성과는 세계적으로 칭찬을 받았다. 야당인 민진당(民進党)이 국회[立委]와 지방정부[縣市] 선거에서 승리하자 집권당의 몰락은 불가능한 일이 아니었다. 그렇지만 대만의 선거는 금권선거가 판을 치고, 또 몇 가지 나쁜 요소들이 남아 있다. 뿐만 아니라 국민들도 아직 충분히 민주적 역량을 배양하지 못하였다. 앞으로의 상황은 더 관찰할 필요가 있다……

대만의 상황과는 달리 홍콩은 1997년 중국에 반환된 뒤에 이미 퇴보하게 되었다. 현재 홍콩 최고법정의 기본법(基本法)에 대한 해석과 인민대회 상임위원회[人大常委會] 해석 사이의 차이를 포함한 둘 사이의 문제는 결국 내부의 문제에 불과한 것이기 때문에 전쟁의 위기가

---

12 이 두 가지 명사는 金耀基의 용어이다. 같은 책, 123쪽. 그가 말한 "사상형 유가"(思想型儒家)는 대략 내가 말한 정신적 유가에 해당한다. 홍콩·대만·해외의 當代新儒家는 모두 재야에 있지만 강렬한 비판정신의 경향이 있다. Cf. Shu-Hsien Liu, "Confucian Ideals and the Real World: A Critical review of Contemporary Neo-Confucian Thought", in Tu. ed., *Confucian Traditions in East Asian Modernity*, pp. 92-111.

13 이 측면에서 가장 중요하고 또 가장 논쟁을 일으킨 것은 모종삼(牟宗三)의 "개신외왕"(開新外王)과 "도덕이성의 자아감함"(道德理性之自我坎陷)의 설이다. 牟宗三, 『政道與治道』(臺北: 臺灣學生書局, 增訂新版, 1980年) 참조.

존재하는 대만과 같은 문제라고 말할 수 없다. 그리고 홍콩 사람들은 대만에 대해 이해가 결핍되었고,[14] 그 발전 과정도 대만과 확연히 달라서 또 특수한 사례가 된다는 점을 스스로 인정한다.[15]

홍콩 섬과 일부 구룡반도(九龍半島)의 토지는 청대 조정이 1842년에 체결된 남경조약(南京條約)과 1860년에 체결된 북경조약(北京條約)으로 영국에 할양되었던 지역이고, 1898년의 조약으로 또 구룡 지역의 시가지에서 북쪽으로 신 구획[新界]까지의 토지를 영국에 99년 동안 조차(租借)하였던 지역으로 1997년 만기가 되었다. 다시 말해서 홍콩은 150년 이상 식민지였지만 거주민의 대다수가 중국인이어서 기본직으로 중국식 사회집단이기 때문에 시양식 가치를 많이 흡수하였다고 하지만 또 많은 전통적 습관이 남아있다. 대체적으로 말해서, 홍콩 사람들은 식민지 정부에 의지하여 정치적 안정을 유지하고 그러한 정치적 제도 아래에서 자유와 법치를 향유하였지만 민주주의는 없었다. 경제적으로는 근면하게 일을 하면서 돈을 벌어 수십 년 사이에 홍콩은 영국의 극동지역 운송 항구에서 세계적 도시로 전환하였다. 홍콩에는 자연자원이라고 할 만한 것이 없는데도 이와 같은 기적을 창조하였다는 것은[16] 정말로 대단한 일이다.

홍콩의 정치는 경제와 서로 영향을 주면서 특수한 성격을 나타내게 되

14 王家英, 『回歸一年的港臺關係發展: 香港市民的觀點』(香港海峽兩岸關係研究中心, 1998年).

15 Cf. Ambrose Y. C. King, "The Transformation of Confucianism in the Post-Confucian Era: The Emergence of Rationalistic Traditionalism in Hong Kong", in Tu. Ed., *Confucian Traditions in East Asian Modernity*, pp. 265-276. 또 金耀基, 『中國社會與文化』와 『中國政治與文化』 참조. 나의 홍콩의 대한 時論은 『永恒與現在』 "輯六: 香港的政治·教育女文化", 331-428쪽에 수록하였다.

16 邢慕寰, 「一块石頭的奇迹 — 香港經濟成長的故事」, 『中國時報』(1982년 6월 18-21일) 참조. 문제에 대한 분석은 자못 설득력이 있다.

었다. 김요기는 "행정이 정치를 흡수한"(行政吸納政治: administrative absorption of politics) 방식이라고 칭하였다.[17] 이것은 하나의 과정을 지적한 것이다. 정부는 사회의 엘리트 또는 엘리트 집단(elite group)이 대표하는 정치 역량을 행정적 정책을 결정하는 기구에 흡수하여 단층적인 '엘리트 집단'(elite intergration)을 획득하였음을 의미한다. 이러한 과정은 통치 권력에 합법성을 부여해 주었고, 그 결과 느슨하지만 정합적인 정치사회를 세우게 되었다. 이것은 결코 민주적이지 않은 것으로 오히려 '공동 통치'(共治: synarchy)에 해당한다. 영국의 통치자와 비영국인(대다수는 중국인이다)의 엘리트가 공동으로 정책 결정을 분담하는 역할을 하였던 행정 체제로 일종의 엘리트로 구성된 '공동 정부 형식'(共識性政府的形式: a form of elite consensual government)이라 할 수 있다. 사회적 엘리트를 거대한 행정 기구에 흡수한 이러한 공동 통치는 비영국인의 동의를 구하던 정치 구조가 아니다. 홍콩 정부가 취한 정치 방식은 일종의 '소극적 간섭주의'(消極的干涉主義: negative interventionism)라고 말할 수 있다. 정부의 행정 기관 강화와 개방을 통하여 광범위한 정치적 서비스를 제공함으로써 사회적으로는 정부에 대항하는 세력의 발생과 성장을 해소하였다. 이것은 경제적으로 '적극적 불간섭주의'(積極的不干涉主義: positive non-interventionism)와 함께 운행되었고 서로 보완적이었다.

홍콩이 중국에 반환된 이후 금융위기가 발생하면서 정부가 개입하기 이전에는 줄곧 자유경제의 모델로 인식되었다. 홍콩은 일본, 한국, 대만, 싱가포르의 권위주의적 권력이 경제 발전을 주도하였던 상황과 매우 다르다. 홍콩의 식민지 체제의 운영은 홍콩의 '이원사회'(二元社

17 金耀基, 「行政吸納政治 — 香港的政治模式」, 『中國政治與文化』, 21-45쪽.

會)의 성격과 서로 인과적 관계를 맺고 있다. 이른바 이원적 사회는 소수의 영국인으로 구성된 사회를 가리킨다. 이 통치계층과 정치는 긴밀하여 나누어지지 않는다. 그밖에 다른 한 사회는 인구의 98%를 차지하는 중국인으로 구성된 피 통치계층인데 정치와 관계가 거의 없다. 시민은 전통적으로 가정에 의지하여 개인의 수요를 해결했기 때문에 정치에 참여하고자 하는 경향이 없을 뿐만 아니라 정부의 책임에 대해서도 기대가 매우 작다. 대다수의 시민은 정부의 중요한 책임은 치안을 유지하는 것에 불과하다고 생각한다. 홍콩에서는 돈이 있어야만 지위가 있다. 중국인은 공적 업무에 종사하는 것을 통해서만 이익 조직에 참여하여 오랫동안 명예를 쌓은 뒤에 정부의 승인을 얻어 사회적 지위를 획득할 수 있었다.

사회학자의 연구에 의하면, 홍콩의 기업은 흔히 여전히 가족·친속관계를 기초로 삼는다. 베버 이래로 언제나 이것은 자본주의 발전에 불리한 요소라고 생각하였지만 오늘날에는 오히려 새롭게 생각해볼 필요가 있게 되었다. 사실 베버의 이론은 논박될 수 없다. 왜냐하면 발생의 문제와 적응의 문제는 본래 동일한 차원에 속하는 것이 아니기 때문이다. 동아시아는 현대화의 길을 따라 사회가 산업화하지 않을 수 없었고 그에 따라 시대적 변화에 적응할 수 있었다. 표면상으로 볼 때 지금의 홍콩은 여전히 가족·친속관계를 기초로 하지만 사실 배후에 있는 주도적 이념은 이미 전통적으로 친속을 이용하고 승패를 따지지 않던 순수한 혈연관계가 아니라 사회적 효용성에 기반을 한 사고에서 나온 것이다. 사실 가족·친척 사이의 친밀한 관계에서 나오는 효과는 다른 관계로 대체할 수 없다. 이러한 민간의 유가가 경제면에서 보여준 실제적 영향은 정치화된 유가에 비하여 더 적극적이고 긍정적인 역할을 한 것 같다. 이것들은 모두 예상했던 결과가 아니다. 결국 무엇이 현대적 전환에 장애 또는 이익이 되는 요소인가? 아직 진일보한 분석과 연구가 필요하다.

당연히 홍콩의 상황 역시 부단히 변화하고 있다. 산업화와 도시화의 발전으로 정부의 정책과 시민의 복리는 갈수록 밀접하게 되었고, 정부의 역할과 기능은 갈수록 확대되고 증가하였다. '사회'와 '정치체제'의 관계 역시 부단히 증대된 사회 대중이 '정치계층'에 진입하면서 변화하였고, '사회' 역시 정치화의 추세로 인하여 '정치체제'와 점차 긴밀해졌다.

홍콩은 오랫동안 정치적으로 매우 안정을 누렸다. 이것은 일반적으로 제3세계의 산업화된 도시 중에서 분열이 발생한 것과 분명한 대조를 이룬다. 1966년에 홍콩에서 발생한 혼란 및 1967년 (중국대륙의) "문화대혁명"(文化大革命)이 촉발시킨 일련의 분열은 홍콩정부를 크게 진동시켰다. 결과를 연구해 보면 정부와 민중 간의 '소통의 실패'에 그 원인을 귀결시킬 수 있다. 1968년에 '민주주임제도'(民主主任制度)가 성립하였는데, '행정의 정치화'(行政政治化)라고 말할 수 있다. 1979년에 영국 정부는 홍콩이 중국에 반환될 것을 잘 알고 있었기 때문에 1981년 홍콩 정부는 『홍콩 지방행정 백서』(香港地方行政白皮書)를 발표하였고, 다음 해 3월에 행정의회의 선거를 실시하였다. 이 '지방행정'의 계획은 영국의 '비식민화' 정책 중에서 '국민에게 정부를 돌려준다'(還政于民)는 정책적 방안이라고 믿을 수 있다. 1984년 홍콩정부는 다시 『홍콩 대의제 개정 백서』(香港代議改制綠皮書)를 발표하여 분명히 지적하였다. 하나의 정치체제를 점진적으로 건립함으로써 홍콩에 정권을 안정적으로 세우려면 홍콩 사람의 의견을 충분히 대표할 수 있어야 하고, 동시에 홍콩 사람에게 더 직접적으로 책임을 질 수 있어야한다. 이 해 9월 중국과 영국은 함께 북경에서 홍콩의 주권은 정식으로 1997년에 중국에 반환한다고 서명하여 발표하였다. 10월에는 『홍콩 대의제 개정 백서』를 공포하였는데, 홍콩정치가 전환점을 걷는데 있어서 중요한 진전이었다.

1990년 2월 16일 『기본법』 확정안이 초안위원회(草案委員會) 전체회의에서 통과되면서 5년에 걸쳐 준비한 초안을 마무리 하였다. 그렇지만 홍콩에는 심각한 신뢰 위기가 있었다. 1992년 10월 7일 홍콩 총독 팽정강(彭定康)은 홍콩의 헌법 개정에 대해 입법국에 시정보고를 하였다. 그가 비록 홍콩 사람들이 '융합'[銜接]을 중시한 점에는 도전하지 않았지만 오히려 교묘하게 『기본법』의 약점을 이용하여 1997년 이전의 정치체제에 있었던 좋은 민주적 요소를 덧붙였다. 이후 중국과 영국은 부단히 논쟁을 하였지만 최종적으로 1997년에 안정되었다.
……

마지막으로 싱가포르의 사례이다.[18] 싱가포르는 다민족사회이지만 화교가 총 인구의 4분의 3이상을 차지하고 유가전통의 배경을 가지고 있다고 말할 수 있다. 싱가포르는 제2차 세계대전 이후에 성립한 국가로 계속해서 인민행동당(人民行動黨)이 집권하였으며 성과가 탁월하였다. 1980년대에 이르자 민생문제가 대체로 해결되어 기본적으로 주택을 소유하였으며 또 중앙연금의 보장이 있었다. 그렇지만 청소년들은 오히려 놀기 좋아하고 일하기 싫어하는 경향이 있었다. 그 결과 집권자는 위기감을 느껴 유가윤리를 제창함으로써 사회적 풍조를 바꾸

---

[18] Cf. John Wang, "Promoting Confucianism for Socioeconomic Development: The Singapore Experience," Eddie C. Y. Kuo, "Confucianism as Political Discourse in Singapore: The Case of an Incomplete Revitalization Movement", in Tu. ed., *Confucian Traditions in East Asian Modernity*, pp. 277-309. 또 蘇新鋈, 「儒家思想近十五年來在新加坡的流傳」, 『儒家思想在現代東亞: 總論篇』, 255-325쪽 참조.

도록 결정하였다. 1982년에는 8명의 외국의 유학자를 초청하였고, 동아시아철학연구소의 설립을 결정하고서 여영시(余英時), 두유명(杜維明)을 초빙하여 이사회 임원으로 임명하였으며, '유가윤리' 과정을 편제하고 담당부서를 두었으며 또 '종교지식' 과정 — 기독교, 불교, 이슬람교, 인도교와 세계종교를 포함하여 — 을 편제하여 선택사항의 하나로 삼았다. 그러나 선택과목의 상황은 결코 이상적이지 않았다. 1989년도에 불교를 선택한 사람은 44.4%, 기독교는 21.4%, 유가윤리는 겨우 17.9%였다. 1989년에 동아시아철학연구소 소장 오덕휘(吳德輝) 교수가 퇴직하면서 유가연구의 항목은 점차 소멸되었다. 1991년에 정부는 『공동가치백서』(共同價值白皮書)(White Paper for Shared Value)를 발표하여 정부는 유가가치를 국민들에게 강제하려는 의도가 없음을 천명하였지만 유가와 관련이 있는 토론은 여전히 적극적 역할을 하였다. 오늘날에도 화인(華人), 무인(巫人)과 인도인(印度人)에게 공통적인 핵심가치에는 4가지 있어 국가윤리의 기초를 형성할 수 있다.

(1) 사회적 집단(社團)은 개인(自我)보다 높다.

(2) 가정은 사회를 건설하는 기초이다.

(3) 투쟁의 방식이 아닌 공통된 인식[共識]에 따라 중요한 문제의 해결을 도모한다.

(4) 종족과 종교 사이의 관용과 평화를 강조한다.

유가윤리는 이미 흡수되어 공동교과서의 내용이 되었다. 이것이 바로 오늘날 실시되고 있는 지금의 상황이다.

나는 1986년에 일찍이 동아시아철학연구소를 반 년 동안 방문하였기 때문에 싱가포르의 상황에 대하여 약간 이해하고 있었다. 나는 당시에 일찍이 홍콩에서 싱가포르로 이주할 것을 진지하게 고민하고 있었다. 그리하여 몇 가지 노력을 하였는데 관련된 문헌을 많이 읽고 내가 친히 경험한 것과 서로 대조하여 살펴보았다. 나는 이광요(李光耀)의 전기를 여러 권 읽었다.[19] 일설에 의하면 그가 변호사 자격을 획득한 뒤에 일찍이 살인범을 위하여 변호를 했다고 한다. 그의 변론이 뛰어나서 마침내 무죄가 되었지만 한밤중에 깜짝 놀라 깨어나 식은땀을 흘렸는데, 만약 길거리에 모두 이런 사람들이 횡행하게 된다면 어떻게 편안히 베개를 베고 잘 수 있겠는가 생각하게 되었다고 한다. 이것으로부터 언제나 그는 완전히 방임하는 자유주의를 받아들일 수 없었음을 볼 수 있다. 그러나 그가 취한 방법은 매우 현명하여 영국인의 신임을 받았고, 독립된 국가를 세운 뒤에 진면목이 점차 드러나게 되었다. 지금은 그가 당시에 영문 이름을 헨리라 불렀다는 사실을 아는 사람이 적지만 그는 중문(中文) 수준이 비록 떨어져도 오히려 유가전통으로부터 자원을 흡수하면 사사건건 서양을 뒤따라 갈 필요가 없음을 체험적으로 충분히 인식하였다. 그는 국토가 좁은 작은 나라의 지도자라는 지위로 세계 각국의 지도자들과 대화를 하면서 어떤 때는 또 그들을 훈계하기도 하였다. 비록 어떤 사람들은 그의 그런 방식을 좋아하지 않았지만 여전히 이것이 탁월한 성취라는 점을 인정하지 않을 수 없다.

그러나 유가윤리를 추진하려면 유가철학사상을 말해야만 한다. 싱가포르는 이 방면의 전문적 인재가 없었기 때문에 어쩔 수 없이 외래의 지원에 의존할 수밖에 없었다. 교과서를 편찬하면서 일찍이 진립부

[19] 최근에 李光耀의 자서전이 출판되었다. 그는 말레이시아를 말하면서 약간 폄하하는 말을 하여 양국 관계에 긴장을 불러 일으켰다. 1998년 11월 아펙(APEC) 회의가 쿠랄라룸풀에서 거행되었는데 싱가포르 제1총리 오작동(吳作棟)이 말레이시아를 방문하면서 관계가 개선되었음을 여기에 언급해둔다.

(陳立夫)의 교본을 참조하였지만 이것으로 실행할 수 없었기 때문에 반드시 달리 방도를 세워야만 하였다. 이 방면에서 두유명 선생은 매우 큰 힘을 발휘하였다. 그리고 유가윤리에는 심오하고 두터운 기초가 있었지만 싱가포르는 역시 이러한 학문의 전통이 결핍되었다. 모두들 잘 알고 있듯이 현대 신유가는 유학의 부흥에 큰 공적이 있는데 여영시, 두유명이 바로 이 계열에서 나온 인물들이다. 그리하여 동아시아철학연구소가 성립되었고, 외국에까지 인재를 초빙하였으며, 도서관을 세우면서 매우 짧은 시간 사이에 대략적인 규모를 갖추게 되었고 또 상당히 많은 출판물이 나오게 되었다.

그렇지만 정치화된 유가는 정신적 유가의 도움을 받아야 했으므로 칼날의 양면을 사용하지 않을 수 없었다. 그렇다. 한편으로 말해서 유가윤리를 제창하는 것은 확실히 힘써 나라를 다스리는 통치계급에게 유리하다. 오늘날의 유가학자들은 일관되게 전반서화론(全般西化論)의 사조에 저항하여 자유방임, 인간 욕망이 횡횡하는 것에 반대하며 도덕의 상실에 대하여 비판하는 것은 이전과 다르지 않다. 그들은 질서가 있는 사회로 나아감에 있어서 조화[和]를 중요하게 생각한다. 이러한 말들은 싱가포르 지도자의 정책적 구상과 합치되는 것으로 피차간에는 분명히 서로 협력할 수 있는 계기가 있었다. 그러나 다른 한편으로 현대 신유가가 강조한 것은 곧 지식인의 비판정신을 발휘하고, 민주법치를 긍정하며, 인권을 존중하는 것이지 결코 특별히 결탁하는 행위를 고취시키는 것은 아니다. 나는 1985년 여름에 싱가포르 동아시아철학연구소를 위하여 유가윤리학술회의를 개최하였을 때 이 회의에서 그곳의 어떤 사람은 이광요가 오늘날의 성왕(聖王)인지를 물었다. 나의 대답은 그렇다는 것이었다. 중국 역사에서 마지막 성인은 공자이다. 그런데 그는 그 지위를 얻지 못하였다. 이것으로부터 '정치화된 유가'와 '정신적 유가' 사이에 잠재된 모순과 충돌을 볼 수 있다. 그런데 동아시아철학연구소가 명의상으로는 민간기구이지만 주요 경비는 정부가 부담하기 때문에 결국 정부정책이 배합된 학술기구로 진정한 독립성은 없다. 그러므로 정부의 정책이 변화할 때에는 하룻밤 사이에 성격이 완전히 바뀌어 단지 실제와 관련이 있는 정치, 경제 정책의 연구만을 할 수 있었고, 그 동안 쌓아놓았던 책과 도서관리 인원은 모두 싱가포르 대학에 보내게 되었다. 그러므로 연구소를 세운 목적은 순전히 도구적 가치를 가질 뿐이었음이 완전히 드러났다.

평상심으로 돌아가 논의하면, 공리에 급급한 것 이외에 싱가포르 제1대의 지노사는 확실히 성왕과 비슷한 관심을 가지고 있었고, 또 분명히 이로움을 추구하는 수단을 가지고 있어서 한대 이래로 유법겸용(儒法兼用), 정치화된 유가의 형태에 자못 부합하였다. 내가 싱가포르에 있을 때 정부는 일찍이 교육정도가 높은 청년남녀를 모아 함께 배를 타고 유람을 하면서 아름다운 인연을 맺도록 하였지만 별반 효과가 없어 뒤에 없어졌다. 싱가포르의 관리는 여전히 국민의 부모와 같이 보였다. 아이러니한 것은 설령 대다수의 싱가포르 사람들이 모두 법규를 지키는 순종하는 국민이지만 좋은 부모가 자녀들을 위해 했던 일들이 흔히 의도대로 되지 않는 것과 같았다. 그런데 정권을 잡은 인민행동당에는 상당히 강한 위기의식이 있어서 반대당이 약간 많은 표를 얻거나 또는 두 자리의 의석을 늘리게 되기만 하더라도 곧바로 긴장하여 어찌할 줄을 몰라 하였다. 다음 선거 기간이 되면 곧바로 공포정치를 이용하여 다년간 쌓았던 공적자금을 모두 낭비하면서 정권을 자신의 수중에 두려고 하였다. 이와 같은 방식이 비록 투표의 형식을 취하였지만 여전히 서양식의 민주와는 매우 큰 거리가 있음은 말할 필요가 없다. 이등휘(李登輝)는 일찍이 한 가지 재미있는 관찰을 하였는데, 대만에서 민의가 정부를 이끌어가고 싱가포르에서는 집권자가 인민을 이끌어간다는 것이었다.

어쨌든 싱가포르의 성취는 자랑할 만하다. 이것은 동양과 서양의 비교라는 시각에서 볼 때 더욱더 분명하게 볼 수 있다. 어떤 사람이 미국인에게 묻기를 너희들은 일생 중에서 가장 얻고자 하는 것이 무엇인가라고 말하였다. 대답은 자신의 집을 갖는 것, 밤에 돌아다닐 때 폭행을 당할까 걱정하지 않는 것, 신선한 공기를 호흡하는 것이라고 말하였다. 아이러니하게도 싱가포르에는 이 세 가지 조건이 모두 있다는 점이다. 싱가포르 사람들은 대부분 자신의 집을 소유하고 있고, 사회적으로 질서가 잡혀있으며, 도시는 깨끗하다. 유일하게 통제할 수 없는 것은 인도네시아가 불을 피워 대기를 오염시키는 것인데 그것은 어쩔 수 없는 일이다. 가장 기묘한 것은 미국 청년이 싱가포르에서 법을 위반하여 태형을 받게 되었을 때 미국여론은 놀랍게도 이런 방식을 찬양하는 사람이 있었다고 하니 참으로 이상하지 않는가? 그러나 싱가포르는 결코 재미있는 도시가 아니다. 국민들은 출근하여 일을 하는 것 이외에 평소에 주로 즐기는 오락은 텔레비전을 보는 것이고, 수많은 프로그램은 홍콩에서 수입된 것이다. 이것으로부터 일별할 수 있다. 휴가 때는 말레이시아에 가서 보내지만 치안이 싱가포르에 비하여 떨어진다. 이광요가 입에서 나오는 대로 (말레이시아를) 비판하여 양국 사이의 긴장관계를 일으켰고 마지막에는 어쩔 수 없이 사과함으로써 일을 마무리 짓게 되었다. 고등교육계는 이전에 남양대학(南洋大學)이 있었을 때 흔히 대만에서 사람을 초청하여 중문 방면의 과정을 가르치도록 하였다. 그 당시에는 단지 단기 계약만을 하여 몇 년 간의 교육을 할 수 있었을 뿐 장기적으로 거주할 수가 없었다. 뒤에 정책이 바뀌어 싱가포르는 인재를 초청하고 국적을 취득하도록 장려하였다. 그렇지만 남게 된 학자들이 여전히 많지 않았다. 대우가 좋고 생활이 안정되는 것만으로는 인문학자의 심리적 수요를 만족시킬 수 없음을 알 수 있다. 그러나 싱가포르가 비록 대중매체를 통제하여 언론자유의 공간이 크지 않지만 결코 국민들이 외출하여 여행하는 것 혹은 외국으로 이민을 가는 것을 제한하지 않았으므로 폐쇄적 사회라고 할 수는 없다. 싱가포르의 친구가 홍콩에 와서 좁은 집에 한 동안 머물렀는데, 우리는 그에게 느낌이 어떠한지 물었다. 그는 여전히 싱가포르에서 생활하는 것이 비록 별로 다채롭지 않지만 물건을 살 때 속임을 당할 걱정이 없어서 가정생활을 할 때 더 적합하여 비교적 좋아한다고 말하였다. 종합하면 싱가포르에는 그 자체의 방식이 있고, 의심할 여지없이 유가전통의 몇 가지 요소를 보존하여 그 자원을 이용하는 데에는 얼마간의 장점이 있었지만 이 역시 일정한 한계를 드러낸 것이다. 이러한 방식은 결코 쉽게 모방하거나 복제할 수 있는 것이 아니다. 그런데 싱가포르는 말레이시아와 국토가 인접해 있고, 바다로 향하면 인도네시아가 있어서 제1대 지도자는 심각한 위기감을 가지고 있었다. 그들이 떠난 뒤 미래에 어떻게 될 것인가? 여전히 미정된 상태에 있는 문제로 우리 역시 어떻게 될지 주목하는 바이다!

이상과 같이 일본과 네 마리 작은 용의 관찰로부터 유가전통이 하층과 상층에서 모두 강력한 활력을 가지고는 있지만 여러 가지 서로 다른 변형된 형태로 나타나 더는 하나의 구심점이 없음을 분명하게 볼 수 있다. 제도화된 유가는 이미 사망하였지만 정치화된 유가의 권위체제는 한 동안 자본주의 발전의 장애로 보게 되었고, 변형된 뒤에는 오히려 동아시아 경제발전에 있어서 중요한 역할을 담당하였으며, 지금의 동아시아 경제위기와도 밀접한 관계를 맺고 있어서 진일보한 고찰이 필요하다. 민간의 유가는 특히 동아시아 경제발전의 기초이다. 그렇지만 그것은 한편으로 전통적 습관과 신앙을 보존하여 자원이 되기도 하고 부담이 되기도 하지만, 다른 한편으로는 현대화의 영향을 받아 모든 것을 돈으로 보는 경향이 생겨나 청소년들은 경박하고 유행하는 것들을 빠르게 받아들이게 되었다. 그런데 이와 같은 전통적 가치의 상실은 현대화가 가져온 재앙으로 반드시 피할 수 있는 것은 아니다. 그런데 정신적 유가는 다시는 국가적 의식이념[國家意理]이라는 역할을 하지 못하고 정신경지의 승화와 사회 비판이라는 기능을 강조한다. 사람은 자연인으로 만족할 수 없고 도덕인으로 천지경지를 체현하여야만 심오한 종교적 의미를 가지게 된다. 그러나 이러한 경지와 현실은 결국 두 가지 (다른) 차원에 속하는 것으로, 고원한 경지가 어떻게 부침하는 현실 가운데에 융합될 것인가 하는 것은 언제나 큰 문제이다. 아래에서 나는 이상과 현실의 상호 작용에 대한 약간의 관찰을 하고자 한다.[20]

정신적 유가는 지금처럼 학술적인 모습으로 바뀌고 있다.[21] 싱가포르가 해외에서 학자들을 초빙하는 것과 한국학생들이 대만에 와서 유학을 한다는 사실에서 학술은 결국 어떤 객관적 표준이 있지만 유가의 이상은 결코 국가라는 경계를 그 범위로 하지 않음을 알 수 있다. 싱가포르에는 높은 수준의 유학자들이 부족하다. 뿐만 아니라 한국에서도 당군의(唐君毅), 모종삼(牟宗三)에 비견할 만한 현대 신유가 학자가 나오지 않은 것 같다. 이것은 당연히 개별적인 현대 신유가 학자의 학설, 예를 들어 풍우란(馮友蘭)의 '신리학'(新理學), 웅십력(熊十力)의 '신유식론'(新唯識論)과 같은 것을 말하는 것이 아니므로 격렬한 논쟁은

---

20 劉述先, 『理想與現實的糾結』(臺北: 臺灣學生書局, 1993).

21 劉述先, 「對于當代新儒家的超越內省」, 『當代中國哲學論: 問題篇』(뉴저지: 八方文化企業公司, 1996), 1-67쪽.

피할 수 있을 것이다. 이러한 학설들이 성립하는지 여부는 반드시 학술상의 엄격한 검증이 필요한 것이지만 그 장점과 단점이 어떠한지는 이 글에서 논의할 문제가 아니다.

이들 학자들이 현대 신유학을 대표하는 인물로 널리 인정되고 있다는 것은 논쟁의 여지가 없다. 그들은 유가의 예지는 현대적 의의를 갖고 있다고 인정하였다. 그렇지만 그들은 단순히 공맹으로 돌아가는 것이 아니라 송명유학으로부터 많은 자원을 흡수하여 새로운 해석과 개조를 통해 현대의 문제에 대처하였다. 이제 나는 공인된 현대 신유가의 대표적 인물들인 웅십력과 모종삼에 대해 간략한 검토하면서 약간의 문제점도 지적하고자 한다.

웅십력의 철학은 '체를 인식하는 것'(見體)을 강조한다.[22] 이 '체'(體)는 과학으로 얻을 수 있는 것이 아니고, 또 도교 · 불교로부터 이에 상응한 것을 체인할 수 있는 것도 아니다. 이것은 다만 맹자로부터 왕양명에 이르는 이른바 '본심'(本心), '양지'(良知)에서 비로소 얻을 수 있는 것이다. 이것은 내가 태어나면서 갖춘 '성지'(性智)에서 근원하는 것이지 일관되게 밖을 향해 추구하여 '마음으로 익히고'(習心), '지식으로 헤아려'(量智) 알게 된 외부세계(外境)에서 얻을 수 있는 것이 아니다. 이 '체'는 또 곧 『역경』에서 밝힌 '생생불이'(生生不已)의 '체'이다. 이에 따라 만약 인심(人心)과 천심(天心)이 부합하면 일종의 변증적 역정에 따라 "물화"(翕, 物化)와 "정신"(辟, 精神)이 변화하게 된다. 그는 우주론에 대한 풍부한 상상력과 존재론에 대한 깊은 관심이 있었다. 그의 대작 『신유식론』 백화본(白話本)은 1944년 상무인서

22 간단히 살펴보기 편한 것으로 웅십력에 관한 일반적인 이해와 자료는 郭齊勇 編, 『現代新儒家的根基: 熊十力新儒學論著輯要』(北京: 中國廣播電視出版社, 1996) 참조.

관(商務印書館)에서 출판되었는데 당시에 가장 창의성이 있는 철학 저작이라고 추앙되었다. 또 그의 성격이 진솔하여 많은 학생들이 따르고 존경하였던 것도 결코 우연한 결과가 아니었다.[23]

혹자는 웅십력은 수양공부를 하지 않았고, 언행이 일치하지 않아 신유가 의리(義理)의 대표로 삼는 것은 적합하지 않다고 말한다. 이것은 그의 학문에 대한 오해이다. 그의 신유학은 결코 전통의 방식이 아니라 변화를 거친 뒤의 유학이다. 그의 '체'는 곧 사람마다 태어나면서 갖추고 있는 '생생불이' 하는 본심이고, 이것을 체현한 것은 곧 『역경』에서 밝힌 "건원성해"(乾元性海)이다. 이렇게 해야만 생명 의미의 원류를 파악할 수 있다. 사실 그는 사람들이 송대 유학의 수양공부를 해야 한다고 하지 않았다. 그가 표현한 것은 자연히 전통 유학자의 모습이 아니므로 분명 중도적 실천[中行]의 이상을 실현할 수 없다. 그러나 그는 도리어 광인으로 전통의 울타리를 충분히 돌파할 수 있었다. 또 강직한 인물로 적막감을 충분히 견디어 시대적 조류에 영합하지 않을 수 있었다. 뿐만 아니라 자신의 본래면목을 언제나 감추지 않았다. 그러므로 "진인"(眞人)이라 할 수 있을 것인데, 비할 바 없는 매력을 발산하고 불시에 사자후를 떨쳐 사람들로 하여금 정신을 바짝 차리게 하였으므로 한 시대의 대표적 스승이라는 지위를 잃지 않았다.

또 혹자는 현대 신유가는 스스로 "본체를 체득하였다"(見體)고 허풍을 떨면서 항상 자신을 높이는데 특권적 지위를 차지한 것 같지만

---

23 진영첩(陳榮捷)은 풍우란(馮友蘭)이 비록 명성이 자자하지만 오히려 그를 따르는 사람이 없지만 "그(熊十力)는 그 어떤 다른 당대의 중국철학에 비해 젊은 철학자에게 더욱 큰 영향이 있다"고 지적하였다. Cf. Wing-tsit Chan, trans., and comp., *A Source Book in Chinese Philosophy* (Princeton: Princeton University Press, 1963), p. 765. 당군의(唐君毅), 모종삼(牟宗三), 서복관(徐復觀)과 같은 학자들은 모두 그의 학생이다.

"양지의 오만함"(良知的傲慢)이라는 우를 면할 수 없다고 말한다. 이것 역시 오해이다.[24] 두말할 필요도 없이 현대 신유가의 웅십력, 모종삼과 같은 인물들은 모두 진정한 학문(眞學問), 진정한 책임(眞擔負), 진정한 성정(眞性情)이 있었던 학자이지만 그들 역시 분명히 성격상의 한계가 있었던 사람들이지 결코 전통적인 의미에서의 성현과 같은 인물은 아니었다. 책임이 너무도 무겁기 때문에 그들은 사람들이 남을 업신여긴다고 느끼게 하여 사람들에게 일종의 "오만하다"(傲慢)는 느낌을 줄 수밖에 없었다. 그렇지만 사람이 그렇게 보인다고 해서 그의 말까지 버릴 수 없다. 학문적으로 볼 때, 이와 같은 "오만함"은 그들의 사상체계 내에서 용납할 수 없는 것이다. 웅십력은 '자아 본성의 지혜'[性智]와 '대상 탐구적 지식'[量智]이라는 두 차원을 분명히 구분하고 또 재차 분명히 밝혔으며 일생 동안 '이성적 지혜'[理智]를 배반하지 않았다. '대상 탐구적 지식'으로 건립된 과학실험의 학문[科學實測之學]은 이것이 비록 본체[本根]가 아니지만 그 자체의 법칙 및 지위가 있는 것으로 가볍게 무시할 수는 없다. '자아본성의 지혜'로 세워진 철학은 다른 차원에 속하는 것으로, '이성적 지혜'에 의하여 구축된 영역이 아니라 반드시 '지혜'에 의지해야 한다. 이 두 차원에는 변증적 관계가 있어서 구분되면서 또 통합된다. 구분되는 점으로 본다면 각각 그 법칙이 있어서 뒤섞을 수 없다. 철학이 비록 더욱더 근본적 성격을 가지고 있지만 또한 과학의 활동에 간여하는 것을 허용할 수 없다. 체와 용을 겸하여 살피고, 차원을 나누어 발전한다면 "양지의 오만함"이 자라날 토양은 있을 수 없다. 궁극적으로 말해서 '양지'는 '자아 본성의 지혜'의 작용 밖에 있는 것이 될 수 없다. 그러므로 체용불이(體用

---

[24] 이 문제와 관련이 있는 논증은 필자의 「對于當代新儒家的超越內省」을 참조.

不二)는 비로소 풍부하고 원만한 경지를 얻게 된다. 사람들은 웅십력 선생이 이와 같이 두 차원으로 구분하는 관점에 동의하지 않거나, 철학(현학)을 더욱 근원으로 보는 그의 학설에 반대할 것이다. 그러나 학문적 이치[學理]로 볼 때, 웅십력의 학설이 '양지의 오만함'과 서로 용납되지 않는다는 것은 분명하다!

모종삼은 그의 스승에 비하여 더욱 엄격한 서양철학의 훈련을 받았다. 그는 칸트를 정미하게 연구하였고, 또 3대 비판의 중요한 부분을 중국어로 번역하였다. 그가 '양지의 감함'(良知的坎陷)을 주장한 것은 도통(道統)을 새로 세우는 것 외에 또 학통(學統)과 정통(政統)을 세워 서양의 과학과 민주를 흡수하는 것이다.[25] 모종삼이 비록 도덕형이상학의 체득을 궁극으로 삼았지만 그는 간접적 방식[曲通]으로 서양문화의 정수를 흡수할 것을 주장하고 민주정치, 과학지식은 그 자체의 법칙이 있음을 인정하였으므로 그의 사상을 범도덕주의라고 비판하는 것은 근거가 없는 지적이다. 비록 사람은 유한하지만 무한에 통하고(有限而通于無限), 그러한 경지에 도달한 무한지심(無限智心)의 밝음은 결코 경험 차원에서 과학지식의 추구와 민주법칙의 확립에 장애가 되지 않는다. 이곳에서도 똑같이 "양지의 오만함"의 여지는 없다.

웅십력, 모종삼 두 사람이 두 세대에 걸쳐 적나라하게 도의(道義)를 담당하면서 일생동안 역경에 처해 있었으면서도 자신만만하고 기세가 당당하였기 때문에 오해를 낳게 된 것이다. 비록 발분하여 자강불식하고 강학과 저술을 쉬지 않고 하였지만 그들의 학설은 주류가 될 수 없었고, 또 학문의 주도자[教主]가 될 조건도 갖추지 못하였다. 그렇지

---

[25] 살펴보기 간편해서 모종삼의 일반적 성격에 관한 해석과 자료에 관한 것은 정가동(鄭家棟)이 주편한 『道德理想主義的重建: 牟宗三新儒學論著輯要』(北京: 中國廣播電視出版社, 1992) 참조.

만 아첨꾼이 되는 것을 거절하고 스스로 적막함을 달게 여겼으므로 '주변인'[邊緣人]으로 묘사하는 것이 더 적합하다. 사실 현대 신유가에서 가장 두드러진 점은 지식인의 '비판'정신이다. 그러나 두 세대에 걸쳐 표현된 것은 매우 큰 차이가 있다. 웅십력은 중국대륙에 잔류하는 길을 선택하였는데, 처음에는 신중국이 앞으로 나아갈 방향으로 인하여 귀가 솔깃하였던 것을 면할 수 없었다. 그렇지만 일생의 종지는 변하지 않아 결국 유물론을 받아들일 수 없었다. 말년에 외왕학을 말하고 사회주의를 칭송하면서 마치 시류에 영합하였다는 혐의가 있는 것 같지만, 사실은 사회주의의 근원을 『역경』(易經) · 『주례』(周禮)와 『춘추』(春秋)의 미언대의(微言大義)에까지 소급해 나감으로써 맹자 이후의 노예화된 유학[奴儒]을 통렬하게 배척하였으며, 공상적 유토피아[空想之烏托邦]를 가지고 열악한 현실을 비교한 것은 사실 비판적 의미를 담고 있다. 그는 일찍이 모택동 주석에게 편지를 써서 호소하였지만 회답을 듣지 못하였다. 그러나 중국공산당(中共)은 시종일관 그가 책을 쓰고 학술활동을 하도록(著書立說) 허락하였다. 또 그 역시 참회의 글(懺悔書)을 쓸 필요가 없었지만 결국에는 홍위병의 능욕을 당하였으니 참으로 애석한 일이다. 그리고 모종삼은 일생동안 불우하였지만 곧 말년에 이르러서야 학술상의 성취로 인하여 명성을 얻게 되었다. 또 당군의, 서복관, 장군매와 공동으로 1958년 원단(元旦)에 발표한 "중국문화와 세계선언"(中國文化與世界宣言)에 서명을 하여 당시 서양 한학의 주류적 경향을 비판하였다.[26] 또 칸트철학에서 부족한 점에 대한 반성을 통해 중국철학의 '예지의 지혜'[睿識]를 다시 세웠

---

[26] 이 선언은 唐君毅, 『中華人文與當今世界』(臺北: 臺灣學生書局, 1975) 下册, 865-928쪽에 수록되었다.

다.[27] 모종삼이 '리'를 말하지 않는 학설과 날로 천박해지는 학풍에 대해 통렬하게 일침을 가하였으므로 매번 시류에 반대한다는 비판을 이끌었다. 그렇지만 그 역시 도덕이 상실되고(道德淪喪) 이익만 추구하는(見利忘義) 지금 시대의 세태에 대해 우려를 나타냈는데, 멀리 솔제니친(Aleksandr Isayevich Solzhenitsyn, 1918-2008)과 호응하는 감정으로 비판적 태도를 견지하였으므로 시대적 조류와 어울리지 않는 것이었다. 이상하게도 사람들은 모종삼이 처했던 주변화된 상황을 보지도 못하고 오히려 그가 제창한 이른바 "정통"(正統) 의식을 참을 수 없어 했으니 실로 아이러니라 할 것이다!

솔직히 말해 웅십력, 모종삼의 관점은 그들이 처했던 시대적 환경의 한계가 매우 컸다. 그들은 국가와 민족의 존망이 달린 시대에 살았으므로 목소리를 높여 정통의식을 강조하고 중화문화의 부흥이라는 활로를 쟁취하고자 할 수밖에 없었다. 만약 그들에게 결점이 있다면 그것은 이른바 군자의 과오[君子之過]로써 일식·월식[日月之蝕]처럼 사람들이 모두 볼 수 있었던 것이기 때문에 감추려고 해도 소용이 없었다. 그러나 신유가는 앞으로 발전해 나가야 하는 것이지 지금의 이 단계에서 멈출 수는 없다.[28] 지금 현대에서 후기 현대로 넘어가는 시기에 이르러 서양의 지식인들은 깊은 자아반성을 하고 계몽이성의 패권을 매우 비판하였는데, 그 극단적인 점은 지나치다고 하겠지만 분명히 그 원인이 있다. 우리는 더 묻지도 않고 방치해서는 안 된다. 미국에서 오늘날 '다문화주의'(多文化主義, multiculturalism)가 유행하여 여러 가지 서로 다른 정신전통, 특히 약한 집단인 흑인과 여성은 모두

27 牟宗三, 『智的直覺與中國哲學』(臺北: 臺灣商務印書館, 1971) 참조.

28 劉述先, 「當代儒學發展的新契機」, 『當代中國哲學論: 問題篇』, 251-266쪽 참조.

전대미문의 존중을 받게 되었다. 미래 세계에서 인류의 관념은 결코 "하나로 통일될 수"(定于一) 없고, 각각 하나의 문화전통은 모두 그 존재의 자주권을 갖게 될 것이므로 피차간의 소통과 가시적 영역의 융합을 할 수 있는 길을 찾도록 노력할 것이다.[29] 이에 부응한 현대 신유학은 발전을 거듭하여 지금에 이르렀지만 과거에 일원화(一元化)를 지나치게 강조한 경향에 대해서도 힘써 해명해야 한다. 송대 유학자들은 이른바 '리일분수'(理一分殊)의 분수(分殊) 부분을 그다지 중시하지 않았지만 오늘날에는 마땅히 적당한 지위[定位]를 주어야 하고 또 오늘날 지나치게 상대주의의 추세에 빠진 폐단에 일침을 가하여 '리일'(理一)을 초월적 '규약원칙'(規約原則, regulative principle)으로 삼아 인류의 평화 공존에 필요한 '세계윤리'를 발전시키는데 힘을 보태야 한다.[30]

이러한 변화는 문화 차원에서 더욱 분명히 볼 수 있다. 전장제도(典章制度)의 유가로부터 왕조의 멸망 이후 중국은 더 이상 자신을 정통으로 삼고, 일본·한국을 주변국가로 삼을 이유가 없다. 사실이 증명하듯, 한국사회의 유가화[儒化]는 중국의 어떤 지역보다도 손색이 없거나 더욱더 강하다. 중국 대륙은 분명히 마르크스—레닌주의가 주도하고 대만지역의 국민당은 삼민주의를 신봉하여 비록 여전히 입으로는 유가전통을 계승한다고 말하지만 최근에 본토화의 추세가 갈수록 유가 전통을 포함한 중화전통으로 기울어 그 한계가 분명하다. 당연히 이러한 발전은 높은 차원 혹은 기층의 유가문화를 파괴할 수 없지만

---

29 예를 들어 두유명(杜維明)이 해외에서 유가의 정신성(精神性, Confucian spirituality)을 힘써 천명한 것은 다만 신유가가 세계의 많은 정신정통 사이에서 있을 수 있도록 하기 위한 것일 뿐이다! 또 바로 이러한 분위기 속에서 나는 영문으로 『유가철학』(儒家哲學)을 순조롭게 출판할 수 있었는데 양장본과 보급판을 동시에 발행하였다.

30 劉述先, 「世界倫理與文化差異」, 『哲學雜誌』 제23기 (1998년 2월), 52-69쪽.

오히려 그 영향력을 점차 소멸시켜 주변적 지위로 떨어지도록 하기에는 충분하다.

매우 분명한 것은 유가정신의 대전통과 한대 이래로 정치화된 유가의 누적된 산물은 일찍이 동아시아에서 유가의 영향을 받은 지역을 고찰하는데 피할 수 없는 공통 요소이다. 그러나 지역에 따라 다르게 나타나기 때문에 구분하여 심도 있는 조사와 비교 연구를 할 필요가 있다. 예를 들어 말하면, 어떤 일본학자는 곧 솔직하게 인정하였는데 일본이 비록 일찍이 중국문화를 수입하였지만 일본문화가 걸어갔던 길은 시종일관 중국과 다르다고 하였다. 앞에서 서술한 것처럼, 미조구찌 유조는 일본이 신속하게 현대화할 수 있었던 것은 바로 현대의 일본인이 주동적으로 '사'(私: 가족을 포함하는)를 위하는 정신이 서양과 일치하였고, 일본인들에게는 중국인이 말한 '천하는 공적인 것이다'(天下爲公)는 관념이 부족하므로, 그들의 이른바 '공'(公)은 단지 조정, 천황을 가리켜서 말한 것에 불과하며, 오늘날 공적 의식이 갈수록 담박하게 되는 추세는 필연적인 것으로 그 병폐가 서양에서 사욕이 팽창한 것과 다르지 않다고 생각하였다.[31] 그런데 세계의 자원은 한정되어 있어서 이러한 방식은 결국 통하지 않으므로 미래세계는 반드시 중국의 '조화공존'(調和共存)이라는 원리가 발휘되어야만 우리 시대에 필연적으로 마주하게 되는 난관을 극복할 수 있다.[32] 미조구찌 유조의 견해가 정확한지 여부와 관계없이 그의 말은 풍부한 힌트를 제공한다.

이것으로 볼 때, 유가화의 영향을 받은 각 지역은 반드시 서로 구분하여 처리해야지 하나로 논의할 수는 없다. 지난 해(1997년-옮긴이)에

---

31 溝口雄三,『中國與日本"公私"觀念之比較』참조.

32 李長莉,「中國的"調和共存"原理將帶領二十一世紀—溝口雄三教授訪談錄」,『明報月刊』總 第379期 (1997년 7월), 34-42쪽.

발생한 동아시아 금융위기로 말미암아 어떤 사람은 '아시아적 가치'(亞洲價値)를 부정하였다. "타임"(TIME, 1998년 3월 16일) 기자는 곧 이광요를 방문하여 이 문제를 논의하였다. 그의 대답이 매우 재미있으므로 아래에 번역하여 참고하도록 한다.

질문: 당신은 아시아적 가치가 이처럼 대단한 지위를 차지하도록 과대 선전한 것을 사과하시겠습니까?

대답: 그것은 서양의 신문기자들이 한 것으로, 특히 민주와 인권에 많은 관심을 가졌던 사람들이 그와 같이 선전한 것이다. 그들은 우리가 마땅히 그들과 완전히 같아야 한다고 믿었다. 우리는 일찍이 해석을 시도하였는데, 우리의 역사적 배경이 서로 다르고, 변화 과정 역시 다르다고 하였다. 동시에 우리는 서로 다른 사회적 가치를 가지고 있다. 이러한 가치들은 신속한 발전을 촉진시켰다. 붕괴가 발생하게 된 것은 시스템, 특히 법치(法治)가 없었기 때문이다. 만약 참으로 아시아적 가치가 이러한 재앙을 가져왔다고 한다면, 홍콩과 싱가포르는 왜 '심각한' 영향을 받지 않았는가?

이광요의 뜻은 인도네시아의 상황이 크게 잘못되었지만 유가문화의 배경을 가지고 있는 홍콩과 싱가포르에 나타난 상황은 매우 훌륭한데, 곧바로 잘못을 부드러운[柔性] 권위주의의 아시아적 가치에 돌릴 수는 없다는 것이다.

질문: 비교적 신중하지 못한 사회에서 사람들은 흔히 뇌물과 부패를 아시아적 가치에 귀결시킨다.

대답: 당신은 자신의 가정에 책임이 있고, 또 우정에 충실해야 하는데, 친구를 돕고 지원해야 한다. 그러나 당신은 단지 개인적인 자원을 쓸 수

있을 뿐 공적 자원을 사용할 수 없다. 이것이야말로 유가이다. 당신이 공직을 통하여 공적 자원을 가정 책임에 이용하고 우정에 충실하다면 그것은 바로 유가 가치의 타락이다. 이것은 잘못된 것이고 반드시 방지해야 하는 것이다. 여기에는 반드시 적당한 체계가 있어야 한다. 만약 당신이 (빌딩을) 건조해야 한다면 당신은 비밀스럽게 협상할 수 있고, 또 세세한 내용을 설명하여 모집을 진행할 수 있다. 모든 것을 공개하여, 표준에 맞기만 한다면 가격이 가장 낮은 것이 이익을 얻을 수 있을 것이다.

질문: 그러나 이것은 서양의 방식이다.

대답: 만약 이것이 가장 좋은 방법이라면 어디에서 나온 것인가는 물을 필요가 없다. 모든 오래된 문화는 모두 성실함을 받아들인다. 만약 속임수를 써서 박수를 받게 된다면 그런 사회는 끝장난 것이다. 그런데 부패를 없애는 가장 좋은 방법은 바로 관리에게 그들이 마음대로 행사할 수 있는 기회를 최소한으로 주는 것이다.

매우 분명한 것은 이광요는 유가와 법가를 겸용한 사람이고, 또 전통과 현대화 사이에 어떤 모순충돌이 있다고 생각하지 않는다는 점이다. 공평하게 논의하자면, 싱가포르가 하나의 성공한 사례가 된 것은 그 이유가 있었다. 지도자들이 청렴하고 효율적이며, 힘써 국민들을 보살폈기 때문이다. 그렇지만 이러한 사회는 높은 수준의 문화가 자유롭게 발전하는데 불리하고, 다양성을 결핍하게 되어 싱가포르는 약간 "용감한 신세계"와 같은 모습을 닮아서 배후에는 여전히 심각한 문제점을 감추고 있기 때문에 외국 지식인들에게 오래 거주하고 싶은 매력을 주기는 어렵다. 동시에 싱가포르에는 비록 어느 정도의 법치가 이루어지고 있어서 그 해석은 항상 제도를 세우는데 유리하지만 정부가 대중매체를 통제하고 있기 때문에 그러한 상황에 적응하지 못하는 사람들이 그곳에서 생활하기가 매우 어렵다는 것은 소수의 다른 견해를 가진 사람들이 처하게 된 상황에서 분명하게 볼 수 있다.

문화의 차원에서 볼 때, 세상에 완전무결한 문화는 존재하지 않는다. 이쪽에 장점이 있으면 곧 저쪽에 단점이 있는 것이다. 또 진공 상태에서 태어나는 사람은 없다. 반드시 어떤 전통에 속하게 되므로 전통도 있고 또 창신(創新)도 있는 것이다. 그러므로 나는 항상 전통이 자원이 되는지 부담이 되는지 상관없이 모두 하나의 뿌리에서 나온 것이라고 말한다. 우리가 할 수 있는 것의 극단은 곧 전통적 자원은 정점에까지 발휘하고, 전통의 부담은 최소한도로 줄이는 것이다. 이렇게 해야만 새로운 것을 펼칠 수 있게 되고, 시내와 힘께 추동할 수 있다. 각 지역의 문화에 각자 그 특색이 있으므로 이것을 한 가지로 도식화하여 논의할 수는 없다. 몇몇 사람들은 자신의 전통문화와 전혀 어울리지 못한다. 이러한 사람들은 이상적 상황에서라면 마땅히 다른 곳으로 옮길 수 있는 자유가 있어야 하고, 다른 지역에 가서 신천지를 펼쳐야 한다.

문화 다원주의의 관점 역시 자신의 전통에 대한 우리의 철저한 비판을 허용하는 것으로, 잘못을 지나치게 감추고 전통에 결점에 있다는 점을 거부할 필요는 없다. 동아시아에서 한대 이후 정치화된 유가가 남긴 부드러운 권위체제(柔性威權的體制)는 분명 큰 작용을 하였다. 의심할 여지없이 서로 관련된 요소로 그것은 중국에서 과거에 오랫동안 매우 안정된 구조를 유지하게 하였지만 자본주의 탄생에는 불리한 뿌리였다고 해석할 수 있다. 또 그것으로 자본주의가 전파된 이후 동아시아, 일본과 네 마리 작은 용의 발전이 아메리카 아프리카 및 필리핀 인도에 비해 더 성공적이었던 일부 원인과 동아시아가 경제기적을 창조한 뒤 오늘날과 같이 좌절하게 된 근본 이유를 설명할 수 있다.

그런데 중국 대륙에서는 "문혁"이라는 광풍을 겪었지만 여전히 전통을 완전히 제거할 수 없었고, 오늘날에는 오히려 전통으로 돌아가 민족의 생명력을 부활시켜야 한다. 아이러니하게 "문혁"이 중국 대륙에서 발생할 수 있었던 것은 전통의 권위체제와 마음의 습관[心習]이 현대화된 뒤에 오용된 결과라고 하지 않을 수 없다. 그러나 나는 "유가화된 마르크스주의"(儒化的馬克思主義)라는 논지는 거부한다. 왜냐하면 공산당의 지도원칙은 "계급투쟁"이지 유가의 "인의중정"(仁義中正)의 도가 아니기 때문이다. 이 둘의 차이가 적지 않고 또 어긋남이 매우 크다. 그리고 솔직히 말해 모택동은 분명 중국문화의 산물이지만 그가 계승한 것은 중국문화의 소전통에 불과한 것이지 대전통이 아니다.[33]

여기에서 우리는 민간의 차원으로 나가게 된다. 솔직히 말하면, 인민이 어떠한가에 따라 그런 지도자가 있게 된다. 전통의 자원과 부담이 한 뿌리에서 나온다는 것 역시 이 측면에 응용할 수 있다. 중국 인민이 근면하고 검소하며, 노고를 마다하지 않고 원망을 두려워하지 않는 것도 중국 민족이 각 지역에서 창조한 경제 기적을 부분적으로 해석해주지만,[34] 그러나 중국 인민들이 순종적 인민이 되고 권위에 맹목적으로 따르기를 좋아하는 것 역시 왜 "문혁"이 중국에서 발생할 수 있는 현상이 되었는지를 충분히 부분적으로 설명해준다.

종합하면 우리는 유가전통 중에서 가치 있는 많은 자원을 찾을 수

---

33 劉述先, 「毛澤東對中國傳統文化繼承之分析」, 『當代中國哲學論: 人物篇』(뉴저지: 八方文化企業公司, 1996), 83-100쪽.

34 버거는 동아시아의 경제적 성공의 요소를 그가 말하는 "세속적 유가"(鄙俗的儒家, Vulgar Confucianism)에 귀결시킨다. Cf. Peter Berger and Hsin-huang Michael Hsiao eds., *In Search of an East Asia Development Model* (New Brunswick, N. J. : Transaction Books, 1988), p. 19.

있다. 예를 들어 중국은 계급 사이의 엄격한 구분이 없다. 품부 받은 것으로 말하면, 사람은 모두 요순이 될 수 있다. 설령 성악론을 주장한 순자라고 하더라도 더러움을 제거한 사람은 우(禹)가 될 수 있다고 말하였다. 그리고 중국 전통의 천인합일(天人合一), 건곤호제(乾坤互濟) 역시 오늘날 환경보호 사상, 여성주의에 유용한 자원을 제공할 수 있다. 그러나 중국의 인민이 이처럼 우매무지(愚昧無知)하고 경박하며, 모든 일을 서양방식대로 하려고 한다면 곧 자신의 장점을 잃게 될 것이다.

종합하면 세계는 이제 21세기로 진입하려는 새로운 상황에 처하였다. 유가 전통이 만약 아직 생명력이 있다면 또한 새로운 모습을 반드시 전개해야 한다고 단언할 수 있다. 이 글은 동아시아 상황에 대한 몇 가지 반성을 통해 몇몇 현상을 제시함으로써 이러한 문제에 대해 논의한 것에 불과하다.

주註

* 이 글은 1999년 7월 6일-8일 타이베이 중앙연구원(中央硏究院)에서 주관하고 중국문철연구소 주비처(中國文哲硏究所籌備處)에서 주최한 “현대 동아시아에서의 유가사상”(儒家思想在現代東亞) 국제학술대회(國際硏討會)에서 발표한 것이다. 뒤에 『아호월간』(鵝湖月刊) 총 제292기(1999년 10월)에 게재하였다.

3

종교의 초월성과 내재성을 논함

1. 이끄는 말

근래에 현대 신유가의 이른바 '내재초월설'(內在超越說)이 적지 않은 논쟁을 일으켰다. 마침 아내 유안운(劉安雲)이 휴스턴 스미스(Huston Smith)의 명저 『세계종교』(世界宗教)를 번역하였다.[1] 이 책은 내가 교정을 맡았는데 좋은 점을 많이 얻었다. 이 책의 자극으로 나는 종교의 초월과 내재의 문제에 대해 더욱 분명한 인식을 갖게 되었기에 여기에 제시하여 모두 함께 고민하기를 기대한다. 나는 아래에 열거한 세 가지 문제를 토론하고자 한다.

(1) 종교의 정의와 초월, 내재의 관계;

(2) 논리, 경험과 종교 신앙의 상관성;

[1] Huston Smith, *The World's Religions: Our Great Wisdom Traditions* (New York: Harper San Francisco, revised and updated ed. of The Religions of Man, 1958, 1991). 중문 번역본: 臺北, 立書文化公司出版, 1998.

(3) 외재초월설(外在超越說)과 내재초월설(內在超越說)의 평가.

그런 후에 간단한 맺음말을 하였다.

2. 무엇이 종교의 합당한 정의인가?

중국어의 '종교'라는 용어는 영문 Religion이라는 용어의 번역이다. 웹스터의 대백과사전에 근거하면 이 글자의 중요한 의미는 이렇다.

> 눈에 보이는 세계 너머에 있는 것들에 대한 관심은 철학과 다르다. 그런 관심은 이성보다는 믿음이나 직관 등을 통해 작동한다. 그런 관심은 또한 일반적으로 하나의 존재자, 여러 존재자, 영원한 원리가 있다는 관념을 포괄한다. 그리고 이 세상을 창조하고 다스리고, 세상의 운명을 결정하고, 세계 역사의 자연적 흐름을 때때로 간섭하는 '초월적인 정신적 실체자'에 대한 관념과도 관련이 있다. (초월적 세계에 대한 관심은) 의례, 기도, 정신적 활동, 일상 행위의 법칙 등이 적절하다거나 정당하다거나 또는 정신적으로 가치가 있다는 관념을 포함하기도 한다. 의식, 기도, 법칙 등은 (초월적) 존재, 원리에 대한 믿음을 가지고 있는 인간이 내적인 필요성에서 자연스럽게 반응한 것들이다.[2]

이 조목은 일반적으로 이해하고 있는 '종교'라는 용어의 의미를 매우 분명하게 설명하였다. 그 대의는 아래와 같이 해석할 수 있다. 종교가 관심을 갖는 것은 감각할 수 있는 세계 밖의 초월적 존재이다. 그것은 철학과 달리 이성에 의지하는 것이 아니라 신앙과 직관에 의지하는 것이다. 그것은 일반적으로 하나의 단일한 존재, 예를 들어 상제(上帝)

---

[2] *Webster's Encyclopedic Unabridged Dictionary of the English Language* (New York: Portland House, 1989)

혹은 일군의 신령(神靈) 또는 하나의 영원한 원리 또는 하나의 초월적 정신실체(精神實體)가 세계를 창조하고 지배하며, 그 운명을 통제하거나 어떤 때는 그 역사의 자연스런 과정에 간여한다고 믿는다. 또 사람에게 이러한 신앙이 있으면 의식(儀式), 기도(祈禱), 정신수양(精神修養)을 통하여 일상생활에서의 규칙, 예를 들어 십계명(十誡命)과 같은 것을 준수함으로써 정신상의 위안을 받는다.

이와 같은 학설은 기본적으로 다신교(多神教: polytheism), 일신교(一神教: monotheism) 내지는 범신교(汎神教: pantheism)의 신앙을 살펴본 것으로, 초월(超越: 神)과 내재(內在: 人)라는 두 차원을 아울러 고려한 것인데 또 지와 행(知行) 두 측면을 포괄한 것으로 이미 상당한 포용성이 있다고 할 수 있다. 그렇지만 그것은 여전히 서양의 편견을 반영한 것으로, 특히 역사를 창조하고 간여한다는 유형의 유신론(有神論, theism) 신앙의 특징인데, 근본적으로 불교와 같은 유형의 무신론(無神論, atheism) 신앙에 적용할 수는 없지만, 그렇다고 또 그것을 종교 신앙의 영역 밖에 둘 수는 없다. 이러한 곤란을 피하기 위하여 현대 신학자 폴 틸리히(Paul Tillich)는 종교를 '궁극적 관심'(終極關懷, ultimate concern)[3]이라고 새롭게 한정하였다. 이렇게 바꿀 필요가 있는 것은 불교에만 '궁극적 관심'이 있는 것이 아니라 표면상으로 보면 철저하게 현세적인 유가도 똑같이 궁극적 관심이 있고, 종교적 함의가 있기 때문이다.[4] 종교에 대한 이러한 확대된 이해는 대부분 학자들의 공통된 인식이 되었다. 예를 들어 스미스의 책은 장

[3] Paul Tillich, *Dynamics of Faith* (New York: harper & Brothers, 1957), p. 1.

[4] Cf. Shu-hsien Liu, "*The Religious Import of Confucian Philosophy: Its Traditional Outlook and Contemporary Significance,*" *Philosophy and West*, Vol. 21, No. 2 (April, 1971), pp. 157-175.

절을 나누어 인도교(印度教), 불교(佛教), 유가(儒家), 도가(道家), 이슬람교(伊斯蘭教), 유태교(猶太教), 기독교(基督教) 등의 '역사종교'(歷史宗教, historical religions)와 이른바 '원시종교'(原始宗教, primal religions)를 논술하였다.[5] 그렇지만 틸리히의 학설 역시 문제가 없는 것은 아니다. 그는 사람은 모두 궁극적 관심이 있다고 한다. 다시 말해서 사람은 모두 자신이 인정하는지 여부와 상관없이 종교 신앙이 있다는 것이다. 그렇다면 어떤 사람들은 금전, 국가 내지 무신론을 믿을 수 있는데 그 믿음이 무조건적이라면 그 믿음은 일종의 종교 신앙이 될 수 있기 때문이다. 이러한 규정은 지나치게 광범위하여 여러 비판을 피하기 어려울 것이다. 사실 틸리히 자신은 이를 구분하여 위에서 말한 것은 '거짓 종교'(僞宗教的, quasi-religions) 신앙이지 진정한(authentic) 궁극적 관심이 아니라고 하였다. 유한한 것을 무한한 것으로 숭배하는 것은 모두 곧 '우상숭배'(idolatry)로서 '악마화'(魔化, deionization)의 효과를 만들게 되기 때문에 이 점에 대해 경계하고 신중하지 않을 수 없다.[6]

틸리히는 기독교만이 진정한 궁극적 관심 혹은 종교 신앙을 제공할 수 있다고 생각하였지만 우리 자신이 그의 이러한 견해를 반드시 받아들일 필요는 없다.[7] 우리가 반드시 해야 할 일은 종교와 철학 사이

---

5 『世界宗教』에 보인다.

6 Cf. Paul Tillich, "The Demonic" in *The Interpretation of History* (New York: Charles Scribner's Sons, 1936), pp. 77-122.

7 틸리히의 이러한 견해와 관련이 있는 비평과 토론은 Shu-hsien Liu, "A Critique of Paul Tillich's Doctrine of God and Christology from an Oriental Perspective," in Religious Issues and Interreligious Dialogues, edited by Charles Wei-hsun Fu and Gerhard E. Spiegler (New York, Westport, Conn, London: Greenwood Press, 1989), pp. 511-532. 이것은 또 아래의 글의 외재초월설(外在超越說)의 비평 및 토론과 관련된다.

의 경계를 구분하는 것이다. 나는 여기에서 가장 중요한 판단은 바로 "초월"(超越, transcendence)에 대한 신앙과 추구라고 생각한다. 틸리히는 국가주의와 같은 것이 분명히 종교와 같은 광적인 열기를 낳을 수 있지만 그것들은 결국 철저하게 현세적인 것이고 또 유한한 것을 무한한 것으로 삼아 숭배한다는 의심이 있기 때문에 다만 거짓종교라고 민감하게 관찰하였다. 우리 역시 그것을 종교로 삼을 수 없다. 그렇지만 유가가 비록 철저하게 현세적이라고 하더라도 "초월"에 대한 신앙과 희구의 측면이 없지 않기 때문에 "천인합일"(天人合一)의 이념은 시종일관 유가사상 중에서 매우 중요한 한 가지 요소가 되었다.[8] 유가 전통은 분명히 현대 신유가가 말하는 것처럼 깊은 종교적 의미를 담고 있다. 불교에 대하여 스미스는 만약 서양신앙의 "상제"(上帝, God)를 인격신으로 삼아 판단의 기준으로 삼는다면 말할 필요도 없이 불교는 무신론을 신앙하는 것이라고 지적하였다. 그러나 그는 한 걸음 더 나아가 God이라는 단어에는 또 다른 의미가 있는데 이른바 신성(神性: Godhead) 곧 인격(人格), 명상(名相)을 초월하는 것을 추구하는 신비한 참됨(神秘眞實)으로 니르바나(nirvana, 涅槃)와 서로 비견할 수 있다고 지적하였다.[9] 이러한 학설이 타당한지의 여부와 관계없이 불교에는 현세를 초월하려는 희구와 신앙이 있음을 의심할 수 없다. 이른바 "원시종교"에는 신앙하는 여러 신령 가운데 자연신이 많지만 또 일상

---

[8] 나는 1996년 12월 22부터 24일까지 대북(臺北)에서 거행된 제4회 "當代新儒學國際學術會議"에서 논문 「論孔子思想中隱含的'天人合一'一貫之道——一個當代新儒學的闡釋」을 발표하였는데 순수하게 『논어』의 자료를 가지고서 공자사상은 결코 일반적으로 이해하는 것처럼 추기급인(推己及人)이라는 일관된 도에 그치는 것이 아니라 "천인합일"(天人合一)이라는 용어를 비록 제시하지는 않았지만 그 이념은 이미 분명하게 그의 사상 속에 있음을 증명하였다.

[9] 『世界宗教』(中譯本), 152-153쪽.

경험 세계를 초월하는 외부 세계, 곧 마술이 지배하는 영역이 있다고 긍정하기 때문에 풍부한 정신성(精神性, spirituality)을 가지고 있다. 서로 다르지만 이러한 정신전통이라야 종교라 부를 수 있다. 이처럼 종교의 범위를 좁히게 되면 반드시 어떤 형식의 "초월"을 궁극적 관심으로 삼아야만 종교라 할 수 있으므로 국가주의와 같은 몇몇 세속적 신앙은 종교의 범주에 들어가지 않게 된다. 이러한 관점은 대부분의 학자들이 동의하고 받아들일 것이라고 믿는다.

만약 이상에서 논의한 것이 잘못되지 않았다면, "초월"의 요소는 "종교"의 범주를 정의하는 중요한 성분이 되지 않을 수 없다. 그러나 단지 이 측면만 있다면 아직 충분하지 않다. 무릇 종교를 논하면 반드시 그 "내재"(immanence)의 측면이 있어야 하는데 그 중요성은 종교의 초월성 희구의 측면에 비해 낮지 않다. 어떤 종교가 하나의 종교일 수 있는 까닭은 결코 어느 개인의 심리적인 몇 가지 생각 또는 느낌만은 아니다! 그것은 반드시 내적으로 개인의 생활 내지는 공동체의 생활 안에 있어야 한다. 그러므로 의식(儀式), 기도(祈禱), 정신수련(精神修練), 일상행위(日常行爲)의 규칙 등은 종교와 밀접한 관련성이 있다. 그런 까닭에 또 종교 조직을 형성할 필요성이 생긴다. 불교에 승가(僧伽)가 있는 것과 같은 것으로, 기독교에서는 더욱 방대한 교회조직을 형성하였다. 유가는 이 측면에서 가장 취약하다. 그러므로 "조직종교"(組織宗教)라 칭할 수는 없지만 신앙이 생활과 관련된 것은 논쟁의 여지가 없다. 아이러니한 것은 예수가 나의 왕국은 이 세상에 있지 않다고 말하였지만, 그가 십자가에 매달린 후에 기독교 신앙은 오히려 전 서양을 정복하였고, 마침내 이 세계에 세력이 가장 큰 "기독교 왕국"(Christendom)을 건립하였다. 그리고 그 후 "초월"과 "내재" 사이의 긴장, 대립관계가 신교(新教)의 분열운동을 이끌었다. 오늘날 베버

(Max Weber)가 "미혹을 해결"(解魅) 한 뒤에 단지 초월적 희구가 쇠약하게 된 것만이 아니라 교회의 역량도 약화되어 이른바 종교의 위기를 만들게 되었다. 여기에는 많은 복잡한 문제들이 얽혀있는데 이 글에서는 구체적으로 논할 수 없다. 이상의 논의에서 내 자신은 결코 새로운 "종교"의 정의를 제시하지는 않았지만 몇 가지 중요한 요소들을 표준으로 삼는다면 이미 분명하기 때문에 내가 쓸데없이 덧붙일 필요는 없다.

3. 논리, 경험과 종교 신앙의 상관성은 어떠한가?

만약 우리가 종교 신앙의 특징을 분명하게 안다면, 논리, 경험과 그것의 상관성은 어떠한지도 어느 정도 분명하고 대답하기 어렵지 않은 문제로 보인다. 논리, 경험은 모두 순전히 "내재" 방면의 것으로, 그것은 "초월"을 추구하는 종교 신앙과 분명히 주변적인 상관성만을 가지고 있다. 의심할 여지없이 우리가 살아가고 있는 이 현상세계에서 몇 가지 법칙을 찾을 수 있다. 나는 우리의 사상이 모종의 논리법칙을 준수한다는 것을 의심하는 사람은 없다고 생각한다. 예를 들어, 모순율을 크게 위반하면 그것을 공리로 삼거나 혹은 요청적인 것(postulate)으로 삼을 수는 없다. 그리고 사상과 존재는 모종의 동일구조(同構, isomorphic) 관계를 가지고 있는 것 같다. 그러므로 이것은 가설과 실험의 방법을 운용하여 현상 사이의 확실한 연관성(correlation)을 찾을 수 있다.[10] 논리실증론자는 순수한 형식 논리와 수학 그리고 반드시 증험의 수단을 통해 획득한 경험지식으로 인지(認知) 의미 영역의 전

10 F. S. C. Northrop, *The Logic of the Science and the Humanities* (Cleveland and New York: The World Publishing Company, 1947), pp. 119-132 참조.

체를 궁구하였다. 한걸음 더 나아가 그들은 비트겐슈타인의 『논리철학논구』와 같은 결론을 지어 "말할 수 없을 때에는 침묵해야 한다"[11]고 말하였다. 부득이하게 말하자면 "인식적 무의미"(cognitively meaningless)를 피할 수 없다. 이처럼 종교 언어는 "무의미"(nonsense)한 영역으로 판단되었다. 그렇지만 학자들은 비트겐슈타인의 사상에 대하여 다른 해석을 가지고 있는데, 어떤 사람은 이러한 "무의미"는 사실 흥미롭게도 '신비'의 영역에 들어간다고 말한다. 후기 비트겐슈타인 철학은 이러한 해석의 정확성을 인정한 듯 보였다. 그는 일상 언어에는 여러 가지 다른 기능이 있으며, 초기에 지나치게 논리와 과학의 이상 언어를 편벽되게 중시하였음을 자인하였다.[12] 만약 언어유희에 여러 종류가 있다면, 종교 언어는 그 자신의 표현 방식이 있을 수 있고, 인식 언어를 표준으로 삼아 저울질할 수는 없다.

바로 이러한 까닭에 나는 기본적으로 칸트의 『순수이성비판』의 "선험변증학"(先驗辨證學, transcendental dialectic) 중에서 제시한 관점에 동의한다. 논리적 추론 혹은 경험적 추론 개념은 궁극적 실재와 관련이 있는 어떤 논의도 세울 수 없다. 그렇지 않다면 곧바로 "잘못된 추리"(paralogism) 혹은 "이율배반"(antinomy)의 효과를 낳게 되어 신에 관한 증명은 언제나 헛된 것임을 면할 수 없게 된다.[13] 같은 이유에 기초하여 어떤 논리적 추론 혹은 경험적 추론 개념을 이용하여 종교 신앙을 논박하거나 부정하려는 시도 역시 똑같이 헛된 것이 된다. 왜

---

11 Ludwig Wittgenstein, *Tractatus Logico-Philosophicus* (London: Routledge &. Kegan Ltd., 1922) pp. 188-189 참조.

12 Ludwig Wittgenstein, Philosophical Investigations (New York: Macmillan, 1953), I, pp. 97, 134, 482-486 참조.

13 Immanuel Kant, *Critique of Pure Reason*, translated by Norman Kemp Smith (New York: St. Martin's Press, 1965), pp. 297-570.

냐하면 그것은 본래 동일한 언어유희의 범주에 속하지 않기 때문이다. 그 자체의 완결성 혹은 경험적 대응은 종교 신앙이 "참된 것"[本眞](authentic)인지의 여부를 결정하는 가장 중요한 판단기준이 아니다.

우리가 종교 신앙의 범위 내에 진입하게 되면 곧 몇 가지 재미있는 사실을 관찰할 수 있다. 종교가 비록 "초월"의 희구와 관련이 있지만 그것의 전파는 오히려 "내재"(內在) 여기에서 시작하지 않을 수 없다. 설령 그것이 궁극적 관심을 주도적인 것으로 삼는다고 하더라도, 그것의 영향력은 오히려 생명의 각 영역 안에 두루 미친다. 논리적 추론과 경험적 추론 개념이 비록 제2의 중요성만을 가지고 있다고 하더라도 또한 종교 신앙을 지지하는데 이용될 수 있다. 서양의 신학은 바로 이러한 산물로서, 그것은 신앙의 이성적 논거, 이른바 신앙의 합리적 정합성(rational justification for faith)을 제공하려고 시도한다. 이와 같이 논리적 추론과 경험적 추론 개념 역시 일정한 상관성을 가지고 있지만 어떻게 상관성을 가지고 있는가 하는 점은 오히려 여러 가지 다른 형태로 표현되고, 어떤 경우에는 서로 모순되어 조화시킬 방법이 없다. 우리는 여기에서 논의하고 있는 이 이론의 효과를 상세하게 다룰 수는 없고, 다만 간략하게 두 가지 유형의 전형적인 사상을 사례로 들어 우리의 논의를 전개하고자 한다. 하나는 논리와 경험을 따라 탐구하여 초월의 영역을 다루는 것이고, 다른 하나는 반대로 나아가 논리와 경험의 대비를 통하여 초월의 서로 다른 성격을 드러나게 하는 것이다. 이 두 가지 형태는 동양과 서양의 사상에 모두 큰 흡입력을 가지고 있는 것으로 오랫동안 유지되어 왔고 또 널리 지지를 받은 것이기 때문에 여기에서 약간 논의하는 것도 나쁘지 않을 것이다.

예를 들어 서양의 신학에는 이른바 "본체론적 논증"(本體論的論證, ontological argument)이 있다. 이것은 "신"의 개념으로부터 신의 존재를 추론하려고 한다. 이것은 논리추리에 의거하여 나온 선험적(a priori) 논증이다. 또 이른바 "우주론적 논증"(宇宙論的論證, cosmological argument)이 있다. 그중에서 가장 유행하는 한 가지 형태는 이른바 "제1원인"(第一因, first cause) 논증이다. 이 논증은 유행(流行)하여 나온 것으로부터 근원에 소급해 가는 것인데 경험 관찰로 얻은 사상(事象)을 통하여 인과관계를 세우고 마지막에는 우주 형성의 제1원인을 추론하는 것으로 귀납적(後驗性, a posteriori) 논증이다.

인도에도 유사한 사유방식이 있다. 정리파(正理派, Nyaya)는 논리추론을 중시하고, 승론파(勝論派, Vaishesika)는 경험추론을 중시한다. 이 둘은 인도교 6파 철학(六派哲學) 중의 두 학파가 되었다. 인도에서는 5지추론(五支推論)과 3지추론(三支推論)이 발전하여 논리추론과 경험추론을 결합시켰다. 불교는 이러한 인도의 전통을 계승하여 인명학(因明)이 있게 되었다. 공종(空宗)의 용수(龍樹)는 파사(破邪) 변증법을 사용하는데 뛰어났다. 그는 실체를 깨부수고(破實體) 인과 논증을 깨부수어(破仁果論證) 사람을 깜짝 놀라게 하였다. 유식종(唯識宗)은 8식(八識)으로 복잡한 우주론을 건립하였으며, 마지막에는 '식'(識-아뢰야식)이 지혜를 이루어야만 "깨달음"(悟)의 경지에 도달할 수 있다고 하였다.

그러나 이러한 사유 방식은 순수하게 이론적 관점에서 볼 때 모두 문제가 있다. 예를 들어 용수의 실체를 깨부수고 인과 논증을 깨부순 것은 흄(D. Hume)과 일치하지만 다른 점도 있다. 불교는 팔불(八不)로 모든 것을 설명하는데 상견(常見)과 단견(斷見)을 깨부수면(破斥) 곧 중도(中道)를 얻을 수 있다고 한다. 그러나 이 중간에는 분명히 이미 이질적인 도약이 있다. 왜냐하면 흄이 비록 똑같은 논증을 하였지만 오히려 깨닫지 못하여 여전히 자신의 회의주의 안에 머물러 있기 때문이다. 논리 추리로부터 경험 추리로 전환한 것은 제1원인(第一因)의 논증과 같은 것으로, 그것이 마주하게 된 것은 유사한 형태의 문제이다. 왜냐하면 일반 인과로부터 제1원인으로 소급해가면 똑같이 도약 과정을 겪기 때문이다. 의심할 여지없이 현상세계(現象世界, 內在)에서는 분명히 몇 가지 법칙을 세울 수 있고 징험과 검증을 제공할 수 있다. 그러나 내재에서 초월에 이르기까지 이 중간에는 하나의 이질적인 도약이 있어 추론되어 나온 결과는 확실성(certainty)을 잃게 된다. 칸트가 "선험변증학"(先驗辨證學)에서 지적한 문제점을 비록 다 언급한 것은 아니지만 매우 진실한 것으로 극복하기 매우 어려운 문제이다. 오늘날에도 우리는 결코 이러한 난국(predicament)을 초월하는 어떤 좋은 방책을 찾지 못하였다.

그러나 종교 신앙은 깨달음, 속죄를 목적으로 하고, 논리추론, 경험추론의 방향으로 나가는 것만이 가능성이 있는 유일한 방법은 아니다. 사실 옛날부터 지금까지 종교 신앙의 영역에서 동양이든 서양이든 모두 그 도에 반대로 행할 것(反其道而行之)을 주장하는 강렬한 전통이 있다. 가장 아이러니한 것을 사례로 든다면 터툴리안(Tertullian)의 명언으로 이른바 "나는 믿는다. 왜냐하면 그것이 황당하기 때문이다"(credo, quia absurdum)는 것이다. 이것은 이러한 사유 방식의 전형적인 표현이다. 서양에서는 줄곧 "부정신학"(否定神學, via negativa)의 전통이 있었다. 인도에서는 "이것이 아니고, 저것도 아니다"(非此, 非彼, neti, neti)라고 제창하였다. 『노자』(老子) 제1장 첫머리에서는 "도를 도라고 하면 영원한 도가 아니다"(道可道, 非常道)라고 하였다. 그것은 길이 빛나는 명구이다. 현대에 일본의 스즈키(鈴木大拙)가 서양에 "선"(禪: Zen, Chan)의 진의(眞義)를 알리면서 선은 "비논리적"(非論理的, illogical), "비이성적"(非理性的, irrational)이라고 한 말은 격

렬한 논쟁을 이끌었고 큰 주목을 받았다.[14]

어떤 사람은 스즈키의 말 역시 논리에 합치되지 않을 수 없고, 관찰 역시 경험에 합치되지 않을 수 없음을 힘써 증명하려고 하였다. 또 어떤 사람은 러셀의 "유형론"(theory of types)을 인용하여 언어의 차원이 서로 다르기 때문에 선종이 모순율을 위반한 것은 아니라고 하였다. 사실 이러한 것들은 모두 완전히 불필요한 변론이다. 논리와 경험의 차원에서 스즈키를 비판하거나 옹호한다면 모두 "범주오류"(category-mistakes)를 범하게 된다. 분명히 만약 스즈키의 문장이 완전히 어법에 부합되지 않는다면, 그가 무엇을 말하고 있는지 근본적으로 알 수 있는 사람은 없게 된다. 이것은 원래 말에 속하는 것이 아니다. 그리고 스즈키가 선사(禪師)의 말 "물은 멈추고 다리가 흐른다"(水止橋流)를 예로 들었을 때 그가 우리의 감관지각을 통하여 파악한 경험세계에서 사실은 "물이 흐르고 다리가 멈추어 있다"(水流橋止)는 것을 몰라서이겠는가? 이러한 변론은 참으로 고지식한 것으로 스즈키의 뜻을 완전히 이해하지 못한 것이라고 말할 수 있다. 그러므로 당연히 스즈키가 이처럼 "황당한"(荒謬) 예를 들어 밝히고자 한 오묘한 뜻을 이해할 수 없다.

사실 논리추론과 경험추론은 각각 어법학(語法學, syntax)과 어의학(語意學, semantics)의 범위에 속한다. 스즈키가 밝힌 선종의 어록은 어용학(語用學, pragmatics)의 범위에 해당한다. 고집스럽게 앞의 두 가지를 표준으로 삼아 후자를 평가하려고 하는 것은 말이 안 된다. 예를 들어 『세설신어』(世說新語)의 이른바 "돌로 이를 닦고 흐르는 물을 베개로 삼는다"(漱石枕流)는 것이 있다. 이것은 문학적인 표현으로 실

---

[14] D. T. Suzuki, *An Introduction to Zen* (New York: Grove press, 1964), pp. 58-65.

제 경험에서 돌로 이를 닦고 흐르는 물을 베개로 삼는다는 것은 할 수 없다. 그러므로 서로 관련이 없다. 그런데 선종의 책략은 역방향으로 나가는 것으로(逆向而行), 의도적으로 논리와 경험의 법칙을 파괴한다. 왜냐하면 마음[心思]이 이러한 것에 붙잡혀 있는 것은 바로 "편계소집"(遍計所執)으로, 즉 일반 사람들이 "산은 산이고 물은 물이라는 것을 견득한"(見得山是山, 水是水) 세계이기 때문이다. 반드시 몽둥이와 꾸짖음(棒喝)이라는 청천벽력과 같은 수단으로 사람들이 익숙한 이 평범한 세계에 안락함을 느끼는 것을 철저하게 각성시켜야만 한다. 이렇게 해야만 사람들로 하여금 "내재" 밖에서 "산은 산이 아니고 물은 물이 아니라는 것을 견득하는"(見得山不是山, 水不是水) 곧 "초월"의 경지를 추구하도록 하는 하나의 계기를 만들 수 있기 때문이다. 그러나 이것은 또 제법실상(諸法實相)의 본래면목으로 볼 수 없다. 마지막으로 "초월"은 "내재"를 떠나지 않음을 체증하고, 나는 사실은 "세간" 밖에서 서방극락세계(西方極樂世界)를 찾을 수 없음을 이해하게 되면 결국에는 여전히 "산은 산이고 물은 물이라는 것을 견득하는"(見得山是山, 水是水) 세계로 되돌아오게 된다. 그렇지만 그 의미는 이미 편계소집 때와는 완전히 다른 것이다. 이때 집착은 완전히 제거된다. 사실상 제거해야 할 집착이 없게 되어 일체의 모든 것은 자연스럽게 드러나게 된다. 그러므로 일상 행위(日用常行) 이외에 무슨 "신비스러운 것"(神秘)을 찾을 필요가 없다. 이와 같을 뿐이다! 본래면목이 자연스럽게 출현하므로 번거롭게 밖으로 추구하지 않는다. 이러한 경지에 도달하면 자연히 논리와 경험 차원의 모든 법칙을 반대할 필요가 없게 되어 언어는 여기에 있지만(내재) 뜻은 저기에 있게 되며(초월), 이 두 측면은 불즉불리(不卽不離)하게 된다. 이러한 예지는 그 자체가 논리추론, 경험추론을 통해 충분히 표현할 수 없지만 그렇다고 해서 또 모순율 또는 경험세계에 나타난 인과법칙, 과학법칙을 위배하는 것도 없다. 지금 어떤 사람들은 불가의 무상지설(無常之說)이 사실 양자역학(量子力學)의 배후에 놓여 있는 기본 가설[基設]에 더 부합한다고 말한다. 이것 역시 당연히 하나의 학설이다. 그렇지만 만약에 물리(物理)를 가지고 불설(佛說)을 증명한다면 여전히 여러 학설을 따르면서 생겨나는 이런 저런 문제점을 피할 수 없을 것이다. 만약 역방향으로 나가 깨달음을 얻는다면 오히려 체증할 수 있으므로, 궁극적 예지는 사실 반드시 긍정의 길로 나갈 필요는 없다. 긍정하든, 부정하든, 긍정하면서 부정하고, 부정하면서 부정하지 않는 것은 모두 "깨달음"이라는 결과를 이끌 수 있다. 이와 같다면 불설도 반드시 물리에 위배될 필요는 없다. 다만 미혹된 집착(迷執)을 일으키지만 않는다면 이 두 측면 역시 서로 호응하고 보완하게 될 것이므로 반드시 대립적 양 극단일 필요는 없다.

이상에서 말한 것이 현묘한(玄) 것으로 생각되겠지만 사실 현묘한 것이라고 말할 만한 것도 없다. 결론적으로 말해서 종교 신앙은 "초월"적 희구이기 때문에 순전히 "내재"적 논리 혹은 경험법칙을 이 범위에 완전히 적용할 수는 없다. 다시 말해서 우리는 논리추론 혹은 경험추론으로 종교 신앙이 지향하는 진리 혹은 진실을 증명할 수 없다. 또 그것을 이용하여 종교 신앙의 근거를 훼손할 수도 없다. 앞의 논점은 이미 앞에서 설명하였다. 뒤의 논점은 약간의 보충설명을 해야만 그 함의를 분명하게 이해할 수 있다.

예를 들어 종교 신앙은 "태화"(太和, comprehensive harmony)의 경지를 지향한다. 그것은 단지 천국의 모습을 이해하고자 하는 것만이 아니라 동시에 대자연의 배후에 진실이 숨어 있음을 가리킨다. 어떤 사람은 자연세계에서 호랑이가 양을 죽이는 것을 가지고 자연에 태화가 있다는 설을 부정(falsify)한다. 이러한 논박은 전형적인 범주착오의 오류를 범한 것이다. 그 배후에는 일방적 사고가 숨어있는 것으로, 경험추리의 표준을 통해 종교 신앙의 진실과 거짓(眞假)을 판단할 수 있다고 생각하는 것이다. 그렇다면 한 번 묻고 싶은 것은, 종교 신앙을 가지고 있는 사람 가운데 누가 경험 차원에서 호랑이가 양을 죽인다는 사실을 모르는 사람이 있겠는가? 그러나 이것은 그들이 "태화"로 나가고 신앙하는 것에 방해가 되지 않는다. 이것으로 "태화"의 이념은 결코 경험추리 위에 세워진 것이 아니고, 또 그것이 경험 관찰에 부합하지 않는다는 사실 때문에 효력을 상실하는 것도 아님을 알 수 있다. 사실 세상에 서로 모순 충돌하는 현상이 많다는 것을 부정하는 사람은 없다. 그렇지만 이것이 바로 인간이 종교 신앙을 추구하는 배후에 있는 심오한 동기이다. 그러므로 기독교는 피세의 천국에 희망을 두고 있고, 불타는 중생이 서로 잔혹하게 죽이는 현상을 보고서 해탈도(解脫道)를 구하는 발심을 하게 되었으며, 공맹의 유가사상은 춘추전국시대의 "어지러운 천하로 인하여"(据亂世) 나온 것이기에 공양가(公羊家)는 "승평세"(升平世) 내지는 "태평세"(太平世)에 대한 추구를 강조한 것이다. 우리는 "내재"에 함몰되는 것을 좋아하지 않으므로 "초월"의 의미와 이상을 힘써 추구하는 것이다. (종교를 믿는) 신앙인의 입장에서 보면, 눈앞의 현실에만 관심을 갖는 것은 천박한 것으로, 종교 신앙이 향한 곳은 한층 더 깊은 진실과 가치규범의 근원이다. 이와 똑같이 『역전』의 여러 저자들도 선악이 대립되는 현실에서 음양이 서로 보완하는 관계를 파악하였으므로 초월 차원의 생동감 있는 조화[和諧]를 향해 나간 것이다. 방동미(方東美)가 이 문제와 관련하여 자세한 논의를 하였으므로 우리는 여기에 불필요한 말을 덧붙이지 않겠다.[15] 사실 우리는 "역사종교"(歷史宗教)라는 고차원에서 글을 쓸 필요는 없다. 우리는 "원시종교"(原始宗教)에서 이미 이러한 측면에 대한 심오한 지혜가 있음을 발견할 수 있는데, 직접 생명의 강력함을 통해 표현되었으므로 더 큰 감동이 있다.

대만에서 새로 출판된 신화학의 대가 J. 캠벨(Joseph Campbell)의 시리즈물 『신화의 지혜』(神話的智慧)의 제1장 "혼돈의 초기: 인류와 신화의 기원"(混沌初開: 人類與神話的起源)에서 필자는 다음과 같은 한 단락의 말을 읽었는데, 여기에서 인용할 만한 가치가 있다.

> 사냥으로 생활하는 집단은 항상 동물을 죽여야만 하는데, 짐승의 고기를 먹고 그 가죽을 이용하는 수렵민족으로 말하면, 그들의 동물에 대한 감정은 아마도 우리가 지금 가지고 있는 감정과는 상당히 다를 것이다. 그들은 우리처럼 다른 동물을 (인간보다) 열등한 생물로 볼 수 없었고, 반대로 동물은 그들로 말하면 인간과 동일한 등급이지만 서로 다른 집단에 속하는 생명으로 보았다. 그들의 존재는 인간이 숭경(崇敬)하고 존중할 가치가 있다. 그러나 다른 한편으로는 오히려 인간에 의해 사냥될 운명이다. 수렵문화에서 하나의 기본적인 신화주제는 동물들이 기꺼이 인간을 위해 사냥되어 죽는다는 것이다. ……그러나 그들은 죽을 때 반드시 존엄성이 있어야 하고, 그들의 죽음은 반드시 수렵한 사람이 감사의 감정과 의식의 축도(祝禱)를 행함으로써 망령(亡靈)이 대지의 어머니(大地之母)의 품으로 돌아가 다음 해에 다시 생명을 얻도록 확정한다. ……생명은 살생을 통해 연속된다. 이밖에 다른 길은 없다. 생명은 살생과 자신이 먹히는 것으로 연속된다. 이것이 생명의 두 가지 표현이다.[16]

---

[15] Thomé H. Fang, *Chinese Philosophy: Its Spirit and Its Development* (Taipei: Linking Pub. Co., 1981), pp. 106-112.

[16] 李子寧 譯, 『神話的智慧』, (臺北: 立緒文化公司, 1996), 上册, 16-17쪽.

이것이 원시종교에서 생명 사이의 충돌 및 정체 태화(整體太和)에 대한 체험이다. 이러한 체험은 결국 전체 동물세계와 자연계의 구조를 더 넓게 이해할 수 있게 한다. 맞다. 호랑이가 양을 죽이는데, 이러한 사실적 현상을 어떻게 이해할 것인가? 이 문제에 대해서는 완전히 서로 다른 방식이 있음을 인정할 수 있다. 진화론의 "만물은 경쟁하도록 태어났고, 적응한 자만이 생존한다"(物竞天擇, 適者生存)는 것은 하나의 방식이고, 원시종교의 체험도 하나의 방식이다. 그들이 체험한 것에는 한편으로 분명히 비정한 살육이 있지만 다른 한편으로는 생명의 존엄이 있다. 뿐만 아니라 동물세계에서도 사냥하는 자와 사냥을 당하는 동물 사이에 연계된 의식(儀式)을 관찰할 수 있다. 생명은 바로 이와 같이 주기적으로 다시 시작되는 것으로 왕복순환하면서 영겁회귀(永劫回歸)를 하는 것이다. 재미있는 것은 현대에서 후기현대로 진입하면서 다문화주의가 유행하는 시대적 조류 속에서 원시종교의 정신성은 오히려 새롭게 평가되고 있다는 점이다. 현대인의 분수에 맞지 않는 탐욕은 아무런 거리낌이 없이 자연의 생태와 조화를 파괴하였는데, (자연의) 징벌을 받게 될 것임을 새롭게 깨달았다. 단선적인 진화론은 세계와 인류에게 모두 일종의 재앙이다!

4. 외재초월설과 내재초월설에 대해 어떻게 평가할 것인가?

만약 논리와 경험이 종교 신앙 차원의 궁극적 관심을 증명할 수 없고 또 부정할(falsify) 수 없다면, 데카르트와 같이 연역법을 사용하여 신의 존재 문제에 대해 "이성적"(rational)으로 확정된 답안을 주는 방법은 버리지 않을 수 없다. 우리가 이 영역에서 할 수 있는 것은 다만 자신의 체험적 징험[體證]에 의거하여 몇 가지 "합리적"(reasonable)

인 추상(推想), 평가와 관점을 제시할 수 있을 뿐이다. 그렇지만 논리실증논자는 이 영역을 완전히 인식 의미의 범위 밖으로 배제함으로써 또 다른 한 극단을 걸어가면서도 이치를 말하지 않는다. 원인은 그들이 인정한 인식의 범위가 지나치게 좁고, 또 단지 인식으로부터 도출된 의미만을 긍정하는데 있다. 왜냐하면 그들이 근거로 삼는 이른바 "증험할 수 있어야 한다는 원칙"(可證驗性原則, principle of verifiability) 자체는 증험할 수 없는 것이기 때문이다. 동양 전통과 서양 전통에 상관없이 인식은 이처럼 좁은 범위 내에 국한되지 않았다. S. 나스르(Seyyed Nasr)는 희랍, 헤브루, 인도, 이슬람, 중국은 모두 오래된 "성지"(聖知)의 전통이 있다고 지적하였다.[17] 그의 관점은 모종삼의 이른바 "지혜의 직관"(智的直覺)과 자못 일치하는 점이 있다.[18] 두유명은 최근에 "체지"(體知)를 말하기 좋아하는데 이 역시 이러한 각도에서 들어간 것이다.[19] 맹자, 왕양명의 이른바 "양지"(良知)는 한 가지 의미로 더욱 근원적 성질을 갖는 지(知)이다. 이것은 결코 논리와 경험지식의 방법을 통해 처리할 수 없다는 것이 매우 분명하다. 카시러는 인문학은 "보편성"(普遍性)의 관념에 미치는 것이라고 지적하였다. 그것은 자연과학의 추상적 보편성이 아니라 후설(Husserl)의 이른바 이상적(ideirende) 보편성으로, 단지 방향의 통일성만이 있을 뿐 존재의 통일성은 없다고 지적하였다.[20] 예를 들어 문예부흥의 인물은 일정한 특성

---

17 Seyyed Hossein Nasr, *Knowledge and the Sacred* (Albany: State University of New York, 1989).

18 劉述先, 「新儒家與新回教」, 『當代中國哲學論: 問題篇』(뉴저지: 八方文化企業公司, 1996), 113-117쪽 참조.

19 杜維明, 「論儒家的體知—德性之知的涵義」, 劉述先 編, 『儒家倫理研討會論文集』(싱가포르, 東亞哲學研究所, 1987), 98-111쪽. 이 글은 지금 『儒家傳統的現代轉化』(北京, 中國廣播電視出版社, 1992), 501-516쪽에 수록되었다.

이 있지만 금덩이처럼 한 조각 한 조각 모두 같은 성분이 있는 것은 아니다. 이것은 종교 신앙의 영역에서 더욱 분명하다. 우리는 물리세계에서 그와 같은 객관적 보편성을 찾을 수 없다. 이것은 주객이 함께 작용하고, 하늘(초월)과 인간(내재)이 감응하는 세계이다. 각 개인의 체험이 같지 않으므로 파악된 진실도 다르지만 유사한 체험을 한 사람은 정신적으로 오히려 분명히 서로 감통할 수 있다. 이른바 '의기투합한다'(同氣相求)는 것과 같다. 이것은 심지어 일종의 경험 차원에서 관찰할 수 있는 사상(事象)이다.[21] 이 문제와 관련해서 나는 서로 다른 종교 신앙에 대해서는 반드시 먼저 "그 안에 들어가"(入乎其內) 동정적 이해를 하고 난 뒤에 "그 밖으로 나와"(出乎其外) 공평한 평가를 해야만 비교적 합리적인 판단을 얻을 수 있다고 생각한다. 우리는 여기에서 여러 가지 다른 신앙에 대해 상세한 토론을 할 수는 없고, 단지 최근에 몇 가지 논쟁을 이끌었던 이른바 외재초월설과 내재초월설에 대하여 간략하게 분석할 수 있을 따름이다!

앞에서 논의한 것에 의하면 종교는 반드시 "초월"과 "내재"라는 두 측면과 연관된다. 이것은 말할 필요도 없다. 그런데 이 둘 사이에 어떤 관련이 있는가? 그 방식에 다른 점이 있으면 바로 사상형태의 차이를 볼 수 있다. 우리가 지금 해야 할 작업은 먼저 "외재초월"과 "내재초월"을 묘사어[描述詞]로 보는 것이 궁극적으로 타당한지의 여부이다. 그런 뒤에야 두 가지 학설의 각각의 득실을 검토할 수 있다.

---

20 Ernst Cassirer, *The Logic of the Humanities*, translated by Clarence Smith Howe (New Haven: Yale University Press, 1961), pp. 135-139. 이 책에는 관자윤(關子尹)의 중국어 번역이 있다.(『人文科學的邏輯』, 臺北: 聯經出版公司, 1986), 114-119쪽.

21 William James, *The Varieties of Religious Experience* (New York: The Modern Library, 1902). 실용주의자 윌리엄 제임스의 명저는 20세기 초반에 종교경험과 유형에 대한 관찰에서 오늘날까지도 널리 흥미를 이끌고 있다.

서양 신학의 맥락에서 말하면 일반적으로 "일신론"(一神論) 사상은 외재초월설에 속하지만 "범신론"(汎神論) 사상은 내재초월설에 속한다. 이제 약간의 설명을 덧붙이면 아래와 같다. 어떤 종교 신앙이라도 "신"(神), "인간"(人), "세계"(世界)라는 이 세 가지 중요한 요소와 연관되지 않을 수 없다. 그중에서 신은 초월층(超越層)에 속하고, 사람과 세계는 내재층(內在層)에 속한다. 궁극적으로 이 두 차원이 어떻게 상호 관련되는가를 이해하면 곧 외재초월과 내재초월이라는 두 가지 형태의 차이를 낳게 된다. 예를 들어 유대교, 기독교와 이슬람교는 일신교를 신봉하는 것으로 외재초월의 형태에 속한다. 이러한 사유 방식에 근거하면 신(上帝)은 만물을 창조하였지만—당연히 사람을 포함해서—그러나 (그 자신은) 세계의 일부가 아니다. 다시 말해서 창조자(creator)는 창조된 세계만물을 초월하여 밖에 있는 것으로 곧 "순수한 초월"(純粹的超越, pure transcendence)이다. 그렇다면 신은 창조된 만물과 어떻게 관계가 생겨나는가? 대개 사람은 그 뛰어난 것을 품부받아 가장 허령한 존재라 하고, 신은 또 사람들 사이에서 선지자(先知)를 선발하여 계시(啓示, revelation)를 통해 자신의 뜻을 사람들에게 전함으로써 그의 의지를 관철한다. 그러나 서양에서도 범신론 사상은 이 사유 방식과 매우 다르다. 예를 들어 신플라톤주의 학파의 인물 플로티누스(Plotinus)의 "유출"(流出, emanation)설이다. 초월적 절대자는 태양이 빛을 발사하는 방식으로 세계영혼, 개체영혼 및 물질을 유출하지만 후자는 햇빛이 결핍된 것들이다. 이것은 일종의 '일신이면서 범신'(一神而泛神) 사상이다. 세계 만물은 곳곳에서 신성한 빛을 발하는데, 초월(신)은 곧 세계에 내재하는 것으로, 내재초월의 사상이 된다. 중세기의 신비주의, 근대의 철학자 스피노자는 모두 이 형태의 사상에 속한다. 동양의 인도교, 도가, 불교의 선과 유가의 천인합일(天人合一)

의 체증(體證) 역시 이러한 사상에 가깝다.

이상의 간략한 해석으로부터 "외재초월", "내재초월"을 묘사어로 본다면 당연히 별 문제가 없음을 알 수 있다. 중국의 전통사상을 내재초월의 형태로 이해하는 것은 결코 현대 신유가만이 말하는 것은 아니다. 그것은 거의 대다수 학자들의 공통된 인식이다.[22] 한 걸음 더 나아가 검토가 필요한 것은 이 두 학설에 대한 평가문제이다. 나는 상관된 이론의 효율성을 살려 대략적으로 아래에서 살펴보고자 한다.

어떤 학자는 외재초월설만이 진정한 초월 관념이라고 생각한다. 사실 이러한 학설은 오래된 것으로 새로울 것도 없다. 중세기에 기독교는 항상 일신교로 "삼일"(三一)—성부(聖父)·성자(聖子)·성령(聖靈)—을 "교조"(教條, dogma)로 삼고 범신론은 이단이라 배척하였다. 이러한 사상은 신의 초월성, 구원은 타력에 속하는 것이고, 지금 사람들은 원죄를 짊어지고 있어서 자력에 의한 속죄는 얻을 수 없다고 강조한다. 이러한 관점에서 보면, 설령 유가가 주도한 중국문화가 매우 높은 성취를 이루었다고는 하지만 마테오리치는 4백 년 전에 다음과 같이 지적하였다.

> 제가 보기에 선비님의 나라[중국] 선비들의 '문제점'[病]은 바로 이런 것에 있습니다. [그들은] 다만 [천명으로 부여받은] '밝은 덕'[明德]의 수양만을 말합니다. 그러나 사람의 의지가 쉽게 지쳐서 자기 스스로를 독려해

[22] 1958년 원단(元旦)에 『민주평론』(民主評論)에 발표한 4명의 현대 신유학자 장군매(張君勱), 당군의(唐君毅), 모종삼(牟宗三), 서복관(徐復觀)이 서명한 "중국문화와 세계선언"(中國文化與世界宣言)을 참조. 또 여영시(余英時), 『내재초월의 길-여영시신유학논저집요』(內在超越之路-余英時新儒學論著輯要) (北京: 中國廣播電視出版社, 1992); 湯一介, 『유·도·석과 내재초월의 문제』(儒道釋與內在超越問題)(南昌: 江西人民出版社, 1991) 참조.

> 가면서 수양해 나갈 수 없음을 [정말로] 모릅니다. 또한 '하느님'[天帝]을 우러러보고 자애로운 아버지[慈父, 天主]의 은총을 기도하여 구할 줄을 모릅니다. [이것이 바로] 덕을 이룬 사람이 [중국에] 별로 보이지 않는 이유인 것입니다.[23]

이것은 다시 말해 유학자는 눈이 내재적 영역에 구속되고 제한되어 밖으로 향하는 외재적 초월을 모르고, 덕을 이룬다는 것도 끝내는 성취할 수 없다는 것이다. 외재초월설이 강조한 것은 인성은 비루하고 미천하며 외재적 초월 역량에 의지하고 있다는 것이다.

우리는 솔직히 유가식의 내재 초월 형태는 분명 심각한 한계성이 있어 초월적 내용을 나타내기 쉽지 않다고 말한다. 그렇다고 해서 이것이 기독교식의 외재 초월 형태에 심각한 문제가 없다고 말하는 것은 아니다. 기독교의 신은 표면상으로 그 순수한 초월성을 유지할 수 있는 것처럼 보이지만 사실은 그렇지 않다. 왜냐하면 인간 및 세계와 관계가 발생하면 신은 내재적 영역으로 들어오지 않을 수 없고, 내재적 조건의 한계를 받지 않을 수 없기 때문이다. 신이 인류를 이끌 때 항상 계시를 통해야 하고, 신의 뜻을 전하도록 선택된 선지자가 이 세상에 속하는 사람이라면 그들도 사람의 언어를 이용해야만 초월의 메시지를 전할 수 있게 된다. 그렇다면 진정으로 순수한 초월성을 유지할 수 없다. 오늘날 가장 보수적인 원리주의자만이 『성경』의 한마디 한마디가 모두 하늘의 계시로부터 나온 것으로 하나라도 거스를 수 없다고

---

23 『天主實義』 제7편 "인간의 본성의 본래적 선을 논하고 천주교인의 올바른 배움을 서술함"(論人性本善而述天主門士正學)에서 인용하였다. [옮긴이] 『천주실의』 제7편: "吾切貴邦儒者, 病正在此常言明德之修, 而不知人意易疲, 不能自勉而修, 又不知瞻仰天主, 以祈慈父之祐, 成德者所以鮮見." 한글 번역은 마테오리치, 『천주의』, 송영배 외5 옮김, 서울대학교출판부, 2000, 376쪽 참조.

믿는다. 만약 초월과 내재를 완전히 단절시키려 하지 않는다면 이 둘 사이에는 일종의 "유비"(類比, analogous)의 관계가 존재한다고 한 성 토마스의 방식을 취하지 않을 수 없다. 그렇지만 이와 같은 유사함은 궁극적으로 어느 정도인가? 그것은 매우 큰 문제이다. 만약 인간은 신의 형상에 따라 만들어지고, 신이 이성의 종자를 각 개인의 마음속에 심어주었다면 인간은 모든 일을 이성에 따라 판단할 수 있을 것이다. 이렇게 되면 곧 "이신론"(理神論, deism)의 사상으로 전환될 수 있고, 기본적으로 내재초월설과 합류하게 된다. 만약 여전히 계시의 신비성은 근본적으로 이성을 초월하는 판단이라는 입장을 견지하여 한결같이 실낙원 이후 원죄가 있는 인류는 근본적으로 자력에 의한 구원능력이 없다는 것을 강조한다면 그들은 궁극적으로 무엇에 근거하여 신과 악마를 판별할 것인가? 외재적 관점으로 볼 때 신이 아브라함에게 그의 아들을 희생의 제물로 바치도록 요구한 것은 바로 받아들일 수 없는 혼란스러운 명령이다. 그것이 왜 악마로부터 나온 명령이라고 할 수 없는가? 『성경』 마지막에 모두가 크게 기뻐하는 것과 같은 장면은 불필요한 것이다. 왜냐하면 세상에는 거짓 선지자[僞先知]가 많아 무조건적으로 "유신론"(唯信論, fideism)의 입장을 취하는 것은 매우 위험하고, 그것이 바로 "악마화"(魔化, demonization)의 한 가지 중요한 근원이므로 제한을 하지 않을 수 없기 때문이다. 특히 오늘날과 같이 사교(邪教)가 유행하고 있는 시대에는 더 그렇다. 예를 들어 미국의 인민성전교(人民聖殿教), 일본의 진리교(眞理教) 등 한 두 가지가 아니다. 만약 초월 신앙의 절대성을 긍정한다면 반드시 내재적 판단 기준을 부정해야 하고, 인간 자신의 생명 안에서 신성의 빛을 체현할 수 있다는 것을 부정해야 한다. 그렇다면 대가가 너무 크지 않는가!? 이렇게 볼 때 외재초월설은 진퇴양난에 빠지게 된다. 만약 초월의 절대성을 견지한다면 내재적 판단 기준의 자주성을 부정하지 않을 수 없고, 만약 초월이 인간 본성과 세계 안에 있다면 외재초월은 이미 변질되어 내재초월이 되고, 많은 일들은 자신의 판단에 근거해야지 불가지한 초월을 우러러 볼 수는 없다. 그렇다면 외재초월설은 자신이 주장한 것처럼 내재초월설에 비해 우월한 것도 없게 된다. 현대에 인문주의가 발흥하고 있지만 옛 전통을 고수하는 것이 가장 좋은 방법은 아니다. 사실상 외재초월설과 내재초월설은 결코 단칼에 나눌 수 있는 두 가지 학설이 아니다. 이 점은 서양 신학의 발전 노선을 점검해보면 분명하다. 초기 기독교 신학은 신플라톤주의의 영향을 깊게 받았다. 성 토마스에 이르러 플라톤으로부터 아리스토텔레스로 중심이 옮겨지면서 근본적인 변화가 발생하였다. 이로부터 신비주의는 억압을 받아 암암리에 흐르게 되었지만 시종일관 완전히 끊어진 것은 아니다. 근대 이후 신교(新教)가 발흥하면서 또 전무후무한 변화 국면이 발생하였다. 현대에 이르러 니체가 신의 죽음을 선언하였고, 신학자 R. 불트만(R. Bultmann)과 같은 사람은 반드시 중세기의 세계관을 해체해야만 예수의 뜻은 새로운 모습을 갖추게 된다는 점을 깊이 인식하여 "해소신화"(解消神話, demythologization)를 힘써 제창하였다. C. 하트숀(Charles Hartshorne)은 A. N. 화이트헤드(A. N. Whitehead)의 예지적 지혜[叡智]를 받아들여 이른바 "과정신학(過程神學, process theology)을 창도하였다. 그의 사상은 전환하여 범신론에 더 가까웠다. 이와 같이 영원한 종교 메시지가 주목하는 것도 "현대화"(現代化)의 문제를 마주하지 않을 수 없다. 나는 이미 다른 글에서 이러한 문제에 대하여 약간의 반성과 논리적 분석을 하였다.[24] 이 문제에 대해 간단히 공통된 인식

---

24 劉述先, "由當代西方宗教思想如何面對現代化問題的角度論儒家傳統的宗教意涵", 『當

에 도달할 수는 없지만, 나는 현대 다원화 세계에서 서로 다른 전통 사이의 논의와 교류는 당연히 우리를 전면적으로 새로운 경지로 이끌 것이라고 믿는다.

5. 결론

나는 본문을 종합하여 아래와 같은 몇 가지 관찰을 도출하고자 한다.

(1) A. 콩트(Comte)는 신학과 형이상학의 단계는 이미 과거가 되었고, 실증 단계가 도래하여 과거의 미신은 모두 파산하였다고 선언하였다. 그러나 지금 후기 논리실증주의 단계에 이르자 논리와 경험지식으로 종교 신앙을 배척하던 방법은 범주 착오라는 오류가 명백하게 되었다. 현대에서 후기 현대로 진입하면서 종교 신앙은 여전히 우리가 중요하게 생각하지 않을 수 없는 큰 문제이다. 한스 큉(Hans Küng)이 종교 간의 평화가 없으면 곧 세계평화가 없다고 지적한 것이 그 하나의 명확한 증거이다.[25]

(2) 비록 이 글에서 내가 논리추론과 경험추론이 종교 신앙에 대해 단지 주변적 성격의 상관성을 가질 뿐이라고 지적하였지만 나는 결코 이 영역에서 "분석"이 쓸모가 없다는 것은 아니다. 각기 서로 다른 차원의 문제를 분명하게 구분하는 것이 바로 분석의 중요한 기능이다. 분석은 소극적으로는 몇 가지 합법적이지 않은 과도한 주장을 검증할 수 있고, 적극적으로는 몇 가지 개념들을 분명히 하여 우리가 이 영역에 속하는 중요한 예지적 지혜들을 탐구하는데 방해가 되는 장애를 제거하는데 도움을 준다.

代中國哲學論: 問題篇』, 81-112쪽.

[25] Hans Küng, 周藝 譯, 『世界倫理構想』(香港:, 三聯書店, 1996), 105-158쪽.

(3) 현대의 다원화 구조에서 우리는 여러 가지 이설을 통일시켜 일체의 분쟁을 제거할 수 있는 "하나로 확정된"(定于一) 이론을 희망할 수 없다. 스미스는 기독교 내부의 여러 종파(denomination)를 없애려고 하는 노력은 헛된 것이라고 지적하였다.[26] 그러나 그는 전 세계 각 지역, 시대, 문화는 모두 초월을 추구하고 있으며, 진정으로 초월적 신성(神性)은 언어로 말할 수 없고 이해할 수 없는 것이지만 이것이 우리가 관념적 소통과 정신적 감통을 추구하는데 방해가 되지 않음을 관찰하였다.[27] 이러한 논의는 객관적으로 증명할 수 있는 것이 아니다. 더군다나 나무만 보고 숲을 보지 못하고, 의식적으로 자신을 일정한 영역 내에 구속시키는 사람들로부터는 어떠한 호응도 얻을 수 없다. 그러나 나는 "리일분수"라는 예지적 지혜를 체증할 수 있는지 여부가 분명히 미래의 인류가 지구촌에서 평화롭게 공존할 수 있는지의 여부를 결정하는 하나의 중요한 핵심이라고 생각한다.[28] 그런데 "안 되는 줄 알면서 한다"(知其不可而爲)는 것이 바로 공자 이래로 내재초월에 대한 신앙과 희구의 한 가지 중요한 표지이다.

주註 * 이 글은 원래 『21세기』(二十一世紀) 총 제50기(1998년 12월호)에 발표하였다.

26 Thomas S. Kuhn, The Structure of Scientific Revolutions (Chicago: The University of Chicago Press, 1962), pp. 359-362: 中文本, 524-526쪽 참조.

27 같은 책, pp. 1-11: 中文本, 2-15쪽, 152-153쪽.

28 이 문제에 관한 초보적인 탐구는 필자의 "'理一分殊'的現代解釋", 『理想與現實的糾結』(臺北: 臺灣學生書局, 1993), 157-188쪽을 참조하라. 유네스코(UNESCO)는 현재 적극적으로 "세계윤리계획"(universal ethics project)을 추진하고 있다. 제1차 회의는 1997년 3월 파리에서 개최하였다. 나는 회의에 참가한 12명의 철학자 가운데 한 명이었다. 12월에는 또 나폴리(Naples)에서 속회를 개최하였다. 나는 영문으로 계속해서 이러한 측면의 이론 효과를 탐구하였다.

4

“양행의 도리”와 안심입명

1. 이끄는 말

나는 이미 「“리일분수”의 현대적 해석」(“理一分殊”的現代解釋)이라는 글[1]을 썼는데, “맺음말”(結語)에서 “중국문화의 가장 심오한 점은 유가 · 불가 · 도가에 상관없이 모두 일종의 ‘양행’(兩行)의 도리에 있다”고 지적하였다. 이제 “양행의 도리”에 대하여 좀 더 분석하기로 한다. “리일분수”라는 말이 비록 정이천(程伊川)에서 연원하지만 “양행”이라는 말은 장자(莊子)에서 나온 것이다. 사실 유가의 많은 중요한 말들이 모두 유가에서 시작된 것은 아니다. “내성외왕”(內聖外王)이 『장자』(莊子) 「천하」(天下)편에서 나온 것과 같다. 이 글에서 나는 장자의 양행의 설에 대하여 먼저 새로운 해석을 하고, 뒤에 불가의 양행의 도리에 대한 체오(體悟)를 말한 다음, 마지막으로 유가로 돌아와

---

[1] 『法言』 제2권, 제4기 (1990년 8월), 37-42쪽, 제5기 (1990년 10월), 23-28쪽 참조.

"리일"(理一)과 "분수"(分殊)를 양행으로 삼아 새로운 현대적 해석을 하려고 하는데, 현대 신유가의 시각을 통해 양행의 도리가 갖는 현대적 의미를 드러내고자 한다.

2. 도가의 "양행의 도리"에 대한 해석

양행의 설은 먼저『장자』「제물론」(齊物論)편에서 나왔다. 그 내용은 다음과 같다.

> 무릇 말이란 바람이 부는 것과는 다르다. 말에는 뜻이 있다. 그러나 그 말하는 뜻은 정해지지 않았다. 그렇다면 말을 한 것인가 아닌가? 그것은 새의 새끼가 지절거리는 소리와는 다르다고 한다면 구별할 수 있는가 없는가? 도는 어디에 가려 진실과 거짓이 있게 되었고, 말은 무엇에 가려 옳음과 그름이 있게 되었는가? 참된 도는 어디에나 있고 소박한 말은 어디에서나 받아들여진다. 그런데 그 도는 인위적인 잔재주에 가려지고 말은 화려한 꾸밈에 묻히게 된다. 그러므로 유가와 묵가의 시비가 발생하여 상대편이 그르다고 하는 것을 옳다고 하고, 상대편이 옳다고 하는 것을 그르다고 한다. 상대편이 그르다고 하는 것을 옳다고 하고 상대편이 옳다고 하는 것을 그르다고 하는 것은 하늘의 밝음[明]으로 살펴보는 것만 못하다. 사물은 저것 아닌 것이 없고 또 이것 아닌 것이 없다. 자기 자신을 저것이라고 하면 알 수 없지만 자기 자신을 이것이라고 본다면 알 수 있다. 그러므로 "저것은 이것에서 생겨나고, 이것은 저것에서 생겨난다"(彼出於是, 是亦因彼)고 한다. 이러한 것은 이것과 저것이 함께 생겨나는 설(彼是方生之說)이다. 비록 그렇기는 하지만 (더 말해본다면), 삶이 있으면 죽음이 있고 죽음이 있으면 삶이 있으며(方生方死, 方死方生), 가하다는 것이 있으면 불가하다는 것이 있고 불가하다는 것이 있으면 곧 가하다는 것이 있게 되어(方可方不可, 方不可方可) 하나가 옳다는 것에 의거하게 되면 다른 하나는 곧 옳지 않다

는 것에 의거하게 되며, 하나가 옳지 않다는 것에 의거하게 되면 곧 다른 하나는 옳다는 것에 의거하게 되는 것이 있게 된다. 그러므로 성인은 그러한 방법에 의하지 않고 하늘[天]에 비추어 보는데 또한 인시(因是)이다. 이것은 또 저것이 되고 저것은 또 이것이 되어, 저것은 또 하나의 시비가 되고 이것은 또 하나의 시비가 됨을 알게 된다. 과연 이것과 저것은 있는가 없는가? 이것과 저것이 그 짝을 얻지 못하게 되는 것을 도추(道樞-도의 지도리)라고 한다. 도추의 입장에 서야만 비로소 환중(環中-고리의 중심, 원의 중심)을 얻게 되어 무궁한 변화에 응할 수 있게 된다. 그러면 옳다고 하는 것 역시 하나의 무궁이 되고 그르다고 하는 것 역시 하나의 무궁이 된다. 그러므로 (하늘의) 밝음에 비추어보는 것만 못하다고 말하는 것이다.

손가락으로 그것이 손가락이 아님을 지적하는 것은 손가락이 아닌 것으로 그것이 손가락이 아님을 지적하는 것만 못하다. 말[馬]로 그것이 말이 아님을 지적하는 것은 말이 아닌 것으로 말이 아님을 지적하는 것만 못하다. 천지는 하나의 손가락이고, 만물은 한 마리의 말이다. (천지만물의 입장에 서서) 그런 것을 그렇다고 하고 그렇지 않은 것을 그렇지 않다고 하는 것이다. 길이란 사람들이 걸어가면서 생긴 것이고, 만물이란 그것을 무엇이라고 명칭을 붙여주어서 그렇게 된 것이다. 어찌 그렇게 하였는가? (자연에서 볼 때) 그러하니까 그렇다고 한 것이다. 어찌 그렇지 않다고 하였는가? (자연에서 볼 때) 그렇지 않으니까 그렇지 않다고 한 것이다. 만물에는 진실로 그러한 바가 있고, 만물에는 각기 가하다고 하는 것이 있다. 만물에는 그렇지 않은 바가 없고, 만물에는 가하지 않은 것이 없다. 그러므로 이것을 설명하기 위해서 작은 풀줄기와 큰 기둥, 문둥병 환자와 아름다운 서시(西施)을 비교해 보면 매우 기이한 것처럼 보이겠지만 도의 입장에서 본다면 만물은 하나가 된다. 한쪽에서는 나누어짐(分)이 다른 한편에서는 이룸(成)이 되고 한편에서는 이룸이 다른 한편에서는 훼손이 된다. 무릇 만물에는 본래 이룸과 훼손이 없는 것으로 다시 두루 통하여 하나가 된다. 오직 통달한 자만이 두루 통하여 하나가 됨을 알기에 이것을 설명함에 있어서 시비에 빠지는 방법을 쓰지 않고 평소의 자연스런 상태에 맡겨 둔다. 자연스런 상태에 맡겨두는 것은 작용하는 것이다. 작용하는 것은 통하는 것이다. 두루 통한다는 것은 만물이 하나 됨의 경지를 얻음을 의미한다. 이러한 하나 됨의 경지를 얻으면 거의 도의 경지에 가깝다. 그것은 모든 것이 옳다는 경지인 것이다. 이미 그러한데도 우리가 아직 알지 못하는 것을 도(道)라고 말한다. 헛되이 신명(神明)을 써서 (머리로는) 하나라고 이해하면서 그 같음을 실제로 모르는 것은 조삼(朝三)이라고 부른다. 무엇을 조삼이라고 하는가? 말하자면 이러한 것이다. 원숭이를 기르는 사람(狙公)이 원숭이에게 상수리를 나누어 주면서 말하였다. "아침에 세 개, 저녁에 네 개를 주겠다." 그러자 원숭이들은 화를 냈다. 그래서 이렇게 말하였다. "그럼 아침에 네 개, 저녁에 세 개를 주겠다." 그러자 원숭이들은 모두 좋아했다. 명칭과 실질은 번함이 없는데 기쁨과 노여움이 일어나게 되었다. 이것 역시 인시이다. 그러므로 성인은 시비를 조화시키고 하늘의 균등함[天鈞]에서 쉰다. 이러한 것을 양행(兩行)이라고 한다.[2]

---

2 [옮긴이] 『莊子』「齊物論」: "夫言非吹也, 言者有言其所言者, 特未定也. 果有言邪? 其未嘗有言邪? 其以爲異于鷇音, 亦有辨乎? 其無辨乎? 道惡乎隱, 而有眞僞? 言惡乎隱, 而有是非? 道惡乎往而不存? 言惡乎存而不可? 道隱于小成, 言隱于榮華, 故有儒墨之是非, 以是其所非, 而非其所是. 欲是其所非, 而非其所是, 則莫若以明. 物無非彼, 物無非是, 自彼則不見, 自知則知之. 故日: 彼出于是, 是亦因彼, 彼是方生之說也. 雖然, 方生方死, 方死方生, 方可方不可, 方不可方可, 因是因非, 因非因是. 是以聖人不由, 而照之以天, 亦因是也. 是亦彼也, 彼亦是也, 彼亦一是非, 此亦一是非, 果且有彼是乎哉? 果且無彼是乎哉? 彼是莫得其偶, 謂之道樞; 樞始得其環中, 以應無窮. 是亦一無窮, 非亦一無窮也. 故日: 莫若以明. 以指喩道之非指, 不若以非指喩指之非指也; 以馬喩馬之非馬, 不若以非馬喩馬之非馬也. 天地一指也, 萬物一馬也. 可乎可, 不可乎不可. 道行之而成, 物謂之而然. 惡乎然? 然于然. 惡乎不然? 不然于不然. 物固有所然, 物固有所可, 無物不然, 無物不可. 故爲是擧莛與楹, 厲與西施, 恢恑憰怪, 道通爲一. 其分也, 成也, 其成也, 毁也, 凡物無成與毁, 復通爲一. 有達者知通爲一, 爲是不用而寓諸用. 用也者, 庸也; 庸也者, 通也, 通也者, 得也, 適得而幾已. 因是已, 已而不知其然, 謂之道. 勞神明爲一, 而不知其同也, 謂之朝三, 何謂朝三? 狙公賦茅日: 朝三而暮四, 衆狙皆怒. 日: 然則朝四而暮三, 衆狙皆悅. 名實未虧, 而喜怒爲用, 亦因是也. 是以聖人和之以是非, 而休乎天鈞, 是謂之兩行." [원문 번역은 안동림, 『장자』(현암사, 2005) 참조.]

이 단락의 글에서 몇 구절은 해석하기가 매우 힘들지만 기본적인 사유 노선은 매우 분명하다. 보통 사람들은 대도(大道)를 분명히 알지 못하여 자신의 견해를 고집할 뿐이다. 자신이 옳다고 여기는 것을 옳다고 하고(是其所是) 자신이 그르다고 여기는 것을 그르다고(非其所非) 한다. 당시 가장 유행한 학파였던 유가와 묵가 역시 이러한 틀에서 벗어나지 못하였다. 도의 관점에서 보면 '시비'는 상대적인 것이고, 또 이것과 저것[彼是]은 서로 원인이 되어 (서로 상대적인 것이 되는) 순환이 그치지 않는다. '시'와 '비'는 둥근 원 위에 있는 상반되는 두 점과 같이 전환하는 과정에서 변하여 자신의 반대 측면이 된다. 도추(道樞, 도의 지도리)를 파악하여야만 원의 중심을 갖게 되어 둥근 원 위에 있는 각각의 한 점과 똑같은 거리를 유지하게 된다. 그렇다면 아무리 많은 변화가 있다고 하더라도 충분히 그 환중(環中, 고리의 중심)을 얻어 무궁(無窮)에 응할 수 있게 된다. 이렇게 해야만 '시비'의 울타리에서 벗어나 '분명한 앎'[明]이 있게 된다. 양행이란 곧 고리의 중심에서 좌우로 도는 것으로, 서로 다르게 귀결되는 하나의 점이 없다. 왕선겸(王先謙)은 성인은 '시비'를 화통(和通)시켜 '자연의 균등한 경지'(自然均平之地)에서 함께 쉬도록 함으로써 사물과 내가 각기 바라는 것을 얻게(物我各得其所) 하는 이것이 양행이라고 말하였다. 전징(錢澄)은 도는 두루 통하여 하나로 삼고(道通爲一), 인순(因順)을 잘하는 사람은 하나를 쓰지 않고 둘을 쓰는데(不用一而用兩), 둘(兩)이란 하나가 머무는 곳이라고 하였다.[3]

도의 관점은 초월적 관점으로, 시비의 울타리를 벗어난 것이다. 이러한 관점은 『장자』의 전체 내용 가운데 관철되어 있다. 사실 이것 역

[3] 錢穆, 『莊子纂箋』(臺北: 三民書局, 1969), 15쪽.

시 도가의 공통된 인식이다. 『노자』(老子) 제2장에서 이렇게 말하였다.

> 세상에서는 아름다운 것이 아름다운 줄로만 알지만 이것은 추한 것이다. 착한 것을 착한 줄로만 알지만 이것은 착하지 않은 것이다. 그러므로 유(有)와 무(無)는 서로를 낳고, 어려움(難)과 쉬움(易)은 서로를 이루며, 긴 것(長)과 짧은 것(短)은 서로 비교되고, 높은 것(高)과 낮은 것(下)은 서로 바뀌며, 소리(音)와 울림(聲)은 서로 어울리고, 앞(前)과 뒤(後)는 서로를 따른다. 그러므로 성인은 무위의 일에 처하고 말이 없는 가르침을 행하여 만물이 일어나도 말하지 않고 생겨나도 소유하려고 하지 않으며, 이루어 주어도 뽐내지 않으며, 공을 이루어도 그것에 머물려고 하지 않는다. 머물려고 하지 않기에 떠나지도 않게 된다.[4]

미추, 선악 역시 시비와 같이 상대적인 것에 속한다. 성인은 이러한 상대적이라는 울타리를 벗어나 천도의 무위를 배워 자연에 순응하여 낳아도 자신의 것이라 여기지 않고 이루어 주어도 의지하지 않아 최고의 경지에 도달한다. 이러한 경지는 일반인이 이해할 수 있는 것이 아니다. 그러므로 『노자』 제41장에서 이렇게 말하였다.

> 어리석은 자(下士)는 도를 들으면 크게 비웃는데, (어리석은 자가) 비웃지 않는다면 도가 되기 부족하다.[5]

『장자』에서도 이러한 사유 방법을 비판하였다. 예를 들어 「소요유」

---

[4] [옮긴이] 『老子』 제2장: "天下皆知美之爲美, 斯惡矣; 皆知善之爲善, 斯不善矣. 故有無相生, 難易相成, 長短相形, 高下相傾, 音聲相和, 前後相隨. 是以聖人處無爲之事, 行不言之教. 萬物作焉而不辭, 生而不有, 爲而不恃, 功成而弗居. 夫唯不居, 是以不去." [원문 번역은 임채우의 『왕필의 노자주』(한길사, 2005)를 참조.]

[5] [옮긴이] 『老子』 제41장: "下士聞道, 大笑之, 不笑不足以爲道."

(逍遙遊)편의 첫머리에서 곧 매미(蜩)와 어린 비둘기(學鳩)가 붕새(鵬)를 비웃는 우언이 있다. 그 의미는 작은 지혜[小知]는 큰 지혜[大知]에 미치지 못한다는 것이다. 우물 안 개구리[井蛙]의 견해가 어찌 우물 밖 천지의 광대함을 알 수 있겠는가?

도가는 세속의 분별적 견해[分別見]와 완전히 다른 시야 영역을 제시하여 원숭이가 조삼모사(朝三暮四)를 다투는 것과 같이 사람들이 명예를 다투고 이익을 좇을 필요가 없다고 하였다. 이것은 분명히 나에게 청량제를 제공한 것이다. 도가사상은 중국 전통 문학예술의 주류가 되어 전원시(田園詩), 산수화(山水畵), 황량일몽(黃粱一夢)의 체험은 소중한 중국 문화유산의 일부분이 되었다. 현대에 이르러 수많은 문화단체에 여전히 큰 흡입력이 있다. 그러나 이러한 관점은 "초월"에 편중되어 "내재"를 소홀히 하였다. 그러므로 순자는 장자가 "하늘에 가려 사람을 알지 못하였다"(蔽于天而不知人)고 비판하였다.[6] 우리가 만약 도가의 사상을 미루어 나가면 곧 스스로 모순된 결과를 피할 수 없게 된다. 도가는 사람이 상대적 입장을 초월하여 대통(大通)과 같게 되어야 한다고 하지만 다른 한 측면에서 또 큰 앎[大知]은 작은 앎[小知]과 다르고, 진인(眞人)・지인(至人)・신인(神人)은 보통 사람과 같지 않다고 표방하지 않을 수 없었다. 그렇다면 분별적 견해는 여전히 완전히 제거할 수 없고, 크고 작음의 구별이 있는(小大有別) 상대주의의 울타리에 머물게 된다. 당연히 장자는 사람들이 토끼를 얻으면 올무를 잊고(得兎忘蹄), 뜻을 얻으면 말을 잊어야 한다고 하여(得意忘言),[7] 사람들이 이름과 말(名言)의 개념상의 곤란으로 인하여 도가의

[6] [옮긴이] 『荀子』「解蔽」.

[7] [옮긴이] 『莊子』「外物」.

기본 종지를 파악하지 못하는 일이 없어야 한다고 하였다. 그렇지만 도가는 여전히 내재적 차원 이상으로 초월할 수 없다. 사실 도의 궁극적인 체험으로 볼 때 반드시 "도를 도라고 하면 영원한 도가 아니다"(道可道, 非常道)라고 하지만, 우리는 분별이 있는 세계 내에서 생활하고 있기에 분별이 있는 언어를 사용하지 않을 수 없다. 우리가 시장에 가게 되면 "이름"(名)이 있는 물건만을 살 수 있다. 설령 이것이 비교적 부차적인 측면이라고 하더라도 우리가 살아있는 동안에는 이 측면을 고찰하지 않을 수 없다.

노자의 '주일을 근본으로 하여 돌이감'(歸本主一)과 장자의 '자연에 순응함'(順應自然)

노자와 장자는 세간에 대해 분명 약간 다른 태도를 가지고 있었다. 「천하」(天下)편의 설에 의하면 아래와 같다.

> 만물의 근원인 무(無)를 정미하다고 하고 형체가 있는 것을 조잡하다고 하며, 부의 축적을 흡족하지 않다고 하면서 청렴무욕(淸廉無欲)하여 홀로 신명(神明)한 본성에 홀로 머문다. 옛날의 도술에는 이러한 것이 있었다. 관윤(關尹)과 노담(老聃)은 이 가르침을 듣고 기뻐하며 언제나 무유(無有)인 허무를 내세우고 태일(太一)을 주된 것으로 삼았다. 연약하고 겸손한 태도를 나타내고 스스로를 공허하게 하여 만물을 손상하지 않음을 마음의 실질로 삼았다. …… 관윤과 노담은 옛날의 박대진인(博大眞人)이다![8]

[8] [옮긴이] 같은 책, 「天下」: "以本爲精, 以物爲粗, 以有積爲不足, 澹然獨與神明居, 古之道術有在于是者, 關尹・老聃聞其風而悅之. 建之以常無有, 主之以太一, 以濡弱謙下爲表, 以空虛不毁萬物爲實. ……關尹・老聃乎, 古之博大眞人哉!"

황홀적막(恍惚寂寞)하여 형체가 없고 사물과 함께 변화하면서 일정한 모습이 없으며, 죽었는지 살았는지 분명하지 않고 천지와 더불어 나란히 신명(神明)의 덕과 함께 가는지도 뚜렷하지 않다. 어디로 가는지 헤아릴 수가 없고 만물을 고루 망라하였지만 귀착할 만한 데가 없다. 옛날의 도술에는 이러한 것이 있었는데 장주(莊周)는 이것을 듣고 기뻐하였다. 종잡을 수 없는 큰소리와 터무니없는 말과 밑도 끝도 없는 말로 이것을 말하였다. 때로는 제멋대로 하면서도 한쪽에 기울지 않고 일의 한 부분으로 스스로의 견해를 내보이지 않았다. …… 홀로 천지의 정신과 오가며 만물을 얕보지 않고 시비를 가려 꾸짖지 않으며, 다만 세속과 함께하였다. …… 위로는 조물자(造物者)와 노닐고 아래로는 삶과 죽음을 잊고 끝과 시작을 모르는 자와 벗이 되었다. 그는 근본이 되는 도에 대해서 드넓게 활짝 열어 놓고 깊숙이 시원스레 뻗어나가며 도의 대강(大綱)에 관해서는 만물과 조화일치(調和一致)하여 현도(玄道)에 이른다고 할 수가 있다. ……[9]

이 두 단락은 두 가지 서로 다른 생명 정감을 생동감이 있게 묘사한 것지만 동시에 두 측면의 근원 역시 매우 다르다는 것을 볼 수 있다. 노자가 강조한 것은 귀본(歸本)·주일(主一)이다. 비록 '도는 항상 무위하지만 하지 않음이 없는 것'(道常無爲而無不爲)이라고 말하지만 결국은 한쪽에 편향된 것으로 돌아갈 수 있는 하나의 근본이 있다. 그런데 장자는 오히려 옳으니까 옳다고 하고 옳지 않으니까 옳지 않다고 하며(可乎可, 不可乎不可), 그러니까 그렇다고 하고 그렇지 않으니까 그렇지 않다고 하며(然于然, 不然于不然), 그렇지 않은 사물은 없고

[9] [옮긴이] 위와 같음: "芴漠無形, 變化無常, 死與生與? 天地并與? 神明往與? 芒乎何之? 忽乎何適? 萬物畢羅, 莫足以歸, 古之道術有在于是者, 莊周聞其風而悅之. 以謬悠之說, 荒唐之言, 無端崖之辭, 時姿縱而不儻, 不以觭見之也. ……獨與天地精神往來, 而不敖倪于萬物, 不譴是非, 以與世俗處. ……上與造物者遊, 而下與外死生無終始者爲友. 其于本也, 宏大而辟, 深閎而肆; 其于宗也, 可謂調適而上遂矣. ……"

옳지 않은 사물은 없다(無物不然, 無物不可)는 것에까지 이른다. 무궁한 변화 가운데에서 그 근원을 추구하면 그 시작을 볼 수 없고, 흐름을 거슬러가도 그 끝을 볼 수 없다. 「제물론」편에서 우주의 기원을 탐구하는 사람에 대하여 장자는 일종의 조롱하는 말투로 이렇게 말하였다.

> 시작이 있으면 그 앞에 아직 시작되지 않음이 있고, 또 그 앞에 아직 시작되지 않음의 이전이 있다. 있다가 있고 없다가 있으면 그 앞에 있다 없다의 이전이 있고, 또 그 앞에 없다 있다 이전의 이전이 있다. (그리하여) 갑자기 있다 없다의 대립이 생기게 된다. 그리고 그 있다 없다의 대립은 어느 쪽이 있다이고 어느 쪽이 없다인지 알 수 없다. 지금 내가 여기에서 말하였지만 내가 한 말이 정말 말한 것인가, 말을 하지 않은 것인가?[10]

나의 지금의 삶은 바로 변화하여 지금에 이른 결과이기 때문에 지나치게 그것에 집착할 필요가 없고 또 지나치게 폄하할 필요도 없다. 그렇게 해야만 「제물론」의 결론에서 장주가 나비를 꿈꾸었다(莊周夢蝶)는 아름다운 이야기가 있을 수 있게 된다. 장자가 바란 것은 진인의 경지이다. 「대종사」(大宗師)편에는 다음과 같은 말이 있다.

> 옛날의 진인(眞人)은 삶을 기뻐할 줄도 모르고 죽음을 싫어할 줄도 모르기 때문에, 태어남을 기뻐하지 않고 죽음을 거역하지도 않았다. 무심하게 자연을 따라가고 무심하게 자연을 따라올 뿐이다. 그 태어난 시초를 잊지 않고, 그 죽은 뒤의 끝을 알려 하지 않았다. 삶을 받으면 그것을 기뻐하고 죽으면 그것을 제자리로 돌려보낸다. 이런 경지를 분별심(分別心)으로 도를

10 [옮긴이] 같은 책, 「齊物論」: "有始也者, 有未始有始也者, 有未始有夫未始有始也者. 有也者, 有無也者, 有未始有無也者, 有未始有夫未始有無也者. 俄而有無矣, 而未知有無之果孰有孰無也? 今我則已有謂矣, 而未知吾所謂之其果有謂乎, 其果無謂乎?"

버리지 않고 인위(人爲)로 자연을 돕지 않음이라 하고 이런 경지에 있는 사람을 진인이라 한다.[11]

이것은 철저하게 자연에 순응하는 태도이다. 「대종사」 편에는 한 걸음 더 나아가 표현한 것이 있다.

무릇 대지는 나에게 몸을 주어 삶으로 나를 수고롭게 하고, 나에게 늙음을 주어 편안하게 하며, 나에게 죽음을 주어 쉬게 한다. 그러므로 나의 삶을 좋아한다면 곧 나의 죽음도 좋다고 하여야 한다. 무릇 배를 골짜기에 감추고 그물을 못에 숨겨 두고서 그것으로 든든하다고 생각한다. 그렇지만 한밤중에 힘이 있는 자가 그것을 메고 달아나버린다. 어리석은 자는 그런대도 알지 못한다. 작은 것과 큰 것을 감추는 데에 있어서 그 마땅한 바가 있다고 하지만 그러한 방법은 역시 그에 맞게 가져가는 방법이 있는 것이다. 만약 천하에 천하를 감춘다면 가지고 달아날 방법이 없다. 이것이 항상 그러한 만물의 진실한 이치이다. 그저 사람의 형체를 얻어 태어나기만 해도 기뻐하는데 사람의 형체란 변화의 끝이 없는 것이다. 그러니 그 즐거움은 헤아릴 수 없지 않겠는가? 그래서 성인은 천지만물이 달아날 수 없는 경지에 노닐어 모두 존재하는 그대로 긍정하기 때문에 요절하여도 좋고 늙도록 오래 살아도 좋으며, 태어나도 좋고 죽어도 좋다고 한다. 사람들은 그것을 본받고자 하는데 하물며 만물에 얽매이고 모든 변화에 의지하는 것에 있어서랴? 무릇 도란 겉으로 나타나는 작용이 있고 그것이 존재한다는 증거가 있으나 행위도 없고 형체도 없다. 그것은 전할 수는 있지만 받을 수는 없고, 얻을 수는 있지만 눈으로 볼 수는 없다. 스스로 근본이 되고 스스로 뿌리가 되며, 천지가 아직 없었을 때에도 옛날부터 본래 존재하였으며, 귀신을 신

11 [옮긴이] 같은 책, 「大宗師」: "古之眞人, 不知說生, 不知惡死, 其出不欣, 其入不距, 翛然而往, 翛然而來而已矣. 不忘其所始, 不求其所終, 受而喜之, 忘而復之, 是之謂不以心損道, 不以人助天, 是之謂眞人."

묘하게 하고 상제를 신령하게 하며, 하늘을 낳고 땅을 낳으며, 태극(太極)보다 앞서지만 높다고 하지 않고, 육극(六極)의 아래에 있지만 깊다고 하지 않으며, 천지보다 앞서서 생겨났지만 장구하다고 하지 않고, 상고시대보다 더 오래되었지만 늙지 않는다.[12]

장자의 이 단락의 말은 심오한 지혜를 나타내었다. 표면상으로 볼 때 장자가 체험한 도는 노자와 다르지 않다. 그러나 그는 초월적 도가 세간 안에 존재하고 변화와 떨어지지 않았음을 강조하였다. 현재의 삶은 변화가 낳은 객관적 형체이지만 이미 형체가 부여된 것이라면 바로 이 생명을 잘 간직하여야 하는 것으로, 삶을 좋다고 한다면 곧 그런 까닭에 죽음도 좋은 것이다. 세간에서는 곧 달아날 곳이 없고, 은둔은 결코 방법이 아니다. 그러므로 저잣거리에 은둔하는 것이 큰 은둔이지(大隱) 어찌 반드시 산림에 은둔하겠는가. 이와 같이 장자의 초월과 내재는 평형을 얻게 된다. 그는 공자의 입을 통해 이렇게 말하였다.

그 다른 점으로 본다면 한 몸 안에 있는 간과 쓸개는 멀리 떨어진 초나라와 월나라와 같고, 같은 점으로 본다면 만물은 모두 하나이다.[13]

초월적 도의 관점에서 볼 때 분명히 어떠한 분별도 해서는 안 된다.

---

12 [옮긴이] 위와 같음: "夫大壞載我以形, 勞我以生, 佚我以老, 息我以死; 故善吾生者, 乃所以善吾死也. 夫藏舟于壑, 藏山于澤, 謂之固矣; 然而夜半有力者負之而走, 昧者不知也, 藏小大有宜, 猶有所遯; 若夫藏天下于天下而不得所遯, 是恒物之大情也. 特犯人之形, 而猶喜之; 若人之形者, 萬化而未始有極也, 其爲樂可勝計邪? 故聖人將遊于物之所不得遯而皆存, 善夭善老, 善始善終, 人猶效之, 又況萬物之所繫, 而一化之所待乎? 夫道有情有信, 無爲無形, 可傳而不可受, 可得而不可見. 自本自根, 未有天地, 自古以固存. 神鬼神帝, 生天生地, 在太極之先而不爲高, 在六極之下而不爲深, 先天地生而不爲久, 長于上古而不爲老."

13 [옮긴이] 같은 책, 「德充符」: "自其異者視之, 肝膽楚越也, 自其同者視之, 萬物皆一也."

그러나 도가 유행(流行)하여 분별상(別相)이 생겨나므로 내재적 관점으로 볼 때 이러한 분수를 긍정해야 하지, 인위적이고 억지스러운 방식으로 이러한 분수를 무시할 수는 없는 것이다. 「제물론」 편에는 아래와 같은 말이 있다.

> 그럼 내가 한 번 물어보겠소. 사람이 습한 데 자면 허리에 병이 도지고 반신불수가 되지만 미꾸라지도 그러한가? 높은 나무 위에 있으면 사람은 무서워 떨지만 원숭이도 그러한가? 이 셋 중에서 누가 올바른 거처를 알고 있는 것인가? 또 사람은 돼지, 닭과 같은 가축을 먹고, 순록은 풀을 먹으며, 지네는 뱀을 먹고 올빼미는 쥐를 잡아먹는 것을 좋아한다. 이 넷 중에서 누가 참맛을 알고 있다고 하겠는가? 암 원숭이는 긴 팔 원숭이가 짝으로 삼고, 순록은 사슴과 교미하며, 미꾸라지는 물고기와 논다. 모장(毛嬙)이나 여희(麗姬)는 사람마다 미인이라고 하지만 물고기는 그들을 보면 물 속 깊은 곳으로 숨고, 새는 그들을 보면 하늘 높이 날아오르며, 순록은 그들을 보면 힘차게 뛰어 달아난다. 이 넷 중에서 누가 참된 아름다움을 아는가?[14]

초월과 내재를 조화시켜야만 최고의 경지임

이러한 노선으로 소급해 가면 곽상(郭象)이 있다. 그는 「소요유」(逍遙遊)편 주석에서 이렇게 말하였다.

> 그러므로 지극히 작은 것과 큰 것이 같음은 본성에 따른 구분에 적합함을 분명히 알기 때문이다. …… 진실로 그 본성에 만족한다면 비록 대붕이

14 [옮긴이] 같은 책, 「齊物論」: “且吾嘗試問乎女, 民濕寢則腰疾偏死, 鰍然乎哉? 木處則惴慄恂懼, 猿猴然乎哉? 三者孰知正處? 民食芻豢, 麋鹿食薦, 蝍蛆甘帶, 鴟鴉耆鼠, 四者孰知正味? 猨猵狙以爲雌, 麋與鹿交, 鰌與魚遊. 毛嬙麗姬, 人之所美也, 魚見之深入, 鳥見之高飛, 麋鹿見之決驟, 四者孰知天下之正色哉?”

라도 작은 새보다 스스로 귀하게 여길 것이 없고 작은 새라도 천지를 사모할 까닭이 없으니 영예와 바람에 여유로움이 있다. 그러므로 작고 큰 것이 비록 나누어지더라도 소요함은 한 가지이다.[15]

곽상의 학설이 「소요유」편 원래의 뜻과 반드시 부합하는 것은 아니다. 원문에서는 매미(蜩)와 어린 비둘기(學鳩) 이 두 벌레의 천박함을 조롱하고 있다. 그런데 대붕(大鵬)이 높이 날 때 그처럼 많은 조건에 의지해야 한다면 그것 역시 진정한 소요유라고 말하기 어렵다. 반드시 무대(無待)의 경지에 도달하여 대소(大小)의 분별을 초월해야만 도통위일(道通爲一)을 할 수 있다. 그러나 장자에게는 또 다른 사유 노선이 있으니 초월적 도는 결코 세간과 격리된 것이 아니라 연관된 것이다. 이것은 일종의 내재적 초월의 사상 형태이다. 장자는 도는 존재하지 않는 곳이 없는 것으로 개미와 땅강아지에 있고, 쭉정이에도 있고 기왓장과 벽돌에도 있으며, 똥과 오줌에도 있다고 생각하였다. 도가 유행하여 존재하지 않는 곳이 없다면 반드시 지금 이곳을 긍정해야 하고 또 사물의 상대적 분수성(分殊性)을 긍정해야 한다. 그런 까닭에 작은 새(小鳥) 자신은 대붕을 부러워할 필요가 없게 된다. 곽상의 해석은 바로 이러한 사유의 노선이다. 그가 작업한 것은 일종의 창조적 해석으로 "독화"(獨化)의 관념을 발휘한 것이다. 만물은 저절로 각각 생겨나는 것으로 나오게 하는 원인이 없다. 「제물론」편 주석에서 이렇게 말하였다.

무릇 만물의 편안함에는 빠진 바가 없다. …… 만약 만물이 그 본성을

---

15 [옮긴이] 『莊子』 「逍遙遊」 郭象 注: "故極小大之致, 以明性分之適. ……苟足于其性, 則雖大鵬無以自貴于小鳥, 小鳥無羨于天地, 而榮愿有餘矣. 故小大雖殊, 逍遙一也."

드러내 각기 그 안정됨에 편안하면 멀리 유심(幽深)한 것에 나가지 않아도 자연스러움에 부합하여 모두 그 지극함을 얻게 되니 저들은 합당하지 않은 것이 없게 되고 나는 즐거울 것이다.[16]

『장자』의 본문 역시 분명히 이러한 방식의 사유가 많다. 간단히 한 가지 사례를 든다면 「변무」(駢拇)편의 다음과 같은 말이다.

그러므로 오리는 다리가 비록 짧지만 그것을 이어주면 슬퍼할 것이고, 학의 다리가 비록 길지만 그것을 자르면 슬퍼할 것이다. 그러므로 본래 다리가 길게 태어난 것을 (인위적으로) 짧게 해서는 안 되고, 본래 다리가 짧게 태어난 것을 (인위적으로) 길게 해서는 안 된다.[17]

곽상은 이러한 방식의 사유를 이용하여 「소요유」편을 해석하면서 장자사상에 감추어진 또 다른 측면의 의미를 지적하였다. 이 역시 합당하지 않다고 말할 수 없다. 그러나 이러한 방식의 사유를 지나치게 강조하면 또 내재 일변으로 향하기 쉬워 순세외도(順世外道)의 사상으로 타락하기 쉽다. 인간은 자신의 본성을 부정할 수 없는 것으로 내재적 분수의 측면을 받아들여야 한다. 그러나 반대로 또 자신의 형체를 고집할 수 없는 것이므로 초월의 절대적 측면을 체증해야 한다. 이렇게 해야만 도리의 전체적인 모습(道理的全)을 파악할 수 있다. 이처럼 심오한 도리는 반드시 각기 다른 각도에서 고찰을 해야만 반복적으로 분명하게 밝힐 수 있다. 나는 「추수」(秋水)편에서 북해약(北海若)의 입

16 [옮긴이] 같은 책, 「齊物論」 郭象 注: "夫物之所安無陋也……若乃物暢其性, 各安其所安, 無遠邇幽深, 付之自若, 皆得其極, 則彼無不當, 而我無不怡也."(『莊子注疏』 권1, 51쪽)

17 [옮긴이] 같은 책, 「駢拇」: "是故鳧脛雖短, 續之則憂. 鶴脛雖長, 短之則悲. 故性長非所短, 性短非所續."

을 빌어 말한 한 단락의 대화가 가장 흥미롭다.

> 도(道)로써 보면 만물에는 귀천(貴賤)이 없다. 만물로써 보면 자신은 귀하고 상대방은 천하다. 세속의 입장에서 보면 귀천은 자신에게 달려 있지 않다. 차별의 입장에서 서서 그 큰 것(大)을 가지고서 크다고 여긴다면 만물에는 크지 않은 것이 없고, 그 작은 것(小)을 가지고서 작다고 여긴다면 만물에는 작지 않은 것이 없다. 그러므로 천지가 돌피와 같이 작고 가느다란 털끝도 산과 같이 크다는 것을 알 수 있어서 차이의 도리를 분명히 알 수 있다. 공능(功)으로 보면 그 있는 바를 따르면 만물에는 있음 아닌 것이 없고, 그 없는 바를 따르면 만물에는 없음 아닌 것이 없다. 동쪽과 서쪽은 서로 반대되지만 상대방이 없으면 안 된다는 것을 안다면 공능의 나누어짐이 어떻게 정해진 것인지 알 것이오. 추이(趣)로 보면 각기 그렇다는 것에 따르면 그렇지 않은 것이 없고, 각기 그르다는 것을 따르면 그르지 않은 것이 없다. 훌륭하다고 하는 요(堯)임금과 포악하다고 하는 걸(桀)도 스스로를 옳다고 하고 상대방을 그르다고 한다는 것을 안다면 추이의 근거가 분명해진다.[18]

동일한 사태에 대해 다른 각도에서 보게 되면 곧 완전히 서로 다른 효과를 얻을 수 있다. 초월의 관점에서 보면 만물은 같지 않은 것이 없고, 내재의 관점에서 보면 만물은 다르지 않은 것이 없다. 이 두 관점을 결합하면 곧 만물의 자연(내재)이라는 한 측면과 도의 자연(초월)이라는 한 측면을 충분히 이해할 수 있다. 성인은 사물이 서로 시비가 되는 것에 대해 내버려둔다. 그러므로 그 태도는 시비를 없애는 것이

---

18 [옮긴이] 같은 책, 「秋水」: "以道觀之, 物無貴賤. 以物觀之, 自貴而相賤. 以俗觀之, 貴賤不在己. 以差觀之, 因其所大而大之, 則萬物莫不大; 因其所小而小之, 則萬物莫不小. 知天地之爲稊米也, 知毫末之爲丘山也, 則差數睹矣. 以功觀之, 因其所有而有之, 則萬物莫不有; 因其所無而無之, 則萬物莫不無. 知東西之相反而不可以相無, 則功分定矣. 以趣觀之, 因其所然而然之, 則萬物莫不然; 因其所非而非之, 則萬物莫不非, 知堯桀之自然而相非, 則趣操睹矣.

아니라 초월하는 것이다. 그것을 "양행"이라고 말한다.

어떤 사람은 장자가 "양행"을 옳은 것이라고 하였으므로 여전히 시비의 상대적 울타리에서 벗어난 것이 아니라고 말한다. 이 점에 관하여 「제물론」 편에는 이상야릇한 대답이 있다.

> 천지는 나와 함께 살고, 만물은 나와 함께 하나가 된다. 이미 하나가 되었는데 달리 말이 있겠는가? 이미 하나라고 말하였는데 말이 없겠는가? 하나와 말이 둘이 되고, 이 둘과 하나가 셋이 된다. 이것으로부터 계속 미루어 나간다면 교묘해지고 복잡해져서 그 끝은 셀 수 없게 된다. 그러니 하물며 평범한 자에게 있어서 무어라 말할 수 있겠는가? 그러므로 무(無)로부터 유(有)에 이르게 되면 셋이 되는데 하물며 유로부터 유에 이르게 된다면 어떻게 되겠는가? 그러므로 그렇게 나아가는 것을 그치고 오직 모두 옳다는 입장에(因是) 따를 뿐이다.[19]

초월의 관점에서 보거나 또는 하나라고 말하는 것은 모두 안 되고, 최종적으로 반드시 무언의 경지에 도달해야 한다. 그러나 이것은 내재적 분수를 부정하는 말이 아니다. 그렇지 않다면 가지런하게 할 수 없는 것을 가지런하게 하여 인위적인 "하나"(一)를 추구하게 된다. 이것은 바로 자연을 위반하는 것이고 실제로 도의 반대이다. 내재적 관점에서 볼 때 변화가 없을 수 없다. 그러나 변화를 받아들이는 것은 또 변화의 역정을 부정해야 한다는 말이 아니다. 그렇지 않으면 '한 면만을 이해하는 견해'(一曲之見)를 고집하여 반드시 도와 상통하는 길을 끊게 된다. 자연에 순응하여 따르는 것은 곧 주어진 성분(性分)을 받아

19 [옮긴이] 같은 책, 「齊物論」: "天地與我并生, 而萬物與我爲一. 旣已爲一矣, 且得有言乎? 旣已謂之一矣, 且得無言乎? 一與言爲二, 二與一爲三. 自此以往, 巧歷不能得, 而況其凡乎? 故自無適有, 以至于三, 而況自有適有乎? 無適馬, 因是已."

들이는 것이지만, 반대로 또 자신의 시비를 가지고 다른 사람에게 강제하지 않고 시대적 추이와 더불어 함께하여 때에 따라감으로써 편안하게 되는 것이다. 이렇게 해야만 진정한 소요이다.

장자의 양행(兩行)은 진일보한 발전을 할 수 없음

종합하여 말하면, 장자는 종잡을 수 없는 설과 황당한 말, 밑도 끝도 없는 언어(謬悠之說, 荒唐之言, 無端崖之辭)로 그 자신의 도에 대한 체험을 말하여 확실히 사람들의 이목을 새롭게 하였다. 그러나 그의 표현은 논리적, 계통적인 것이 아니라 우의(寓意)적이고, 상황에 따른 것이다. 자의적으로 해석한 것이 비록 사람들을 만족시켜 주지만 또 오해를 피할 수 없었다. 어떤 때에 그는 초월의 보편성에 기우는 경향이 있어서 마치 내재를 부정하는 것처럼 보이고, 때로는 또 내재의 분수를 긍정하여 마치 초월을 무시하는 듯 보인다. 그렇지만 진정으로 장자의 정신을 체득하면 그가 일관되게 초월하면서 내재하는(超越而內在) 사상 형태를 주장한다는 것을 알 수 있게 된다. 만약 초월을 하나의 행위로 삼고 내재를 하나의 행위로 삼는다면 두 측면의 조화를 장자의 최고 경지의 체증으로 삼아야 한다. 이렇게 하면 장자는 분명히 심오한 양행의 지혜를 체현하였음을 볼 수 있다. 그리고 이것은 장자사상에 대한 창조적 이해를 통한 가장 뛰어난 체계적 해석이다.[20]

---

20 『장자』 책에는 내편, 외편, 잡편의 구분이 있고, 일반적으로 내편은 믿을 만하고 잡편은 문제가 가장 크다고 생각하지만 몇몇 편장은 장자 후학의 손에서 나온 것으로 질박하고 뛰어나지도 않다. 내가 인용하여 증명할 때 비록 내편, 외편, 잡편에서 두루 취하지만 내편 특히 「소요유」, 「제물론」 및 「대종사」를 강령으로 삼고 그 밖의 것은 보충자료로 삼는다. 특히 「추수」 편은 초월, 내재라는 양행을 겸하여 고찰한 것으로 그 자체 일치하는 사상적 노선을 이룬다. 내가 한 것은 역사 고증

그렇지만 장자를 어떻게 해석하던지 간에 그의 사상은 여전히 매우 큰 한계성을 가지고 있다. 초월의 관점에서 볼 때, 장자는 노자의 "유는 무에서 생겨난다"(有生於無)는 사상을 계승하였지만, 또 "무"의 측면에 머물기에는 충분하지 않다. 그러므로 불교사상이 중국에 들어올 때 격의(格義)의 방법을 이용하여 전해졌는데 "공"(空)의 관념은 곧 "무"(無)의 관념에 비하여 더욱더 흡입력이 있었다. 이후에 불교사상은 큰 발전을 하였고, 도가는 도교로 전환되었지만 사변적인 측면에서는 발전이 없었을 뿐만 아니라 오히려 퇴보하여 불교보다도 못하였다. 내재적 관점에서 볼 때, 도가사상은 단지 자연을 따르는 것을 말할 수 있을 뿐 인문 문화는 물론 문화의 창조와 발전은 더욱 말할 수 없었다. 이후에 유가사상은 중국 문화의 주류가 되었고, 도가사상은 비록 매우 중요한 작용을 하였지만 단지 보조적인 위지를 차지할 뿐이었다. 이것으로 볼 때, 양행의 도리에 대한 발전적 이해는 결코 도가사상 안에 머무를 수 없기 때문에 우리는 또 불교 및 유가의 양행 사상을 성찰할 필요가 있다.

3. 불교의 "양행의 도리"에 대한 해석

불교와 도가 이 두 사상에는 많은 공통점이 있다. 그런 까닭에 이것에 대해서는 논의하지 않겠지만 불교가 처음 중국에 전해질 때 격의의

의 작업이 아니지만 결코 역사 고증의 원칙을 위배한 것은 아니다. 이렇게 함으로써 『장자』 내편 사상에 감추어진 철학을 밝힐 수 있으며, 이용한 방법은 창조적 해석학(creative hermeneutics)이다. 이렇게 하여 밝혀낸 철학은 여전히 장자의 철학이지 내 자신의 철학이 아니다. 여기에서 나는 철학의 "새롭게 해석함"(重新解釋, reinterpretation)과 철학의 "새롭게 개조함"(重新改造, reconstruction)을 구별하였으므로 독자들은 잘 살펴보아야 한다.

방법을 사용하였으며, 역시 도가의 관념을 이용하여 불가의 사상을 소개한 것이다. 불교와 도가의 출발에는 모두 세속을 싫어하여 떠나고자 하는 사유가 있었고, 공명이록(功名利祿)은 그들이 좋아하는 것이 아니었다. 그러므로 도가는 흔히 인생을 "변화하는 것"(化)으로 보았고, 불교는 세간의 일[世事]은 모두 한 바탕 "공"(空)의 체증(體證)이라고 여겼다. 그러나 한 걸음 더 나아가 탐구해 보면 불교와 도가 두 사상에는 분명히 본질적으로 서로 다른 점이 있음을 알 수 있다.

도가는 영원한 도[恒道]를 추구하고, 불교는 무상(無常)을 제시함

도가에서 추구하는 것은 "유"(有), "무"(無)에 비하여 더 근본이 되는 도체(道體)이다. 이러한 "도"는 일반적 언어를 사용하여 표현할 수 없다. 그러므로 이른바 "도는 도라고 하면 영원한 도가 아니다"(道可道, 非常道)라고 말하였다. 장자의 가장 뛰어난 점은 비유, 우언과 같은 방법을 사용하여 그의 사상을 전달한 것이다. 이것으로부터 우리는 "도"가 "유" 내지는 "무"에 비하여 더욱 심오한 진실이라는 것을 깨닫게 된다. 그것은 형상이 없고(無形無常) 스스로 근본이 되지만(自本自根) 반대로 또 온갖 변화의 근본이 된다. 그러므로 "도는 항상 무위이지만 하지 않는 것이 없다"(道常無爲而無不爲)고 한 것이다. 그렇지만 세속에 빠진 결과 우리는 본래 상통했던 도와 인위적으로 막히게 되어 도의 자연과 오묘한 화합[妙合]을 할 수 없게 되었다. 그러나 도를 부단히 변화하는 것으로 삼고 또 반대로 그 바르고 항상된 형이상학 본체를 유지한다는 것은 결코 논쟁의 성질을 갖지 않는다. 도에 대한 이와 같은 체오(體悟)는 불교 사상으로 볼 때 오히려 철저하지 못한 것이다.

불교는 인도에서 연원하여 나온 것으로 전통의 바라문교에 비하여 비정통적 사상이다. 정통사상은 범아일여(梵我一如)를 말한다. 상락아정(常樂我淨)은 바로 윤회하는 세간의 이면에서 정상불변(貞常不變)의 본체를 체현하는 것이다. 그러나 부처의 혁명적 성격을 갖는 사상은 도리어 이와 같은 영원한 본체는 충분한 근거가 결여된 허망한 형상이라고 생각한 것이다. 그러므로 전통의 바라문교 사상을 겨냥하여 불교의 삼법인(三法印)은 곧 "제행무상"(諸行無常), "제법무아"(諸法無我)의 설을 제시하고 근본적인 해결 방법을 덧붙여 "열반적정"(涅槃寂靜)으로 귀결시켜 전통사상의 울타리를 철저하게 초월하였다. 중국의 고대에는 인도의 윤회사상이 유행하지 않았고, 도가철학을 바라문교 철학이론의 효과와 뒤섞어서 말할 수 없지만, 도가는 "상도"(常道), "상명"(常名)을 추구하도록 요구하기 때문에 그것은 불교의 비판에서 벗어날 수 없다. 석가모니는 연생의 종지(緣生之旨)를 설하여 세간의 일체는 모두 자성(自性)이 없고 범아(梵我) 역시 예외가 아니며, 천상계에 태어나는 것(生天)은 결코 근본적인 해탈의 도를 제공할 수 없다고 선언하였다. 그러므로 불교는 "상견"(常見)을 배제해야 했다. 그러나 다른 측면에서 "열반"이라는 용어는 화광식멸(火光熄滅)이라는 비유에서 나오는데, 의미는 업력이 다하고 번뇌가 끊어진 것이지만 그것을 절대 허무주의의 사상을 담고 있는 것으로 해석할 수 없다. 그렇지 않다면 불교 사성제(四聖諦)의 설에서 "고"(苦), "집"(集), "멸"(滅)이 이미 끊어지면 어디로부터 "도"(道)는 나오는가? 그러므로 불교는 또 반드시 "단견"(斷見)을 배제해야 한다. 사실상 불타는 분명하게 "중도"(中道)를 말하여 양변에 빠지지 말 것을 제창하였다. 이것은 매우 심오한 지혜 및 고도의 변증적 성격의 사상을 담고 있는 것이다.

연기(緣起)로 내재를 살피고, 성공(性空)으로 초월을 나타냄

불교 의리(義理)의 기본 범위는 "연기성공"(緣起性空)의 종지에서 벗어나지 않는다. 연기하면서도 집착이 일어나지 않으면 마치 "유"(有)와 같지만 제법은 자성이 없는 것으로 그 자체가 곧 "공"이다. 공과 유가 서로 융합하는 것으로 곧 진공이면서 묘유가 되고(眞空而妙有) 장애가 없는(無障無碍) 일미법(一味法)이 된다. '양행의 도리'라는 각도에서 볼 때, 성공(性空)을 말하는 것은 그 초월적 측면을 드러내는 것으로 속견(俗見)의 현실세계를 진실한 것으로 보지 않게 된다. 그리하여 이러한 측면의 집착이 만들어 낸 속박과 번뇌로부터 해탈하여 번뇌(煩惱)와 소지(所知)의 두 장애를 철저하게 끊을 수 있게 된다. 연기를 내재적 측면을 살펴 말하면 "공"은 결코 인연으로 하여 나타나게 된 유적 세계(有的世界) 이외에 홀로 공체(空體)에 세워진 맑은 세계가 있다거나 혹은 인연으로 해서 있게 된 유적 세계의 존재를 근본적으로 부정하는 것이 아니다. 이 두 가지 관점은 다시 상견(常見)과 단견(斷見)의 굴레에 빠진 것으로 불교의 체득에 대한 진정한 이해가 결핍된 것이다. 이러한 각도에서 보면 용수(龍樹)의 『중론』(中論)은 바로 불교 '양행의 도리'에 대한 가장 간결하면서도 중요한 표현이다. 용수는 (불교) 전반을 새롭게 해석하는 방식으로 "팔불"(八不)을 말하여 "이제원융"(二諦圓融)이 담고 있는 양행의 도리를 나타내었다.

『중론』「관인연품 제일」(觀因緣品 第一)의 첫머리에서 곧 이렇게 말하였다.

> 발생하지도 않고 소멸하지도 않으며 상주하지도 않고 단멸(斷滅)하지도 않으며 같지도 않고 다르지도 않으며 오지도 않고 가지도 않네. 이 연기

능히 말씀해 주시어 모든 희론(戱論)을 잘 소멸해 주시니 모든 설법자 가운데 으뜸이신 부처님께 나는 머리를 조아려 절을 드립니다.[21]

이것이 바로 유명한 팔불인연송(八不因緣頌)이다. 여기에서는 다만 "생하지도 않고 소멸하지도 않는다"(不生亦不滅)는 것을 범례로 제시하여 간략한 분석을 덧붙이기로 한다. 그렇게 하면 그 밖의 것은 개괄할 수 있을 것이다. 불교사상은 연기공성을 체오하는 것이다. 그러므로 불생불멸에서 부정하는 것은 결코 현상세계의 인연화합에 의해 발현되어 마치 생멸하는 것과 같은 것을 부정하는 것이 아니라 제법의 자성생멸(自性生滅)을 부정하는 것이다. 다시 말해 세간의 만물은 예외 없이 모두 인연화합에 의하여 있게 된다. 그러므로 본래 공이다. 그것은 하나의 독립된 자체물(自體物)의 "생"(生)이 있을 수 없다는 것이다. 동시에 또 독립된 자체물의 "멸"(滅)이 있을 수 없다. 이와 같이 불생불멸의 뜻은 곧 자성의 생법(自性的生法)이 없고 또한 자성의 멸법(自性的滅法)이 없다는 것이다. 일반적으로 사람들은 생멸은 천변만화하는 세간의 상(世相)을 묘사한 것일 뿐이고, 변화하여 이루어진 것이기에 정해진 실체를 고집할 수는 없다고 말한다. 그러므로 모름지기 없애야 한다.

『중론』「관인연품」에는 한 걸음 더 나아간 해석이 있다. 이렇게 말하였다.

모든 법(法)은 스스로 발생하는 것이 아니고 타자로부터도 발생하는 것이 아니며, 그 둘로부터도 또는 원인이 없이 발생하는 것도 아니네. 그러니

21 [옮긴이] 『中論』「觀因緣品 第一」: "不生亦不滅, 不常亦不斷, 不一亦不二, 不來亦不出(去). 能說是因緣, 善滅諸戱論. 我稽首禮佛, 諸說中第一."

발생하지 않는다는 것을 알아야 하네. 모든 법의 자성은 연(緣) 속에 있지 않네. 자성이 있지 않으니 타성도 있지 않네.[22]

앞의 네 구절은 이른바 무생사구(無生四句)이다. 제법은 인연화합의 결과로 그것들은 자신의 자성으로부터 생겨난 것이 아니고 또 타법의 자성으로부터 말미암아 생겨난 것도 아니며, 더군다나 자신과 타법이 결합된 자성으로부터 생겨난 것도 아니다. 이러한 것들은 자명한 것이다. 그러나 그것들은 연이 없이 일어난 것도 아닌데, 인이 없다면 인연화합에 의하여 나타난 마치 유와 같은 것의 궤적을 부정하게 되어 무인외도(無因外道)의 굴레에 빠지는 것을 면할 수 없다. 이것은 영항주의 실체관(永恒主義實體觀)을 깨부수었을 뿐만 아니라 허무주의 무체관(虛無主義無體觀)을 깨부순 것으로 이른바 "무생법인"(無生法忍)을 체오한 것이다. 그러므로 제법에 만약 자성이 있다고 한다면 반드시 인연 밖에 독립하여 있는 것이 된다. 그러나 이것은 불가능한 것으로 제법은 모두 자성이 없다. 불교, 특히 용수의 변증 논리는 서양의 흄의 실체를 깨부수는 논증, 인과를 깨부수는 논증과 일맥상통하지만 흄은 부정적 측면에 편벽되어 표현한 것에 불과하므로 회의파의 논설이 될 수 있었을 따름이다. 그러나 "팔불"의 설법은 반대로 여기에 머물지 않고 자성(自性)의 생(生), 멸(滅), 상(常), 단(斷), 일(一), 이(異), 래(來), 거(去)와 같은 제법이 있다는 것을 부정하면서 동시에 연생(緣生)을 체오하였다. 그러므로 "무생"(無生)은 단지 개념상 자성생(自性生)에 대해 집착하는 것을 깨부순 것으로, 집착을 제거하면 곧 제법의 실상이 드러난다는 것이다. 실상(實相)이란 불생불멸(不生不滅), 불상부단(不

22 [옮긴이] 같은 책, 「觀因緣品」: "諸法不自生, 亦不從他生, 不共不無因, 是故知無生. 如諸法自性, 不在于緣中. 以無自性故, 他性亦復無."

常不斷), 불일불이(不一不異), 불래불거(不來不去)로 어떤 정해진 상(定相)이라고 말할 만한 것이 없다. 그런데 실상(實相)의 이른바 무상(無相)이란 즉 여상(如相)이다. 위에서 서술한 것처럼 연기성공은 전반적인 해석이고, 이것으로부터 공성(空性) 혹은 공리(空理)를 말한다. 이것이 표면적인 해석이다. 공성 혹은 공리를 표명하는 것은 또 여성(如性) 혹은 진여(眞如)라고 말하지만 결코 실체를 나타내는 글자로 오해해서는 안 된다. 그렇지 않으면 곧 새로운 집착을 형성하게 된다. 이 법집(法執)을 깨부수어야 했기 때문에 불교에서는 반드시 "공공"(空空)—내지는 "십팔공"(十八空)을 말해야 한다. 즉 공으로 이 실재에 집착하는 공물견(空物見)과 공체견(空體見)을 물리쳐야만 비로소 "연기성공"(緣起性空)과 "체법공"(體法空)을 체증하게 되지만 사실은 일체(一體)의 양면이다. 그런데 "체법공"의 함의는 곧 "가명을 파괴하지 않으면서 제법실상을 말하는"(不壞假名而說諸法實相) 것을 벗어나지 않는다. 그러므로 「관사제품」(觀四諦品) 제24에서 이렇게 말한다.

> 인(因)과 연(緣)들에서 발생하는 법을 나는 '공'(空)이라고 말하네. 가명(假名)이라고도 하고 중도(中道)의 이치라고도 하네. 인과 연들에서 발생하지 않는 법은 하나도 없네. 그러니 모든 법은 공하지 않은 것이 없네.[23]

이것은 『중론』에서 가장 유명한 두 가지의 게송이다. 이상의 해석으로 의미가 이미 매우 분명하게 되었다. 중인연생법(衆因緣生法)은 속제(俗諦)의 시각에서 묘유(妙有)를 말한 것이다. 그런데 어떻게 말하든지 간에 결국은 당연히 즉공(卽空)을 체득해야 한다. 이것은 진제(眞

[23] [옮긴이] 같은 책, 「觀四諦品」 제24: "衆因緣生法, 我說卽是空, 亦爲是假名, 亦是中道義. 未曾有一法, 不從因緣生, 是故一切法, 無不是空者."

諦, 第一義諦)의 시각에서 진공(眞空)을 말한 것이다. 그런데 "공"은 실체를 나타내는 글자로 이해할 수는 없고, 이것 역시 방편적으로 사용한 가명이므로 반드시 유와 무 양변을 벗어나야만 중도의 의미를 체현한 것이 된다. 이러한 공유(空宥) "이제원융"(二諦圓融)의 관점, 즉 중도의 관점으로 볼 때에도 불교의 기본 교리는 언제나 연기공성의 종지를 벗어나지 않는다. 용수가 이렇게 밝힌 불교의 이치는 근거가 있다. 석가모니 자신은 (12)연생의 종지를 말하였고, 말년에 그는 49년간 설법하였지만 한 글자도 말하지 않았다고 선언하였다. 그는 일생동안 해탈의 길을 추구하였지만 바라문교의 상견(常見)에 빠지지 않았고 또 외도(外道)의 단견(斷見)에도 빠지지도 않이 초월(공)과 내재(유)이 양행을 겸비한 중도를 체증하였다. 불교 교리 안에는 분명히 매우 심오한 예지가 담겨 있다.

원시불교는 초월이라는 일면에 편향됨

이상의 서술에 의하면 불교는 초월과 내재를 충분히 함께 살펴 양행의 도리를 체현하였기 때문에 비로소 그 위대함을 이루게 되었다고 말할 수 있다. 그런데 불교의 발전은 하나의 관점에서 볼 때 양행 사이의 평형을 찾거나 혹은 지나치게 초월에 편향되었다가 점차 내재의 경향으로 나아가는 역사라고 말할 수 있다. 우리는 이러한 각도에서 한 걸음 더 나아간 관찰을 시도해도 무방하다고 생각한다. 불교사상의 원류로 볼 때, 처음에는 분명히 초월의 한 측면에 편향되었다. 불교는 인도에서 원류하여 나온 것이지만 인도에서는 세상에 순응하는 외도 이외에 보편적으로 윤회의 설을 신봉하여 해탈의 길을 힘써 추구하였다. 석가모니는 왕자로 귀족이었지만 또 세간의 부귀를 탐하지 않아 생명의 본질은 "고"(苦)라는 점을 체현하였고, 궁극적인 해탈의 길을 추구할 것을 맹세하였다. 뒤에 그는 연생(緣生: "集")의 종지를 체오하여 다시는 업을 만들지 않아 열반적정(涅槃寂靜: "滅")을 이루었다. 이렇게 함으로써 진정한 "도"를 파악하게 되었다. 석가모니는 출가하여 세상을 제도하고 널리 제자들을 불러 모았으며, 힘써 세간의 속박을 풀어 없애려고 하였지만 분명한 것은 초월의 측면에 편중되었다는 점이다. 다만 초월을 하나의 실체로 삼지 않았을 뿐이다! 그렇지만 그는 중생을 버리지 않는 것을 비원(悲願)하여 완전히 세간을 버리지 않고, 유와 무에 집착하지 않았기 때문에 얼마간 두 측면에서 일정한 평형을 유지하게 되었다. 그런데 부처가 입적한 후에 소승불교는 오히려 실망하여 화연(化緣)이 이미 다하고 회신(灰身)이 입멸한 부처가 이상이라 단정하였다. 이러한 관점은 무상(無常)을 보았을 뿐 상(常)을 보지 못한 것으로 여전히 초월의 한 측면에 편향되었음을 분명히 볼 수 있다. 그런 까닭에 소승에는 "불성상주"(佛性常住)라는 의미가 없고, 심지어 『중론』에도 이러한 의미가 없었다. 이러한 관점은 불성에 자성이 있다는 설에 집착했기 때문에 마땅히 배척해야 한다. 그렇지만 뒤에 『열반경』(涅槃經)에서는 도리어 불성상주를 말하였다. 여기에서 불성은 결코 "자성집"(自性執)으로 삼아 말한 것이 아니다. 이 경전에서는 당연히 일체의 중생은 불성을 가지고 있다(一切衆生皆有佛性)는 것을 긍정하였는데 그 의미는 "중도진여"(中道眞如)[24]이다. 이후에 천태종(天台宗)의 지자대사(智者大師)는 이것에 근거하여 "여래장항사불법불성"(如來藏恒沙佛法佛性)의 설법[25]을 발전시켜 나왔고, 대승원교(大

[24] 『열반경』(涅槃經)의 의리(義理)에 대하여 모종삼(牟宗三)은 상세하게 분석을 하였다. 그의 저작 『佛性與般若』(上册) (臺灣學生書局, 1982년 수정 3판), 179-257쪽에 보인다.

乘圓教)의 종지가 성행하고 확장되게 하였다. 이것은 분명히 원시불교 내지는 인도불교의 논지를 멀리 넘어선 것으로, 초월·내재가 상즉상융(相卽相融)하게 되어 불교에서 초기에 지나치게 초월에 편중되었던 경향을 교정한 것이다.

모종삼에게는 다음과 같은 매우 재미있는 학설이 있다. 중국불교, 인도불교는 사실 단지 불교의 연속적인 발전에 불과한 것으로 의리로 말하면 여전히 순수한 불교이지만, 중국에 전해지면서 발전하여 원만한 경지에 이르게 되었다.[26] 모종삼의 이러한 학설은 분명한 근거가 있지만 문화의 차이는 분명 의미상에서 큰 변화를 만들 수 있다. 소승불교를 추구하는 사람으로 오직 식가모니를 숭배하여 궁극적 해탈을 얻고자 한다면 반드시 출가해야 한다. 그런데 승가(僧家伽)에는 엄격한 규율이 있고, 출가자는 생산 작업에 참여하지 않으며(업을 짓지 않는다), 화연에 따라 생활하고 오후에는 음식을 먹지 않고 지낸다. 이것은 분명히 초월의 일면에 기울어진 출세간의 종교이다. 대승은 이론과 실천에서 모두 변화가 있었는데 석가를 존숭하는 것 이외에 또 과거, 현재, 미래에 갠지스 강의 모래처럼 헤아릴 수 없이 많은 부처가 있고, 보살은 자신만을 제도하는 것이 아니라 다른 사람도 제도해야 한다고 인정하였다. 중국의 선종은 당하즉시(當下卽是)를 더욱 강조하여 총림제도를 건립, 자신의 노동으로 생활하게 하여 속세에 들어가는 경향이 크게 증가하였기 때문에 원시불교와 근본적으로 상당한 차이가 있다고 말하지 않을 수 없다. 종교 신앙의 관점에서 볼 때, 일체의 모든 것은 석존에게 귀결되지 않을 수 없다. 그러므로 중국 불교의 판교(判敎)

---

25 같은 책, 229쪽.

26 같은 책, 「序」, 4-5쪽.

의 설법은 여전히 불교의 창시자로 돌아가 그 근거를 찾는다. 그러나 문화의 관점에서 볼 때, 후대의 발전은 비록 교리에서 근거가 없는 것은 아니지만 오히려 처음의 규모를 크게 넘어선 것이다. 이러한 각도에서 볼 때, 불교의 중국화를 말하거나 혹은 오늘날 불교의 현대화를 말하는 것은 모두 지나친 것이 아니다. 그러므로 반드시 넓은 시야에 착안해야만 모종삼이 불교의 의리가 하나라고 말한 학설을 받아들일 수 있다. 그렇지 않고 불교의 종파 관점으로 본다면 심지어는 소승, 대승이라는 명칭마저도 문제가 있게 된다. 그러므로 그 밖의 것은 논할 게 있겠는가! 왜냐하면 소승이라 말하면 이미 폄하하는 의미를 가지고 있기 때문에 소승을 추종하는 자는 반드시 그 자신이 원시불교를 옹호하고 석가모니 부처로부터 친히 가르침을 받은 제자로부터 직접 전승된 것이라는 입장에서 대승을 공화외도(空華外道)라 배척하기 때문이다. 그런데 대승은 인도에서 이미 공종(空宗)과 유종(有宗) 두 종으로 나누어졌고, 공종은 용수(龍樹)를 존숭하고 유종은 무착(無着), 세친(世親)을 존숭하였다. 민국시대 초기에 중국의 학계에서는 유식(唯識)이 성행하여 인도불교 유종의 종지를 회복하고자 하였고, 그리하여 중국불교를 배척하였다. 모종삼이 비록 구양경무(歐陽竟無), 여추일(呂秋逸)이 『능가』(陵伽)를 오해했다고 논박하였지만 『기신론』(起信論)[27]을 배척할 필요는 없다고 주장하였다. 그러나 이러한 노력으로 종파 사이에 서로 배척하고 공격하던 비루한 습관을 그치게 할 수는 없었다! 그렇지만 불교 의리가 부단히 발전한다는 것을 긍정한다면 반드시 교리를 동일하게 말한 필요가 없게 되고 시대적 환경이 달라짐에 따라

---

27 『열반경』의 의리에 관한 모종삼의 상세한 분석은 그의 저작 『佛性與般若』 相册(臺灣學生書局, 1982년 수정 3판), 435-480쪽.

서로 다른 표현이 있게 된다. 그리고 이것은 바로 위대한 종교의 전통에서 반드시 긍정하는 사실이다.

"연기성공"(緣起性空)은 각 파의 공통된 인식

발전적 관점을 긍정한다면 곧 새로운 시각이 끊임없이 생겨난다. 예를 들어 인도불교의 발전 과정에는 먼저 공종이 있고 난 뒤에 유종이 있게 되었다. 다시 말해 유식은 이미 후기에 일어난 비교적 성숙한 설법이다. 그러나 중국 불학이 판교(判教)에서 화엄(華嚴)에 이른 것은 오히려 유식을 다만 초기의 가르침(始教)으로 삼는다. 왜 이러한 시각의 변화가 있게 되었는가? 모종삼이 말한 것처럼 공종이 연기공성을 말하는 종지는 불교 각 종파의 공통된 인식으로 통하는 것이기 때문에 비록 소승과 유종이라 하더라도 역시 위반할 수 없고 계파가 나누어진 근거로 삼을 수 없기 때문이다. 그러나 해오(解悟)의 차원에서 분명히 깊고 얕은 차이가 있기 때문에 공종의 공에 대한 체득은 소승에 비하여 심오하다. 앞에서 이미 말하였지만 소승불은 회단불(灰斷佛)로 분명히 초월이라는 한 측면에 편향되어 출세간을 위주로 한 사상이다. 또 몇몇 소승 종파가 비록 "화합하여 이루어진 것은 거짓된 존재이다"(和合假)는 관념은 받아들였지만 오히려 "종자는 실재이다"(種子實)라는 관념에 집착하였기 때문에 사실 결국은 공이라는 함의를 철저하게 체증할 수 없었다. 그러므로 이 공종은 정미한 논변과 해석을 빌려 여러 가지 잘못된 견해를 배척하였고, 전체를 해석하는 방식을 이용하여 반야의 실상을 드러냈기 때문에 분명히 상당한 진전이 있었으며, 또 어떤 측면에서는 이미 실상을 다 드러낸 것이므로 덧붙일 것이 없다고 말할 수 있다. 그러나 문제는 공종이 일체법에 따르는 해석을 할 뿐 그것의 근원에 대한 이론을 제기하지 않았기 때문에 사람들에게 심리적 만족을 줄 수 없었다는 점이다. 그리하여 유식종이 일어나 팔식(八識)으로 세상(世相)의 형성을 설명하였다. 그렇지만 아뢰야식(阿賴耶識) 계통은 망심으로 유루법(有漏法)의 발생을 해석하였지만 최종적인 전변근거(轉依)에는 오히려 성불의 초월적 근거가 결핍되어 필연성이 없어졌기 때문에 이 역시 사람들이 만족할 수 없었다. 일설에 의하면 용수의 제자 제바(提婆)는 일찍이 공종으로써 무착, 세친의 유식종과 서로 대항하였다고 스스로 표명하였다. 중국에 전해지자 옛날의 전통이 이어져서 사람들에게 공종은 다만 진공(眞空)을 말할 수 있고 유식종은 다만 환유(幻有)만을 말할 수 있어서 이 둘은 각기 한편만을 얻었다는 인상을 주었다. 사실 이 두 종파는 똑같이 연기를 말하였지만 유종은 삼성삼무성(三性三無性) 곧 편계소집성(偏計所執性), 의타기성(依他起性), 원성실성(圓成實性)을 말하는 것 이외에 또 상무성(相無性), 생무성(生無性), 승의무성(勝義無性)을 말한다. 이 두 종파는 더 정미한 곳에서 차이가 나타난다. 모종삼의 말에 의하면[28] 『반야경』은 이미 있는 법에 의거해 반야의 묘용(般若之妙用)을 말했을 뿐 일체법은 근원이 하나라는 설명을 하지 않았기 때문에 하나의 계통이 아니지만 무릇 일체법의 연원이 하나라고 설명하는 것은 모두 하나의 계통이다. 예를 들어 『해심밀경』(解深密經) 및 전·후기 유식학은 한 계통이다. 화엄종(華嚴宗) 역시 한 계통이다. 천태종(天台宗)은 공종에 가장 가깝지만 공종이 아니기 때문에 모름지기 자신의 종지가 되는 것을 세워야 하였고, 그것 역시 계통성을 갖지만 그 계통성은 특별한 형태에

[28] 모종삼은 『열반경』(涅槃經)의 의리에 관한 상세한 분석은 그의 저작 『佛性與般若』(上册) (臺北學生書局, 1982년 수정 3판), 78-79쪽에 보인다.

속할 뿐이다! 이미 구분됨이 있으므로 이 측면에서 근원을 탐구해가면 원교(圓敎)의 문제를 만나게 된다.

천태종은 진원실교(眞圓實敎)의 의리를 발전시킴

원교는 중국 불학이 발전하여 천태종, 화엄종에 와서야 제기된 문제이다. 그것은 종교적 측면의 의미가 있고 또 역사적, 철학적 측면의 의미가 있다. 종교적 관점에서 볼 때 뒤에 일어난 모든 경론은 반드시 불설을 근거로 한다. 그러므로 이 천태종에는 곧 오시팔교(五時八敎)와 같은 설법이 있는 것이나. 만약 단지 이 한 가지 점으로 말하자면, 경론을 무시하는 선종 역시 속됨을 면할 수 없기 때문에 염화미소(拈華微笑)의 전설, 교외별전(敎外別傳)의 계보를 세우는 것을 배척해야만 한다. 표면상으로 볼 때 이것은 고증의 문제와 연관된다. 사실 이것은 본래 근본적인 문제의 핵심은 아니고, 신앙의 진실과 역사적 사실은 두 가지 서로 다른 차원에 속하는 문제이다. 사상문화사를 연구하는 학자로 말하자면, 사상의 발전은 언제나 변화해갈수록 번잡하게 되기 때문에 뒤에 일어난 사상은 반드시 처음의 창시자에게 충실하고 완전한 발전을 갖추고 있을 이유는 없다. 고증의 공부는 또 사상사 발전의 진실한 모습(眞相)을 나타내야 한다. 게다가 철학 의리의 관점에서 볼 때 이론적 전개의 전환점에는 일정한 노선과 층차가 있다. 예를 들어 모종삼이 살펴본 것은 바로 이 순수라는 층차이다. 이러한 관점으로 볼 때 종교의 제약만이 아니라 심지어는 고증의 제약 역시 큰 문제가 되지 않는다. 우리의 핵심적 관심은 이론적 의미의 전개에 집중되어 있지 사상 관념 발생의 선후 순서에 있는 것이 아니다.

모종삼은 반야는 공통된 인식으로서 당연히 논쟁[爭法]이 없기 때문에 소승과 대승을 구분하는 근거가 될 수 없고, 불성관념의 제시는 "성불이 가능한 근거"(成佛之所以可能)와 "성불은 어떤 형태에 의거하여 성불할 것인가가 바로 궁극"(成佛依何形態而成佛方是究竟)이라는 문제인데, 설법에 차이점이 있지만 이것이야말로 구분의 기초가 된다고 지적하였다.[29] 소승이 소승이 되는 까닭은 그 비원(悲願)이 부족한 점에 있는데, 중생을 버리고 자신의 깨달음만으로 끝나기 때문이다. 광대비원(廣大悲願)으로 이루어진 대승교법(大乘教法)은 서로 다른 설법이 있기 때문에 형태가 다르고 정도가 다른 대승이 있게 되었다. 예를 들어 『중론』의 교법은 그 체가 법공(法空)이라는 것을 빌려 나타냈는데, 만약 세계 내에 한정된 것이어서 심식(心識)에 근거하여 여전히 육식(六識)에 한정한 것이라고 말한다면, 비록 중생을 버리지 않아 대승이 된다고 하더라도 역시 한계가 있는 대승에 불과한 것이다. 이것은 물론 공종 교리에 대한 유일하게 가능한 해석은 아니다. 이처럼 한계가 있는 대승에 대하여 천태종은 곧 통교(通教)라 하였고, 화엄종은 공시교(空始教)라 하였다. 사제(四諦)로 말하면 무생사제(無生四諦)만을 말할 수 있을 뿐이지 무량사제(無量四諦)를 말할 수는 없다. 항사불법불성(恒沙佛法佛性)을 말해야만 일체법의 근원을 궁구하고 지극한 경지(至界) 밖을 궁구하여 비로소 무량의 경지(無量之境)에 이를 수 있게 된다. 이 무량사제에 대해서는 항상 서로 다른 설이 있는데, 곧 아뢰야 계통, 여래장 계통 및 천태원교(天台圓教)의 구분이 있다. 아뢰야 계통은 망식(妄識)을 주로 삼고 정문훈습(正聞薰習)을 객으로 삼는데 화엄종은 이것을 유시교(有始教)라 이름하고, 천태종은 별교

29 모종삼의 『열반경』의 의리에 관한 상세한 분석은 그의 저작 『佛性與般若』(上册), 112-122, 180-182쪽에 보인다.

(別敎)라 하였다. 모종삼은 이것을 시별교(始別敎)라고 판별한다. 만약 여래장을 자성청정심(自性淸淨心) 혹은 진여심(眞如心) 또는 진상심(眞常心)을 말한 것으로 이해하고, 인연에 따라 변하지 않는 두 가지 의미(二義)로 유전환멸(流轉還滅)하는 일체법을 설명한다면 여래장진심(如來藏眞心) 계통이 된다. 이것은 진심을 주체로 삼고 허망한 훈습을 객체로 삼기 때문에 궁극적 법의 근원(窮法之源)은 초월의 진심에까지 이르게 된다. 천태종은 이것을 '별교'(別敎)라 칭하고 화엄종은 이것을 '종교'(終敎)라 칭하였는데 대승의 마지막 단계가 되었다. 화엄종에 의하면 이 '종교(終敎)' 이상의 것은 화엄원교(華嚴圓敎)가 되는 것으로 곧 비로자나불(毘盧遮那佛) 법신(法身)을 분석해서 나타낸 것이다. 천태종은 그것을 여전히 별교로 보았다. 모종삼은 "성기"(性起) 계통이라 규정하고 '종별교'(終別敎)라고 판별하였다. 천태종은 『법화』(法華)의 개권현실(開權顯實), 발적현본(發迹顯本)을 통해 모든 권(權)·교(敎)의 유쟁법(有爭法)을 결정하고, 성문법(聲聞法)·아뢰야(阿賴耶)·여래장진심(如來藏眞心)을 결정하였다. 성(性)은 일체법을 구체적으로 갖추었기 때문에 무명즉법성(無明卽法性)이지만 법성이 주된 것이 된다. 이것은 하나의 "성구"(性具) 계통이 되어 변화무상한 원교가 되는데 또 유일한 원실교(圓實敎)이다.

선종은 초월을 내재에 깊게 들어가도록 함

모종삼은 순수하게 철학적 의리를 해석하는 각도에서 보아 천태를 진원실교(眞圓實敎)로 삼았는데[30] 매우 심오한 예지를 적확하게 나타

---

30 모종삼의 『열반경』의 의리에 관한 상세한 분석은 그의 저작 『佛性與般若』(上册), (臺灣學生書局, 1982년 수정 3판), 556-562쪽에 보인다.

냈다. 독자들이 상황을 상세하게 이해하고자 한다면 그의 대작 『불성과 반야』(佛性與般若)를 정미하게 음미하면 될 것이므로 여기에서는 더 말하지 않기로 한다. 그러나 사상사의 각도에서 본다면 또 한 가지 다른 시각을 드러내게 된다. 인도 불교가 중국에 전래되면서 수백 년 동안 소화하고 흡수하는 과정을 경과하게 되었고, 수·당시대에 이르러서 곧 중국적 특색이 풍부한 원돈지교(圓頓之敎)를 창안하였다. 그렇지만 그 발전의 궤적은 결코 모종삼이 말한 철학적 노선과 부합하는 것이 아니라 천태종으로부터 화엄종에 이르렀고 마침내 선종에서 대성하게 된 것이다. 이 문제는 또 어떻게 해석할 것인가? 우선 우리는 한 가지 오해를 분명히 해소해야 한다. 혹자는 전통의 중국적 사유방식은 공허한 논변 및 번쇄한 명상 분석(名相分析)을 항상 좋아하지 않았다는 것이다. 이것이 비록 잘못된 것은 아니지만 불교를 흡수하는 과정에서 중국인은 오히려 조직적으로 많은 경전 번역 작업을 하였을 뿐만 아니라 불교의 이론에 있어서도 이전에 없었던 창조적 발전을 하였다. 이것은 중국인에게 밖으로부터 들어온 매우 이질적인 것을 배워 더욱 발전시키는 능력이 있음을 말해주는 것이다. 그렇지만 공종의 정미한 논변과 유종의 명상 분석은 결국 중국인들이 매우 좋아하지 않았으므로 흡수하여 소화한 뒤에는 더 나은 창조적 발전을 시켜야 했지만 두 종파의 위치는 시종일관 시교(始敎)의 범위 내에 있었다. 천태종의 의리는 모종삼이 말한 것처럼 진원실교의 의리를 발전시켰지만 천태종의 괴이한 표현방식, 다시 말하면 무명에서 법성(法性)을 말하는 것 내지는 염정(染淨)은 같은 것이라고 한 유형의 표현 방식은 중국인의 구미에 잘 맞지 않아 점차 쇠락하게 되었다. 대다수의 중국학자들은 천태종, 화엄종 사이에서 비교적 화엄종에 치우치는 경향이 있었지만 사실 이상할 것도 없다. 화엄종의 설법에 의하면 천태종은 "동교일승

원교”(同教一乘圓教)로, 즉 권(權)으로 원실(圓實)을 드러내지만 화엄종은 “별교일승원교”(別教一乘圓教)이고, 천태종은 그것을 일권(一權: 別) 일실(一實: 圓)로 삼아 각자 서로 연관되지 않는 것, 즉 이른바 “연리단구(법계)”[緣理斷九(法界)]로 삼는다. 이렇게 한번 나누어 그 우월함을 드러냄으로 인하여 그 칭법본교(稱法本教)를 성취하는 것이지 축기말교(逐機末教)는 아니라고 한다. 이러한 원교는 어쩌면 바로 모종삼이 말한 것처럼 결코 천태종이 불성에는 항하사(恒河沙)와 같이 많은 십법계(十法界)의 불성을 구족하고 있기 때문에 불성이 된다고 한 진원실교(眞圓實教)가 아니라고 할 수 있다. 그러나 화엄의 진상심(眞常心) 계통은 적어도 표면상으로 볼 때 분명히 비교적 유가의 성선관념에 가까워 중국인들이 받아들이기 쉬웠다. 그러나 화엄의 경지가 비록 고차원적(高超)이기는 하지만 그 경론은 바다와 같이 광대하여 사람들이 소화하기 어려웠기 때문에 종밀(宗密)과 같은 사람들을 통해 방향을 전환하면서 선종이라는 더 직접적인 길로 나가게 되었다. 이것은 중국인의 실용적인 성격과 분명히 더 잘 맞았다. 이른바 ‘물을 긷고 땔나무를 하는 것’(挑水擔柴) · ‘오묘한 도가 아닌 것이 없음’(莫非妙道)과 같은 것으로, 선종이 중국에서 창성한 것은 결코 우연히 그렇게 된 현상이 아니다.

마지막으로 양행의 도리라는 각도에서 관찰하면 불교는 처음부터 중도의 사상을 나타냈다. 다시 말해 초월하면서 내재하는 것으로 두 측면을 모두 살피는 시각을 견지해야 한다는 말이다. 그러나 불교 발전의 과정에서 초월이라는 한 측면이 시종일관 내재라는 다른 한 측면을 주도하였다. 소승만이 출세의 종교인 것이 아니라 대승의 집착을 깨부수려는 논변이 정미하고 또 각 방면에서 여러 가지 논의를 하여 연기공성(緣起空性)의 의미를 분명하게 밝혔는데, 비록 중도(中道)를 말하였지만 세속에 대해 새롭게 세운 것은 없다. 불교가 인도에서 중국으로 전래되면서 중국문화의 영향을 받아 갈수록 내재입세(內在入世)의 경향이 강화되었다. 선종은 "당하즉시"(當下卽是)를 긍정함으로써 이미 초월을 내재에 깊숙이 들어가게 만들었는데 바로 육조(六祖)가 말한 "불법은 세간에 있으니 세간을 떠나지 않고 깨닫는다"(佛法在世間, 不離世間覺)고 말한 것과 같게 되어 불가사상의 의리의 규모는 이미 더 이상 나갈 수 없을 정도가 되었다. 그러나 불가의 관점에서 볼 때 불가는 인륜일용(人倫日用)에 대해 단지 속제(俗諦)의 입장에서 방편적인 방법으로 받아들일 수 있었을 뿐 근본적인 긍정을 할 수는 없었고, 동시에 불가의 공이라는 이치[空理] 역시 결국 천지 사이에 생생불이(生生不已)한 천리의 존재와 작용을 긍정할 수 없었기 때문에 성리(性理)·사리(事理)라는 두 측면에 대해 항상 문제점이 있었으며, 여전히 초월에 편벽되고 내재에 대해서는 충분하지 않았다. 이것이 웅십력 선생이 유식론(唯識論) 이외에 신유식론(新唯識論)을 세워 대역생생(大易生生)의 종지를 펼칠 수밖에 없었던 이유이다! 여기에는 분명 패러다임에서 근본적 차이가 있다. 그러므로 피차간에 타협하고 조정하기 어렵다. 아래에서 우리는 시야를 바꾸어 유가사상이 담고 있는 양행의 도리의 의미를 토론하지 않을 수 없다.

4. 유가의 "양행의 도리"에 대한 해석

유가에도 초월의 일면이 있음

중국사상사에서 한 가지 흥미로운 현상은 "내성외왕", "양행"과 같은 용어가 『장자』에서 나오지만 오히려 유가사상의 특색을 더욱더 잘 표현하였다는 점이다. 유가사상에서도 똑같이 초월과 내재라는 두 측면이 있지만 불가, 도가 두 학파가 마주하였던 문제와는 상반된 것으로, 불가와 도가사상은 매번 내재라는 한 측면을 무시하였다고 비판을 받고, 유가사상은 매번 초월이라는 한 측면을 무시하였다고 비판을 받는다. 많은 서양의 선교사들은 유가에는 매우 높은 수준의 도덕윤리(내재)가 있지만 종교 신앙(초월)이 결핍되었기 때문에 기독교로 이 결점을 보완해야 한다고 분명히 말하였다. 아마도 많은 중국인들은 스스로 우리의 전통에는 종교 신앙이 필요하지 않다고 생각할 것이다. 이 두 가지 설이 비록 상반되지만 똑같이 유가사상에는 초월의 측면이 결핍되었다고 생각한다.

만약 종교의 의미가 하나의 초자연적 신을 믿고 하나의 영원한 천국을 희구하는 것이라면, 중국인의 사상은 분명히 절대다수가 현세적이고 비종교적이다. 그러나 무신(無神)이 반드시 비 종교는 아니다. 불교가 바로 하나의 분명한 사례이다. 현대학자들은 종교에 대해 비교적 관용적이고 광범위한 이해를 취한다. 예를 들어 틸리히는 종교 신앙을 "궁극적 관심"(終極關懷)으로 본다.[31] 이러한 각도에서 볼 때 유가가 비록 조직적인 종교는 아니지만 사람들에게 안심입명의 장소를 제공할 수 있으므로 그것에 심원한 종교적 의미가 있다고 말하지 않을 수 없다.[32] 현대 신유가는 매번 이러한 각도에서 유가사상을 "내재초월"의 형태라는 것으로 기독교의 "순수초월"(純粹超越)의 형태와 비교하

---

31 Cf. Paul Tillich, *Dynamics of Faith* (New York: Harper &. Brothers, 1957), p. 1.

32 Cf. Shu-hsien, Liu, "The Religious Import of Confucian Philosophy: Its Traditional Outlook and Contemporary Significance", *Philosophy East and West*, Vol. XXI, No. 2 (April, 1971), 157-175. 또 劉述先, 「儒家宗教哲學的現代意義」(『生命情調的抉擇』, 臺北: 學生書局新版, 1985), 55-92쪽 참조.

여 논의하는 것을 좋아한다. 사실상 유가사상의 종교적 의미를 바르게 보아야만 기독교가 중국에 전파되었으면서도 큰 성공을 거두지 못한 이유를 충분히 이해할 수 있다. 틸리히가 지적한 것처럼 신앙만이 신앙에 저항하는 작용을 형성할 수 있다.[33] 중국의 전통은 줄곧 유·불·도를 3교로 삼았다 여기에서 교(教)라는 글자의 의미는 당연히 우리가 현재 말하는 종교(Religion)는 아니지만 유가사상이 불가·도가사상과 같이 또 종교적 의미를 갖고 있다는 점은 의심의 여지가 없다. 유가사상은 내재적 측면이 있고 또 초월적 측면이 있다. 아래에서 우리는 양행의 각도에서 유가사상에 담겨진 의리(義理)를 밝혀보도록 한다.

"천"은 공자의 초월 방향임

먼저 우리는 공자로부터 논의를 시작하기로 한다. 『논어』에 의하면 공자의 관심은 우리의 일상생활에서 떠나지 않고 그때그때 가르침을 주면서 심오한 지혜를 드러냈는데 흡사 매우 분명히 내재적 측면에 편향된 것 같이 보인다. 그 자신은 일찍이 이렇게 말하였다.

> 사람이 도를 넓히는 것이지 도가 사람을 넓히는 것이 아니다.[34]

자공(子貢)의 증언에 의하면 다음과 같다.

> 선생님께서 문장에 대하여 말한 것은 들을 수 있었지만 선생님께서 성

---

33 Thomas S. Kuhn, *The Structure of Scientific Revolutions* (Chicago: The University of Chicago Press, 1962), pp. 81-82.

34 [옮긴이] 『論語』「衛靈公」제15: "人能弘道, 非道弘人."

(性)과 천도(天道)를 말한 것은 들을 수가 없었다.[35]

공자가 말한 것은 모두 매우 실제적인 것이다. 자공이 말한 "절실하게 묻고 비근한 것으로부터 생각하여 나간다"(切問而近思)[36]는 것처럼 흡사 완전히 현묘한 사유[玄想]에 대한 흥미를 결핍하고 있는 것 같다. 만약 공자가 표현한 생명정조(生命情調)가 중국문화의 특징을 반영한 것이라고 한다면, 헤브라이의 종교 신앙, 희랍의 철학적 사유와는 전혀 다른 것이다. 이것은 매우 정확한 것이다. 그러나 우리가 공자는 철저하게 인문주의자로 초월적 경향을 완전히 결핍했다고 단인하여 말할 수 있겠는가? 이렇게 말한다면, 공자의 정신생활에 대한 무지를 드러낸 것으로 지지할 수 없는 논점이다. 만약 우리가 『논어』의 내용을 자세하게 살펴보면 곧 공자는 결코 과두적(寡頭的) 인문주의자가 아니고, 천은 언제나 그가 귀향하였던 정신적 원천이라는 것을 발견할 수 있다. 그러므로 비록 그가 "천인합일"(天人合一)이라는 용어를 사용하지 않았지만 이것은 그의 기본적 사상과 체험적 특징을 반영하였다.

그렇다. 공자는 당시 세속에 유행하였던 몇몇 신앙에 대하여 비판과 부정적 태도를 취하였다. 예를 들어 그는 귀신을 공경하되 멀리하라고 주장하였고, 또 무의미한 기도를 하는 것과 같은 유형을 거절하였다. 그러나 그는 천에 대해서는 오히려 귀신에 대한 것과는 완전히 다른 태도를 취하였는데 경외하였을 뿐만 아니라 우러러 받들었다. 이것은 우리가 매우 주목해야 할 가치가 있다. 비록 공자가 『논어』에서 가장

---

35 [옮긴이] 같은 책, 「公冶長」 제5: "夫子之文章可得而聞也, 夫子之言性與天道, 不可得而聞也."

36 [옮긴이] 같은 책, 「子張」 제19.

많이 말한 것이 인(仁)이라는 것은 말할 필요도 없지만 공자는 결코 천을 전혀 말하지 않은 것이 아니다. 사실 우리는 『논어』를 통해 공자의 천에 대한 관점을 분명히 알 수 있다. 자공이 말한 것과 같이 "들을 수가 없었다"(不可得而聞)고 한 것과는 다르다! 왜냐하면 학생의 수준이 높지 않았기 때문에 공자는 이러한 문제를 별로 말하고자 원하지 않았던 것이지 결코 공자가 이러한 측면의 문제에 대하여 일정한 관점이 없었기 때문은 아니다. 『논어』에는 여전히 충분한 자료가 있으므로 우리는 이 문제에 대해 탐구할 수 있다.

『논어』에서 천을 논한 것은 대체로 두 가지 유형으로 귀납할 수 있다. 하나는 감탄사로 안연의 죽음에 공자가 "오! 하늘이 나를 버렸다! 하늘이 나를 버렸다!"(噫! 天喪予! 天喪予!)[37]고 한 것, 또 그가 광(匡)이라는 곳에서 포위되어 곤경에 처했을 때 "문왕께서 돌아가신 뒤로 (주나라의 예악) 문화가 여기 (나에게) 있지 않는가? 하늘이 이 문화를 없애려고 한다면 후세에 나온 내가 이 문화에 참여할 수 없었을 것이다. 하늘이 이 문화를 없애려고 하지 않는데 광(匡) 땅의 사람이 나를 어찌할 수 있겠는가?"(文王旣沒, 文不在茲乎, 天之將喪斯文也, 後死者不得與于斯文也; 天之未喪斯文也, 匡人其如予何?)[38]라고 말한 것과 같은 것이다. 이 유형에는 매우 심오한 이론상의 함의는 없고, 또 전통적으로 상천(上天)을 의지가 있는 주재자로 보는 관념과도 충돌하지 않는다. 대체로 사람은 궁박함에 처하게 되면 곧 천에 호소한다. 이것은 일반인들의 자연스런 심리적 반응으로 이론적으로는 결정적 역할을 하지 않는다. 그러므로 우리가 공자의 초월적 태도를 이해하는데

37 [옮긴이] 같은 책, 「先進」 제11.

38 [옮긴이] 같은 책, 「子罕」 제9.

있어서 별 도움이 되지 않는다.

다른 한 가지는 실질적 함의가 있는 것으로 몇 가지 매우 중요한 것이 있다. 우리는 아래에서 그 내용을 인용하기로 한다.

① 왕손가(王孫賈)가 물어 말하였다. "방 아랫목에 아첨하느니 차라리 부엌 아궁이에 아첨하는 것이 좋다고 한 것은 무슨 뜻입니까?" 공자가 말하였다. "그렇지 않습니다. 하늘에 죄를 지으면 빌 곳이 없습니다."[39]

② 공자가 말하였다. "나는 말하지 않으려고 한다." 자공이 말하였다. "선생님께서 만약 말씀하시지 않는다면 저희들은 무엇을 배워서 전하겠습니까?" 공자가 말하였다. "하늘이 무슨 말을 하던가? 사시사철이 운행되고 만물이 자라지만 하늘이 무슨 말을 하던가?"[40]

③ 공자가 말하였다. "군자에게는 세 가지 두려워하는 바가 있다. 천명을 두려워하고, 대인을 두려워하고, 성인의 말씀을 두려워한다. 소인은 천명을 알지 못하기 때문에 두려워하지 않고 대인에게 함부로 굴며 성인의 말씀을 업신여긴다."[41]

④ 공자가 말하였다. "나는 열다섯 살에 배움에 뜻을 두었고, 서른 살에 자립을 하였으며, 마흔 살에 미혹되지 않게 되었고, 쉰 살에는 천명을 알게 되었고, 예순 살에는 귀로 듣는 대로 모든 것이 순조롭게 이해되었고, 일흔 살에는 마음이 내키는 대로 좇아도 법도를 넘지 않게 되었다."[42]

---

39 [옮긴이] 『論語』「八佾」 제3: "王孫賈問曰: '與其媚于奧, 寧媚于灶, 何謂也?' 子曰: '不然, 獲罪于天, 無所禱也.'"

40 [옮긴이] 같은 책, 「陽貨」 제17: "子曰: '予欲無言.' 子貢曰: '子如不言, 則小子何術焉.' 子曰: '天何言哉, 四時行焉, 百物生焉, 天何言哉.'"

41 [옮긴이] 같은 책, 「季氏」 제16: "子曰: '君子有三畏, 畏天命, 畏大人, 畏聖人之言. 小人不知天命, 而不畏也. 狎大人, 侮聖人之言.'"

42 [옮긴이] 같은 책, 「爲政」 제2: "子曰: '吾十有五, 而志于學, 三十而立, 四十而不惑, 五十而知天命, 六十而耳順, 七十而從心所欲, 不逾矩.'"

① 공자의 세속 신앙에 대한 결연한 태도로 우리는 천을 평가할 수 있는 대상으로 볼 수 없다는 점을 설명한다. 이것은 이미 공자가 사상적으로 어느 정도 뛰어 넘었다는 것을 나타낸 것이다.

② 공자의 천에 대한 이해가 전인미답의 새로운 경지에 도달하였음을 나타낸다. 천의 창조적 역량은 세상에서 암묵적으로 운동되어 계절의 변화, 만물의 성장, 대자연의 일정한 질서를 형성하지만 우리는 천의 의지를 완전히 볼 수 없고, 또한 천의 말을 들을 수 없다. 천이 여기에서 나타낸 것은 "비인격"(非人格)적 성격이지만 공자는 오히려 이것을 모범으로 삼았다.

③ 천명의 초월성을 가리키는 것이다. 일반적으로 사람들은 천의 의지와 작위를 볼 수 없기 때문에 상천에 대한 경외감을 상실하였다. 그러나 덕행이 있고 지혜가 있는 군자는 도리어 경외감을 가지고 있어서 천명을 두려워하고(畏天命), 대인을 두려워하며(畏大人), 성인의 말(聖人之言)을 두려워한다. 이 세 가지 사이에는 어떠한 내재적 연계가 있다는 것이 분명하다.

④ 공자의 학문적 사유 과정을 회고한 것이다. 그는 50세라는 성숙한 나이에 이르러서야 천명의 의미를 심오하게 이해하였다. 아래의 내용은 곧 공자의 이러한 사유와 체험에 대한 발전적 탐구를 한 것이다.

사람이 도를 넓히는 것이지 도가 사람을 넓히는 것은 아님

먼저 우리는 세속 신앙의 귀신에 대해 공자가 비록 직접적으로 그들의 존재를 부정한 것은 없다고 하더라도 그들의 중요성을 부정하였음을 볼 수 있다. 이것은 하나의 "비신화화"(解消神話, demythologization)의 노력이라고 말할 수 있는데,[43] 당시에는 보기 드문 표현이다. 그렇지만 공자는 천의 신비성을 제거하려고 시도하지는 않았다. 이와는 반대로 천에 대한 신앙을 보존하는 것 이외에 또 수많은 중요한 내용을 덧붙였다. 공자의 입장에서 볼 때, 천은 여전히 초월성 주재성을 갖는다. 그러나 공자가 강조한 천의 창조성은 암묵적인 운행의 방식을 취하기 때문에 지혜로운 사람은 곳곳에서 천의 작위, 대자연의 질서에 법칙이 있음을 볼 수 있지만 상천의 의지가 강제로 간여하는 것은 볼 수 없을 뿐이다. 현대 실존주의 신학자 D. 본회퍼(Dietrich Bonhoeffer)가 옥중수기에서 말한 것처럼 인간의 시대가 도래 하면 신[上帝(天)]이 인간을 창조한 것, 신의 뜻[意旨] 등은 사람들이 신의 힘[神力]에 의지하지 않고도 세계에 대한 책임을 짊어질 수 있다. 유가사상은 2천 년 전에 이미 서양의 현대와 같은 "속세화"(俗世化, secularization)의 역정을 시작하였다. 공자가 말한 "사람이 능히 도를 넓힐 수 있지 도가 사람을 넓힐 수 있는 것이 아니다"(人能弘道, 非道弘人)는 것은 반드시 이러한 시각에서 보아야만 그 깊은 의미를 파악할 수 있다. 공자는 결코 도의 진실성을 부정하려는 것이 아니다. 그가 강조한 것은 초월의 도가 인간에게서 실현되어야 한다는 것으로 반드시 사람 자신의 역량에 의지해야 하는 것이지 초자연적 기적을 기다릴 수는 없다는 점이다. 이것이 바로 "선생님께서는 괴력난신을 말하지 않았다"(子不語, 怪力亂神)[44]고 한 까닭이다. 공자가 전파한 것은 니체가 말한 "현세적 복음"(現世的福音)으로 직접 책임을 지는 것이지 고원하게 피세의 태

---

[43] 현대 유럽 신학자 루돌프 불트만(Rudolf Bultmann)은 전통 기독교 신앙의 신화적 성격을 해소하여 기독교의 참된 의미를 세상에 밝히려고 시도하였다. 유가사상은 선진시대에 이미 신화를 해소하려는 노력을 하였지만 오히려 사람들은 유가사상에는 종교적 의미가 결핍되었다고 오해한다. 이것으로부터 우리는 사상의 탄생에 대한 그에 상응하는 이해가 쉽지 않음을 볼 수 있다.

[44] [옮긴이]『論語』「述而」제7.

도를 취하는 것이 아니다. 그렇게 하여 체현한 것이 바로 일종의 "안 되는 줄 알면서 한다"(知其不可而爲)[45]는 정신이다. 공자는 현생(내재)을 중시하였다. 그러므로 자로를 훈계하면서 "삶을 아직 알지 못하는데 어찌 죽음을 알겠는가?"(未知生, 焉知死)[46]라고 말한 것이다. 그러나 그는 사람이 삶을 탐하고 죽음을 두려워해야(貪生怕死) 한다고 한 것은 아니다. 그러므로 이렇게 말하였다.

> (공자가 말하였다.) "뜻이 있는 선비와 어진 사람은 삶을 추구하기 위하여 인을 해치지 않고 자신을 죽여서라도 인을 이룬다."[47]

그런데 공자가 삶과 죽음에 대해 이처럼 초탈한 태도를 취할 수 있었던 것은 바로 이미 자신의 '궁극적 관심'을 확립하였기 때문이다. 이른바 "아침에 도를 깨달으면 저녁에 죽어도 가하다!"(朝聞道, 夕死可矣!)[48]는 바로 "초월"의 배경을 가지고 있는 것이다. 그러므로 그의 일생에서 비록 그의 뜻을 성취할 수는 없었지만 오히려 전혀 유감이 없었던 것이다.

> 하늘을 원망하지 않고, 사람을 탓하지 않는다. 아래로부터 배워 위로 통달한다.[49]

그 역시 세상 사람들의 이해를 구하지 않았다. 그가 생각하는 편안

---

45 [옮긴이] 같은 책, 「憲問」 제14.

46 [옮긴이] 같은 책, 「先進」 제11.

47 [옮긴이] 같은 책, 「衛靈公」 제15: (子曰:) "志士仁人, 無求生而害仁, 有殺身以成仁."

48 [옮긴이] 같은 책, 「里仁」 제4.

49 [옮긴이] 같은 책, 「憲問」 제14: "不怨天, 不尤人, 下學而上達."

함(安慰)은 다른 데에 있었다. 그러므로 "나를 아는 자는 하늘이리라!"(知我者其天乎!)라고 말하였다. 그가 세웠던 것은 바로 일종의 "내재이면서 초월하는"(內在而超越) 사유 방식이다.

근래에 몇몇 학자들은 공자사상의 종교적 의미를 보았지만 또 공자가 숭상하고 믿었던 것은 전통적 인격신의 관념이라는 관점을 견지한다. 이러한 해석은 공자가 천의 핵심 내용을 비인격성의 측면으로 전환하였음을 보지 못한 것이다. 또 어떤 사람은 "나는 말하지 않고자 한다"(予欲無言)라는 장절의 진실성을 의심한다. 왜냐하면 이 장은 「양화」(陽貨)편 제17에 나오는데, 『논어』의 마지막 몇 장은 비교적 믿을 수 없고 뒤에 나온 자류가 덧붙여진 것일 가능성이 있기 때문이라고 한다. 만약 "나는 말하지 않고자 한다"라는 장절이 이 사상의 유일무이한 고립적인 증거라고 말한다면 이와 같은 의심은 합리적이라고 말하지 않을 수 없다. 최근에 나는 이러한 회의적 태도에 대해 효과적으로 반박할 수 있는 것을 발견하였다. 만약 우리가 눈을 천(天)이라는 글자에만 두지 않고 머리를 돌려 사람[人]을 보게 되면 의외의 발견을 할 수 있다. 공자가 가장 존경한 성왕은 요·순인데 맹자가 말한 "중니는 요·순을 조술하고 문·무를 헌장하였다"(仲尼祖述堯舜, 憲章文武)는 관점에서 우리가 『논어』 속의 자료를 한 번 살펴보면 공자가 어떻게 요·순의 덕행을 찬미하였는지를 알 수 있다! 아래에 있는 몇 가지 조목의 자료는 우리에게 생각지도 못하였던 안목을 줄 것이다.

⑤ 공자가 말하였다. "위대하도다, 요임금이여! 위대하도다, 오직 하늘만이 크다고 하였는데 요임금은 그것을 본받았도다. 너무도 광대하여 백성들은 그것에 이름을 지을 수 없었도다. 위대하도다, 그가 이룩한 공적이여!

빛나도다, 그의 예의법도여!"[50]

⑥ 공자가 말하였다. "애쓰지 않고도 잘 다스리는 분은 순임금이시다. 어찌 하였겠는가? 자신을 공손히 하고 바르게 남쪽을 향해 낮아 계셨을 따름이었다."[51]

⑦ 달항 고을의 사람(達巷黨人)이 말하였다. "위대하도다, 공자는! 박학하면서도 명성을 이룬 바가 없다."[52]

⑧ 공자가 말하였다. "덕으로 정치를 하는 것은 마치 북극성이 제자리에 있고 여러 별들이 이를 떠받들며 돌고 있는 것과 같은 것이다."[53]

공자는 요임금을 칭찬하면서 그는 하늘을 법칙으로 삼는다고 말하였고, 요임금 역시 하늘과 같아서 그 덕성의 위대함은 근본적으로 일일이 열거하여 말로 칭송할 수가 없으며, 그가 표현한 외면적인 공업(功業), 문장(文章)은 사람들이 함께 보았던 것이라고 하였다. 그러므로 이 천의 특색은 곧 무위(無爲)의 다스림이고, 이것은 마침 순임금이 실현한 이상이다. 사실 공자에 대한 칭찬도 동일한 것의 연장이다. 공자는 재주가 두루 통달한 인물로 어떤 한 가지를 전문적으로 이해한 전문가가 아니었기 때문에 어느 한 가지의 특정한 범위 내에서 그의 명예를 찾을 수는 없다. 마지막으로 공자는 천상(天象)으로 인사(人事)를 비유한다! 이것은 『논어』에서 일관된 방법이다. 북극성이 상징하는 것은 바로 이와 똑같은 이상이다. 그것이 또 무슨 의심할 점이 있겠는

50 [옮긴이] 같은 책, 「泰伯」 제8: "大哉堯之爲君也, 巍巍乎唯天爲大, 唯堯則之. 蕩蕩乎民無能名焉, 巍巍乎其有成功也, 煥乎其有文章."

51 [옮긴이] 같은 책, 「衛靈公」 제15: "子曰: '無爲而治者其舜也與! 夫何爲哉, 恭己正南面而已矣!'"

52 [옮긴이] 같은 책, 「子罕」 제9: "達巷黨人曰: '大哉公子, 博學而無所成名.'"

53 [옮긴이] 같은 책, 「爲政」 제2: "子曰: '爲政以德, 譬如北辰, 居其所而衆星共之.'"

가! 무위의 다스림이라면 자연과 인사에 대한 천의 의지의 간여는 볼 수 없다. 그러므로 표현된 것이 "비인격성"의 천이 아니라면 또 무엇이란 말인가! 볼 수 없고 들을 수 없고 만질 수도 없는 천명에 대하여 마음속으로부터 경외감을 갖는 이것이 바로 지혜가 있고 수양이 된 군자의 행위이지 일반적인 소인이 할 수 있는 것은 아니다.

마지막으로 다시 "오십 세에 천명을 알았다"(五十而知天命)는 장절의 의미를 간략히 해석하기로 한다. 서복관(徐復觀)은 한 가지 민감한 관찰을 하였다. 『논어』 중에서 "명"(命)만을 말한 곳에서 가리키는 것은 흔히 외재적 운명이지만 "천명"(天命)은 도리어 내재에 관련된 것으로 매우 깊은 경외와 강렬한 책임감을 나타내었다.[54] 이것은 잘못된 것이 아니다. 그러나 내가 매번 생각해 볼 때마다 드는 의문은 왜 공자는 50세라는 성숙한 나이가 되어야만 지천명(知天命)의 의미를 충분히 이해할 수 있다고 했는가? 이것은 중용의 "하늘이 준 것을 성이라 한다"(天命之謂性)에서 말하는 천명으로만 해석하면 안 된다. "삼십에 자립했다"(三十而立)에서 자립에는 (천명이) 공자가 비록 분명하게 말하지는 않았지만 '나'라는 사람이 품부 받은 성품에 있는 것이기 때문에 사십에 이미 불혹하고 마침내 오십이 되지 않아 자신이 품부 받은 성품을 안 것이다! 다시 오십 세에 천명을 알았다는 것과 육십 세에 귀로 듣는 대로 모든 것이 순조롭게 이해되었다는 것을 연결해서 한 번 이해를 해보면 곧 사람이 노년에 이르러야 자기가 품부 받은 바를 분명히 알 뿐만 아니라 또한 자기의 한계를 알게 된다. 송대 유학의 학설로 말하면 자신의 "리명"(理命)을 이해하고, 또 자신의 "기명"(氣命)을 이해한다는 것이다. 사람이 설령 자신의 품부 받은 바를 충분히

---

[54] 徐復觀, 『中國人性論史』(先秦篇), (臺北, 東海大學, 1963), 83-90쪽.

파악하였다고 하더라도 또 여전히 태어날 때부터 타고난 큰 한계를 받아들여야 한다. "일흔 살에는 마음이 내키는 대로 좇아도 법도를 넘지 않게 되었다"(七十而從心所欲, 不逾矩)에서 체현한 것은 바로 규범 속의 자유이지 규범이 없는 자유가 아니다.

종합하여 말하면 공자가 나타낸 것은 확실히 내재이면서 또 초월이라는(旣內在而又超越) 형태이다. 그의 많은 관심은 내재라는 일면이지만 도덕이든 정치이든 모든 곳에 초월적 배경이 가득하다. 비록 그가 "천인합일"이라는 용어를 사용하지 않았지만 그의 사유는 의심할 여지없이 이러한 사상의 형태에 속한다. 그러므로 천은 초월적 창조 역량이고, 자연과 인사 질서의 근원이기 때문에 사람은 천을 모범으로 삼는다고 깊게 믿었다. 그러나 우리는 또 동시에 천과 인의 분수성을 강조해야 한다. 공자의 일생은 초월적 천에 대해 깊은 경외감을 가지고 있었기 때문에 조금도 감히 비난할 수 없었다! 자신의 한계에 대해서는 더 잘 이해하고 있었다. 이러한 각도에서 볼 때 공자는 의심할 여지없이 종교적 정감이 매우 깊었던 인물이다. 비록 그가 믿었던 천이 기독교의 신과 매우 다른 얼굴로 나타났다고 하더라도 말이다.

나는 적지 않은 지면을 통해 공자에 대하여 말하였다. 이것은 필요한 것이다. 왜냐하면 공자는 우리 문화의 정신적 원천이지만 또 논쟁의 여지가 많아 그를 분명하게 말하지 않으면 계속해서 논의하기 어렵기 때문이다. 그러나 공자의 사상이 비록 (유가철학의) 기초를 세웠지만 완성시키지는 못하였다. 그에게는 분명히 심성론이 없었고, 이 작업은 맹자에 의하여 이루어졌다. 나는 여기에서 맹자에 대해 자세하게 논의할 생각은 없다. 나는 다만 그의 심성론의 이론적 효과를 간략히 설명함으로써 그것이 '양행의 도리'라는 측면에서의 함의를 충분히 드러낸다면 만족한다.

양지양능의 초월적 근원

맹자사상의 강령은 모종삼의 말을 써서 표현한다면 "인의는 내재하는 것이고, 성은 심으로 말미암아 나타난다"(仁義內在, 性由心顯)는 것이다. 맹자의 사단, 즉 이른바 측은지심(惻隱之心), 수오지심(羞惡之心), 사양지심(辭讓之心), 시비지심(是非之心)에 대하여 우리는 절대 경험심리학의 "동정심"과 같은 유형의 개념을 사용하여 비교할 수 없다. 만일 비교한다면 곧바로 수렁에 빠지게 된다. 맹자가 사용한 것은 귀납방법이 아니다. 사단은 양지가 나타난 것이므로 (위정자는) 반드시 높은 차원의 자각을 통해 힘써 확대하고 충실하게 해야만 비로소 세상을 보호할 수 있다. 그렇지 않으면 결국 처자식도 보호할 수 없게 된다. 맹자는 한편으로 사람에게는 의지자유가 있다고 예비하였고, 다른 한편으로는 또 인의에 따라서 일을 처리하게 되면 반드시 효과가 있다고 예비하였다. 그는 결코 동기론과 효과론, 의무론과 목적론을 나누지 않았다. 그는 마음의 주재성[主宰]을 매우 중시하였다. 그러므로 아래와 같이 말하였다.

> 마음이라는 기관은 사유하는 것으로, 사유를 하면 이해할 수 있고 사유하지 않으면 이해할 수 없다.[55]

이것은 분명히 내가 말한 것에 상응하는 구조를 담고 있다. 이러한 마음은 "본심"(本心)이고, 마음의 연원은 천(天)에 있다. 그러므로 '마음을 다하면 성을 알 수 있고, 하늘을 알 수 있는'(盡心, 知性, 知天)

---

[55] [옮긴이] 『孟子』 「告子 上」: "心之言則思, 思則得之, 不思則不得也."

것이다. 알 수 있는 것은 바로 나라는 사람의 "본성"이다. 이것이야말로 성선이라 말할 수 있다. 순수하게 재질(材質)이라는 측면에서 볼 때 사실 사람을 반드시 성선 혹은 성악이라고 말하기는 매우 어렵고, 사람은 선악이 혼재한다거나(善惡混) 선도 없고 악도 없다(無善無惡)고 말하는 것이 실재에 좀 더 가깝다. 맹자 역시 사람이 현실적으로 악하다는 것을 부정하지 않는다. 그는 다만 사람이 선하다는 것은 심성의 근거가 있고, 궁극적인 초월 근원은 하늘에 있다고 인정한다. 우리가 천을 충분히 알 수 있는 것은 바로 우리의 심성에 품부된 양지와 양능을 발휘할 수 있기 때문이다.

이것으로부터 맹자는 심성론의 발전이라는 방식으로 공자의 예지를 계승하였음을 볼 수 있다. 한편으로 볼 때 그 역시 철저한 인문주의자였다. 그러므로 그는 『시경』을 인용하여 '하늘(의 뜻)을 살펴보려면 자신의 백성(의 뜻)을 보고, 하늘(의 뜻)을 듣고자 한다면 자신의 백성(의 뜻)을 들으라'(天視自我民視, 天聽自我民聽)는 말을 하였는데, 그의 관심 역시 공자와 똑같이 "내재"라는 측면에 기울었다. 그러나 그가 도덕과 정치를 논의한 것은 똑같이 없어서는 안 될 "초월"적 배경을 가지고 있다. 다만 유가에서 초월을 파악하는 방식은 기독교와 완전히 다르다. 기독교는 반드시 종교적 활동과 세속의 활동을 나누지만 유가는 오히려 세속적인 활동에 신성성(神聖性)이 충만하다고 생각한다. 기독교는 그리스도에 대한 신앙에 의지하고 타력(他力)을 통해서만 구원을 받을 수 있지만 유가의 성인은 자신의 가르침으로 일깨움을 주어 사람들이 스스로 자아실현을 하게 한다. 백성의 타고난 천성에 법칙이 있다고 한다면 자연히 만물은 모두 나에게 갖추어져 있음을(萬物皆備於我) 어렵지 않게 이해할 수 있다. 때문에 자신을 반성하고 살펴 성실히 한다면 즐거움의 경지는 그보다 더 큰 것이 없다. 그러므로 "군자는 지나는 곳에 교화가 되며, 마음에 두고 있으면 신묘해진다. 그러므로 상하가 함께 흐른다(所過者化, 所存者神, 上下與天地同流)[56]고 한 것이다. 『중용』(中庸)에서 '천지와 함께 한다'(天地參)고 말한 것은 맹자의 정신과 완전히 일치한다.

맹자의 사상이 천인합일의 형태라는 것은 분명하여 의심의 여지가 없다. 비록 그 역시 이러한 용어를 사용하지 않다고 하더라도 말이다. 어떤 사람은 맹자의 말은 공자와 같지 않다고 생각한다. 이것은 지나치게 구속된 생각이다. 맹자사상은 공자사상에서 당연히 있었던 것의 발전이다. 또 현대의 어떤 사람은 맹자가 지나치게 심(心)의 주관적 측면에 기울었다고 비판한다. 우리는 이러한 관점을 받아들이기 어렵다. 맹자에게는 주관과 객관 사이에 확연한 구분이 없었다. 그가 실제적 사무를 중시한 것은 결코 공자에 뒤지지 않는다. 뒤집어 말하면 공자는 인심(仁心)의 주재성을 세울 필요가 없었다는 말인가? 맹자는 때로 신비주의적 사상이 있는 듯하다. 좋게 해석한다면, 이러한 것들 역시 모두 백일하에 분명하게 드러나는 신비일 뿐이다. 가장 중요한 것은 이와 같은 신비한 말들이 어찌되었든 맹자는 공자와 똑같이 인간의 유한성을 충분히 이해하였다는 점이다. 그는 분명히 '명'의 관념을 받아들였다. 다만 그는 모든 것을 운명에 맡기고 내버려두는 것에 찬성하지 않았고, 사람들은 자기의 "정명"(正命)을 파악해야 한다고 한 것에 불과하다. 그는 자신의 주관적 희망과 객관적 정황 사이에 구분을 하였다. 비록 역사적 흐름으로 볼 때 5백 년에는 반드시 왕자(王者)가 흥하게 되지만 공자의 덕행으로도 오히려 그 지위를 얻지 못한 것은 그가 하늘의 도움을 받지 못하였으므로 천하에 도를 행할 수 없었던 것

---

56 [옮긴이] 같은 책, 「盡心 上」.

이다. 그리고 백이(伯夷) · 숙제(叔齊)는 더군다나 수양산(首陽山)에서 굶어 죽었다. 따라서 사람이 성취할 수 있는 형태는 자신의 자질과 외재적 상황의 제한을 받게 된다. 이와 같이, 한편으로 우리는 진심(盡心), 지성(知性), 지천(知天)을 할 수 있으므로 천에 대하여 완전히 이해를 결핍한 것이 아니다. 다른 한편으로 천의(天意)는 여전히 헤아릴 수 없기 때문에 사군자(士君子)가 비록 포부를 갖고 있더라도 여전히 마음에 겸손함을 간직하지 않을 수 없고, 우리는 단지 노력하고 운명을 기다릴 수밖에 없다. 맹자의 표현은 공자에 비하여 더욱 격렬하지만 그 역시 심오한 종교적 정감을 간직한 인물이었다. 이것은 오늘날 우리가 맹자를 이해할 때 무시할 수 없는 한 측면이다.

원만한 인생은 양행을 모두 살펴봄

우리가 다시 맹자로부터 순자로 방향을 전환하면 또 이것은 확연히 다른 형태가 된다. 잠시 다른 문제들은 밀쳐두고 논의하지 않기로 하고, 다만 초점을 '천'이라는 이 문제에 두어 토론하기로 한다. 순자의 '천론'(天論)은 완전히 자연주의 관점[自然主義觀]을 취하는데 이른바 "하늘의 운행에는 항상됨이 있으니 요임금 때문에 존재하는 것이 아니고 (포악한) 걸임금 때문에 없어지는 것도 아니다"(天行有常, 不爲堯存, 不爲桀亡.)[57]라고 하였다. 그는 천(天)에 대하여 이미 경외의 감정을 완전히 잃었고, 대자연의 법칙을 연구한 것은 다만 천명을 제어하여 이용하기 위한 것이며, 예(禮) 또한 순수하게 인위적인 것으로 변하여 다시는 무슨 초월적 근원으로 보지 않게 되었다. 순자가 당시

[57] [옮긴이] 『荀子』「天論」.

에 새로운 사유 방식을 제시할 수 있었던 것은 중요한 의미를 갖는다. 그러나 그는 단지 유가의 내재적 한 측면만을 남겨두었고, 그 초월적 한 측면은 완전히 낮게 보고 내버렸다. 이와 같이 양행의 도리는 다만 절반만 남게 되었다. 만약 우리가 공자의 사상을 유가사상의 표준으로 삼는다면 순자의 학문이 아무리 훌륭하다고 하더라도 그의 생각은 여전히 비정통적인 것이다. 후대에 공맹을 정통으로 삼은 것은 결코 우연한 선택이 아니다. 순자가 예를 높인 그 배후의 사상은 과두적 인문주의(寡頭的人文主義)이다. 이것을 전제로 하여 나가게 되면 그저 예의(禮義)를 말하는 것으로는 부족하여 법(法)을 말하고 술(術)을 말하여야 하고, 누 가시 수난(賞罰)을 응용하여 부국강병이라는 목적에 도달해야만 한다. 이렇게 볼 때 한비자(韓非子), 이사(李斯)가 순자의 문도에서 나왔다는 것은 더욱 더 우연한 일이 아니다. 공맹은 표면상으로 볼 때 내재에 편벽되었지만 사실 초월이 있어서 평형을 이룬다. 그러므로 일종의 상하를 두루 살펴본(上下兼顧) 중정화평의 도(中正和平之道)를 체현할 수 있었다. 그러나 순자는 도리어 사람에 가려 하늘을 알지 못하고(蔽于人而不知天) 양행의 지혜를 상실하였기 때문에 다만 한 쪽만을 취하여 문제점을 벗어날 수 없었다.

고립적인 개인은 미미한 존재이고 설령 사회적 집단(群體)이라 하더라도 여전히 유한한 것이다. 그러나 사람은 한편으로 자기 생명 내부의 가치를 실현할 수 있어서 "자신이 서고자 하면 다른 사람을 서게 하고, 자신이 이루고자 하면 다른 사람을 이루게 할 수 있고,"(己立立人, 己達達人) 다른 한편으로는 또 천지의 조화(天地之化)에 참여할 수 있어서 자기 생명이 비록 유한하더라도 오히려 무한에 통할 수 있어서 완성되지 않은 가운데 자기를 완성할 수 있다. 이렇게 해야만 공자가 하늘을 모범으로 삼았던 것을 배워서 영원히 자강불식(自强不息)

하고, 배움에 싫증을 내지 않고, 가르침에 게으르지 않으며, 장차 늙음에 이르게 됨을 알지 못하게 되어(學不厭, 敎不倦, 不知老之將至) 비록 우환의식이 있지만 유감은 없게 된다! 도연명(陶淵明)의 시구에서 "천명에 즐거워하니 다시 어찌 의심하랴!"(樂乎天命復奚疑)라는 것이 있다. 어찌 유가의 양행의 도리에 대한 더욱 적합한 체인이 아니겠는가!

5. 양행의 도리와 안심입명

무엇이 궁극적 의지의 대상인가?

인류문명은 반드시 일정한 정도에까지 발전해야만 안심입명의 문제를 자각하게 되고, 안심입명은 또 개인의 궁극적 관심과 연관되지 않을 수 없다. P. 틸리히(Paul Tillich)에게는 한 가지 재미있는 학설이 있다. 그는 각 개인에게는 당장 관심을 갖는 것 이외에 또 그 자신의 궁극적 관심이 있는데 이것이 그의 종교라고 생각하였다.[58] 이것은 바로 무신론자 역시 그의 종교 신앙이 있다는 것을 말하는 것이다. 예를 들어 말한다면 어떤 사람은 배금주의[拜金敎]를 신봉하고, 또 어떤 사람은 국가, 민족 또는 어떤 주의를 위하여 자신의 생명을 희생한다. 이것은 분명 그들의 궁극적 관심이 존재하는 곳이다. 당연히 또 어떤 사람은 신[上帝]을 신앙하여 교회 조직에 가입하기도 한다. 이것은 우리 일반인들이 잘 알고 있는 종교의 의미이다. 그렇지만 종교 신앙이 있어야 사람은 안심입명(安心立命)할 수 있는가? 그것은 또 모두 그렇

[58] Paul Tillich, *Dynamics of Faith* (New York: Harper & Brothers, 1957). 또 그의 대작 *Systematic Theology* (Chicago: University of Chicago Press, 3 vols, 1951, 1957, 1963) 참조.

지는 않다. 어떤 사람은 평생토록 힘들게 돈을 벌기 위하여 노력하였지만 결국에는 오히려 공허감을 느끼게 된다. 어떤 사람은 일생동안 모종의 주의(主義)를 신봉하였지만 도리어 철저하게 환멸을 느끼게 되는 때가 있다. 심지어 종교를 믿는 사람도 개종할 수 있게 되는데, 신을 경건하게 믿었던 사람이 갑자기 무신론으로 바뀌게 되고, 무신론자가 또 신을 새롭게 발견하게 되는 등 여러 가지 형태가 있다. 이러한 상황에서 틸리히는 어떤 대상이어야 진정으로 우리의 궁극적 관심이 되는가 하는 중대한 문제를 제시하였다. 매우 분명한 것은 이러한 차원의 문제에서 경험 지식의 축적은 아무런 작용을 할 수 없다는 것이다. 지식이 묻는 것은 "신념"(belief) 문제이다. 이것은 상대적인 개연성의 높고 낮음의 문제이다. 종교적 물음은 오히려 "신앙"(faith) 문제이다. 이것은 절대적으로 무조건적인 의지(ultimate commitment)의 범위에 속하는 것이다. 틸리히의 학설에 비추어보면 궁극적 의지의 대상은 무조건적인 절대로, 그렇기에 세상의 유한한 것들은 모두 우리의 궁극적 의지의 대상으로 삼아서는 안 되는데, 돈, 국가, 민족, 주의 등과 같은 것들은 모두 우리의 신앙 대상이 될 수 없다. 그런데 유한한 것을 신으로 삼고서 숭배한다면 그것이 바로 우상숭배이다. 숭배함으로써 열광하게 되면 심지어는 "악마화"(魔化, demonization)의 결과를 초래하게 되고, 그 폐해는 상상할 수 없을 것이다. 사실 일반 종교 신앙의 신 역시 똑같은 폐단이 있을 수 있다. 자신의 교회 조직, 내지는 자신의 마음속 신의 형상은 분명히 다만 상대적인 것에 불과하지만 절대적인 것으로 변하게 되면 똑같이 재앙의 근원이 된다. 이것으로부터 신앙의 대상은 세상에 존재할 수 없고, 절대적인 무한의 초월자만이 진정으로 우리의 궁극적 관심, 궁극적 의지의 대상이 될 수 있음을 알 수 있다. 그런데 기독교는 틸리히의 입장에서 말하자면 바로 가장 유력한 상징부호이다. 현실생명의 종결을 나타내는 것은 바로 더욱 풍부한 정신생명의 시작으로 인간세상은 다만 문제를 제시할 수 있을 뿐이고 답안은 피안에 있게 된다. 그런데 사람의 역량은 스스로 구원(自救)할 수 없다. 그러므로 이것은 예수 그리스도에 대한 신앙에 의지할 수밖에 없고, 점점 자신의 나쁜 생각을 끊어 자신의 마음을 정화함으로써 신으로부터 오는 메시지를 받아들일 준비를 하여야 한다. 이렇게 해야만 구원을 얻어 안심입명을 할 수 있는 곳을 찾을 기회가 있게 된다.

이상과 같이 내가 상당히 많은 분량을 할애하여 틸리히의 학설을 소개하였는데, 이것은 내가 그의 사상에 상당히 깊은 공감을 하고 있음을 나타낸다. 그는 일반인들이 믿는 신은 사실은 단지 하나의 상징부호로서 신을 초월하는 신(God above God)을 지향하는 것을 가리키는 것이라고 생각하였다. 우리가 신봉하는 종교는 유한한 시공의 산물로 그것을 절대화할 수는 없다. 우리는 그의 이러한 생각은 어떤 곳에서는 심오한 예지를 담고 있지만 그의 사상은 여전히 초월과 내재 두 측면에서 모두 강력한 비판을 피할 수 없다고 생각한다. 틸리히는 세상(內在)은 단지 문제를 제출할 수 있을 뿐이고, 신(超越)이 있는 그곳에 답안이 있어서 양 방면에는 서로 호응하는(correlation) 관계가 있다고 믿는다. 틸리히는 이처럼 전통 기독교의 신앙에 새로운 현대적 해석을 제시하였지만 전통주의자는 오히려 그가 경전을 벗어났다고 생각하였다. 그들의 학설에 의하면 신이 어떻게 신의 부호가 될 수 있는가? 그리고 신과 인간세상 사이는 일종의 비대칭적 관계이다. 신만이 계시를 통하여 인간 세상과 관계를 맺지만 인간은 도리어 신과 관계를 맺을 수 없다. 그런데 틸리히는 도리어 신을 끌어내렸다. 비록 틸리히도 신의 순수초월성을 견지하고자 하였지만, 그가 신을 "존재 자체"[存在

本身]와 동일시 할 때 그는 이미 신을 존재론화[存有論化] 하여 내재화(內在化)함으로써 세계와 연관된 일부분이 되었다. 이것은 참으로 신성을 모독하는 것이다. 그런 까닭에 틸리히는 심지어 무신론자라고 비난받았다. 왜냐하면 그의 신은 이미 전통 기독교의 신이 아니었기 때문이다. 그렇지만 동양의 천인합일의 전통으로 볼 때, 천도는 세간에 유행(流行)하는 것이지만 틸리히의 신은 도리어 초월하여 세상 밖에 존재하는 것이고, 또 체험적 증험[體證]을 통하여 명합(冥合)할 수 없는 것이기 때문에 둘 사이에는 넘어설 수 없는 간극이 있다. 당연히 내가 여기에서 틸리히의 관점을 소개하는 목적은 결코 그의 계통신학의 이론적 효과를 진문적으로 토론하고자 하는 것이 아니다. 다만 그것들을 차용하여 동양의 관점, 특히 유가사상의 양행의 도리와 안심입명 문제와의 관련성을 밝혀보고자 하는 것이다.

인: 초월이며 또 내재인 도

맹자로부터 시작된 유가의 입장에서 볼 때 유가는 분명히 감각적 욕망은 인간의 안심입명의 대상이 될 수 없고, 인심(仁心)의 확충은 한계가 없는 것이라고 말하였다. 이점은 틸리히의 인간 생명에는 부단히 자아를 초월하는 구조가 있다는 것과 부합하는 것이다. 유가는 이러한 사유를 왕양명(王陽明)의 『대학문』(大學問)에서 남김없이 표현하였다. 그는 이렇게 말하였다.

> 대인은 천지 만물을 한 몸[一體]으로 여기는 사람인지라, 천하를 한 집안[一家]처럼 보고, 중국을 한 사람[一人]처럼 본다. 저 형체를 사이에 두고 너와 나를 나누는 자는 소인이다. 대인이 천지 만물을 한 몸으로 여길

> 수 있는 것은 의도해서가 아니라, 그 마음의 어짊[心之仁]이 본래 그와 같아서 천지 만물과 더불어 하나가 되는 것이다. 어찌 오직 대인뿐이겠는가? 비록 소인의 마음이라고 하더라도 또한 그렇지 않음이 없지만, 자기 스스로 작게 만들었을 뿐이다. ……그러므로 진실로 사욕의 가림이 없다면 비록 소인의 마음이라고 할지라도 그 한 몸으로 여기는 어짊은 대인과 같으며, 한 번 사욕에 가림이 있으면 비록 대인의 마음이라고 할지라도 그 나뉘어 막히고 협소하고 좁은 것은 소인과 같다. 그러므로 대인의 학문을 하는 사람은 오직 그 사욕의 가림을 제거하고 스스로 그 밝은 덕을 밝혀서 천지 만물이 한 몸인 본연을 회복할 뿐이지, 본체의 밖에서 보태고 더함이 있는 것은 아니다. ……치지(致知)라 운운하는 것은 후세의 유학자들이 말하는 것처럼 지식을 넓히는 것이 아니라, 내 마음의 양지를 실현하는 것일 따름이다. 양지라는 것은 맹자의 이른바 "시비지심은 사람들이 모두 지니고 있다"(是非之心, 人皆有之)는 것이다. 시비지심은 사려를 기다리지 않고도 알고 배우지 않고도 능할 것이니, 그런 까닭에 그것을 일컬어 양지라고 한다. 이것이 바로 하늘이 명령한 본성(天命之性)이고, 내 마음의 본체로서 자연히 영명하고 밝아서 환하게 깨닫는 것이다.[59]

왕양명은 매우 분명하게 틸리히와 같이 지식과 신앙을 두 가지 서로 다른 층차로 삼았다. 동시에 소인만이 자신의 궁극적 관심을 개체적

---

59 [옮긴이] 王陽明, 『大學問』: "大人者, 以天地萬物爲一體者也, 其視天下猶一家, 中國猶一人馬. 若夫間形骸而分爾我者, 小人矣. 大人之能以天地萬物爲一體也, 非意之也, 其心之仁本若是. 其與天地萬物爲一也, 豈惟大人, 雖小人之心, 亦莫不然, 彼顧自小之耳. ……是故苟無私欲之蔽, 則雖小人之心, 而其一體之仁猶大人也. 一有私欲之蔽, 則雖大人之心, 而其分隔隘陋猶小人矣. 故夫爲大人之學者, 亦惟去其私欲之蔽以自明其明德, 復其天地萬物一體之本然而已耳. 非能于本體之外而有所增益之也. ……致知云者, 非若後儒所謂充廣其知識之謂也, 致吾心之良知焉耳. 良知者, 孟子所謂是非之心, 人皆有之者也, 是非之心, 不待慮而知, 不待學而能, 是故謂之良知, 是乃天命之性, 吾心之本體自然靈昭明覺者也." 한글 번역은 王陽明, 『傳習錄』(2)(정인재·한정길 역주, 청계, 2001)의 부록 『大學問』 참조.

존재라는 사사로운 것에 잘못 한정하지만, 대인의 궁극적 관심은 천지만물을 일체로 삼기에 또 자신의 집안, 국가 등의 유한한 것 위에 국한할 수는 없다. 그렇지만 양명의 유학사상도 틸리히의 기독교사상과는 매우 다른 점이 있다. 기독교도 비록 사람은 신의 형상을 본떠서 창조한 것이라고 말하지만 원죄로 말미암아 자력으로 구원하는 것은 불가능한 일이고, 그러므로 이 구원은 반드시 예수 그리스도의 매개를 통해야만 구원의 기회를 얻을 수 있으며, 예수 그리스도를 따르려면 자신의 가정 부모를 버려야 한다고 하여 이 둘은 서로 대립되는 양 극단이 되어 피안의 추구와 차안에 대한 집착이라는 이 둘은 모두 완전히 행하기 어려운 것이 되었다. 그러나 유가사상에서 우리는 오히려 이 이원 대립적 사상의 흔적을 발견할 수 없다. 양명은 사람이 무한을 희구하는 것은 사실 우리의 본심본성에 뿌리를 둔 것이기 때문에 양지(良知)의 발휘와 『중용』에서 "하늘이 명한 것을 성이라고 말한다"(天命之謂性)는 것과의 본질적인 관련성은 서로 나눌 수 없는 것이라고 지적하였다. 동시에 유가사상은 기독교 입장에 가까운 묵가사상의 겸애라는 종지에 반대하고 사랑에 차등이 있음을 주장하였다. 이런 까닭에 정이(程頤: 伊川)가 양시(楊時)의 물음에 대답할 때 바로 "『서명』(西名)은 이일분수를 밝혔지만 묵씨는 근본이 둘이고 분수가 없다"(『西名』明理一而分殊, 墨氏則二本而無分)고 말한 것이다. 유가가 걸어갔던 길은 상식과 인정에 합치되는 평범하고 바른[平正] 길이었는데,『대학』에서는 여전히 수신, 제가, 치국, 평천하의 이상을 말하였다. 더욱 중요한 것은 유가는 현세와 피세를 확연히 구분하지 않는다는 점이다. 이것을 체현한 것이 내재이면서 또 초월이라는 종지이다. 이러한 노선을 따르면 곧 내재를 존중하고 또 초월을 존중하는 양행의 도리를 체증하게 되어 안심입명의 도를 찾을 수 있게 된다.

우리는 잠시 책은 덮어두고 자신의 새로운 몸 체험을 털어놓음으로써 상황이 어떠한지 살펴보기로 한다. 나의 생명은 나로 말미암아 생겨난 것이 아니면서 이 무상한 세상을 살아가는데, 자기 자신이 얼마나 성취를 이루었는가에 상관없이 결국은 창해일속(滄海一粟), 이 생명이 영원하지 않다는 것(此生不永) 내지는 번뇌가 자신을 감싸고 있다는 것(煩惱纏身), 헛된 듯한(徒勞無功) 느낌과 같은 유형의 탄식을 면하지 못한다. 그렇지만 나에게는 분명히 생생불이(生生不已)하는 내재적이고 직접적인 체험이 있다. 내가 하는 일[創造], 나의 인심(仁心)은 구체적인 표현을 찾지만 결코 외재적 공적(功業)의 성취를 위한 것만이 아니라 자신의 내재적 필요를 만족하기 위한 것이다. 사실상 만약 내재적으로 만족을 얻지 못하면 어떠한 외재적 성공이라고 하더라도 내재적 공허감을 채울 수는 없다. 그런데 자신이 가지고 있는 재능에 따라서 그것을 발휘하면 성과가 얼마나 미미한가에 상관없이, 외재적 성패가 매우 예상하기 어렵다고 하더라도, 이 삶을 감당하지 못하겠다는 느낌은 없을 것이다. 이것은 바로 나의 생명이 태운 작은 불꽃은 원래 우주의 창조라는 큰 흐름에 연결된 한 점으로 나의 생명의 표현이라는 말이다. 결국 나의 미미한 일생이 이 우주 사이에서 결코 그렇게 고독한 것도 아니고, 나의 작은 창조가 바로 천지변화의 구체적인 드러남이다. 이런 의미에서 유한은 무한으로 통하는 것이 된다. 비록 결코 무한과 동등한 것이 아니라고 하더라도 이것은 현대인의 실존적 체험이다. 그렇지만 기이한 점은 그것이 고전 중에서 표현하였던 정회(情懷)와 마침 서로 합치되어 부절과 같이 일치한다는 것이다. 『중용』(中庸)의 첫머리에서 그 의미를 분명하게 밝혀 이렇게 말하였다.

하늘이 만물에게 부여해 준 것을 본성[性]이라 하고, 자신이 부여받은 본성에 따르는 것을 도(道)라 하며, 도를 닦는 것을 가르침[敎]이라고 한다.[60]

인생의 목적은 바로 천으로부터 품부받은 것을 충분히 발휘하는 것이다. 이것이 바로 도에 의거하여 실행하는 것이다. 또 이렇게 말하였다.

성실함은 하늘의 도이고, 성실하고자 하는 것은 사람의 도이다.[61]

천도의 본질은 곧 진실하여 망령됨이 없는 것(眞實無妄)으로, 사람은 노력해야만 이러한 경지에 도달할 수 있다. 그런데 성실함이 마음 속에서 이루어지면 그것이 몸 밖으로 나타나게 되고, 최고의 경지에 도달하게 되면 곧 내외가 합치하는 도(合內外之道)를 체현하게 된다. 『중용』에서는 이러한 이상 경지를 아래와 같이 묘사하였다.

오직 천하의 지극한 성실함이라야 자신이 부여받은 본성을 다 드러낼 수 있다. 자신의 본성을 다 드러낼 수 있다면 사람의 본성을 다 드러낼 수 있다. 사람의 본성을 다 드러낼 수 있다면 만물의 본성을 다 드러낼 수 있다. 만물의 본성을 다 드러낼 수 있다면 천지가 만물을 만들어 자라게 함을 도울 수 있다. 천지가 만물을 만들어 자라게 함을 도울 수 있다면 천지와 함께 참여할 수 있을 것이다![62]

---

60 [옮긴이] 『中庸』제1장: "天命之謂性, 率性之謂道, 修道之謂敎."

61 [옮긴이] 같은 책, 제20장: "誠者, 天之道, 誠之者, 人之道."

62 [옮긴이] 같은 책, 제22장: "唯天下至誠, 爲能盡其性, 能盡其性, 則能盡人之性; 能盡人之性, 則能盡物之性; 能盡物之性, 則可以贊天地之化育; 可以贊天地之化育, 則可以與天地參矣!"

우리와 같은 일반인들은 스스로 이러한 이상 경지를 이룰 수가 없다. 그러므로 사대부 가운데에서는 현인이 드물고, 현인 가운데에서는 성인이 드물고, 성인 가운데에서 천도를 이룬 사람이 드물지만 자신의 최대한의 노력을 다하기만 한다면 또한 유감이 없게 된다. 『중용』에서 말한 것은 맹자의 사상과 완전히 부합한다. 맹자는 성선(性善)을 말하였는데, 수양공부는 성에 있는 것을 충분히 체현해 내는 것이다. 그는 사람들에게 마음을 기르는 방법을 가르치면서 야기(夜氣)를 보존하도록 하였으며, 특히 그는 기를 기르는(養氣) 방법, 이른바 호연지기(浩然之氣)를 발휘하는 것으로서 천지인(天地人) 사이에 일정한 감응이 존재한다는 것을 체증하였다. 그러나 맹자의 방식은 사람으로부터 하늘에 이르고(由人到天), 안으로부터 밖으로 나가는(由內而外) 것이다. 그러므로 '자신을 반성하여 성실하면 그 즐거움이 그보다 더 큰 것은 없다'(反身而誠, 樂莫大焉)고 말한 것이다. 왕양명의 『대학문』(大學問)은 바로 맹자의 학문 정신에 근본을 두고 발휘되어 나온 도리이다. 그렇지만 일반적인 설법은 지나치게 천인의 감응을 중요하게 말하여 중국 전통 중에서 하늘과 사람 사이에 차이가 있음을 분명히 알지 못하였다. 아래에서는 이러한 노선을 따라서 간략하게 이것과 관련된 이론적 효과를 해명하기로 한다.

생겨나고 생겨남(生生): 본체와 천지의 융합

맹자는 형색천성(形色天性)을 말하였고 또 마음을 다함[盡心]·본성을 앎[知性]·하늘을 앎[知天]을 말하였는데 몸으로 실천하고(踐形) 본성을 아는 것[知性]과 같은 길을 통해 위로 하늘에 이를 수 있다고 하였다. 이것은 전형적인 중국식의 내재적 초월 사상으로 일상행위를 떠나서 종교 신앙의 안위를 찾을 필요가 없다. 그러나 유한이 무한에 통한다는 것은 유한과 무한 사이의 차이를 취소할 수 있다는 말이 아니다. 유가사상 중에서 명(命)의 관념은 바로 생명의 유한성을 강조한 것으로, 구체적인 생명에는 항상 인간의 힘으로 어찌할 수 없는 것들이 매우 많다. 『논어』에서는 "살고 죽는 것에는 명이 있고, 부유함과 귀함은 하늘에 달려 있다"(死生有命, 富貴在天. 「顔淵」 제12)고 하였다. 여기에서 명은 명에 한계가 있다는 뜻이고, 천의(天意)는 헤아릴 수 없는 점이 많다는 것이다. 맹자는 이러한 의미를 더욱 분명하게 밝혔다.

> 사람이 그렇게 하지 않아도 그렇게 되는 것을 하늘의 뜻이라 하고, 이르게 하지 않아도 이르게 되는 것이 명(命)이다. 보통 사람이 천하를 차지하려면 그의 덕이 반드시 순임금이나 우임금과 같아야 하고 게다가 천자의 추천도 있어야 한다. 그런 까닭에 공자는 천하를 차지하지 못하였다.[63]

맹자는 명에 한계가 있다는 관념으로써 공자가 천하를 차지하지 못한 것을 설명하였다. 그런데 묵가일파는 이것을 가지고 유가사상을 운명주의[命定主義]라고 비판하였다. 이것은 분명히 뜻을 잘못 이해한 것이다. 지식인은 결코 이와 같은 명의 한계 때문에 낙담하여 자신이 맡은 책무를 버리지 않는다. 공자는 분명히 안 되는 줄 알면서 행하였던 사람이다. 맹자는 이렇게 말하였다.

> 하늘이 이 백성을 낳음에 있어 먼저 아는 사람[先知]으로 하여금 나중에

---

[63] [옮긴이] 『孟子』 「萬章 上」: "莫之爲而爲者, 天也; 莫之致而致者, 命也; 匹夫而有天下者, 德必若舜·禹, 而又有天子薦之者, 故仲尼不有天下."

아는 사람[後知]을 깨닫게 하며, 먼저 깨달은 사람[先覺]으로 하여금 나중에 깨닫는 사람[後覺]을 깨닫게 한다. 나는 백성들 중에서 먼저 깨달은 사람이다. 이 도를 가지고 이 백성들을 깨닫게 하는 것이다. 내가 깨닫게 하지 않는다면 누가 그렇게 하겠는가![64] [65]

맹자는 결코 일체의 모든 것을 명에 기탁하지 않았다. 그러므로 그는 이렇게 말하였다.

어느 것이든 명(命)이 아닌 것이 없지만 그 중에서 올바른 것에 순응해 받아들여야 한다. 그러므로 명을 제대로 이해하는 사람은 위태로운 담장 아래에 서 있지 않는다. 도를 실천하는 데 온 힘을 기울이다가 죽는 것이 명을 바르게 받아들이는 것이다. 죄를 지어 형벌을 받아 죽는 것은 명을 바르게 받아들이는 것이 아니다.[66]

이 정명(正命: 명을 바르게 한다)의 관념은 가장 음미해볼 만한 것이다. 맹자에는 또 입명(立命: 명을 세운다)의 관념이 있다. 그는 이렇게 말하였다.

자신의 마음을 간직하고 자신의 본성을 기르는 것은 하늘을 섬기는 방법이다. 일찍 죽고 오래 사는 것에 개의치 않고 다만 자신의 몸을 닦아서 명을 기다리는 것이 명을 바르게 세우는 방법이다.[67]

---

64 또 「萬章下」의 이윤(伊尹)을 논의한 곳에 보이는데, 구절은 이것과 비슷하다.

65 [옮긴이] 『孟子』 「萬章 上」: "天下之生此民也, 使先知覺後知, 使先覺覺後覺也. 予天民之先覺者也, 予將以斯道覺斯民也, 非予覺之而誰也!"

66 [옮긴이] 같은 책, 「盡心 上」: "莫非命也, 順受其正. 是故知命者不立乎岩墻之下. 盡其道而死者, 正命也; 桎梏死者, 非正命也."

67 [옮긴이] 위와 같음: "存其心, 養其性, 所以事天也. 夭壽不貳, 修身以俟之, 所以立命也."

이것은 자신의 궁극적 관심이 있는 곳을 매우 분명하게 선언한 것이다. 그러므로 세상의 일이 비록 헤아릴 수 없는 것이지만 나는 도리어 자신의 안심입명 할 곳을 찾을 수 있다는 것이다. 맹자는 성명의 학설(性命之說)을 총결하여 이렇게 말하였다.

> 입이 좋은 맛을 추구하고 눈이 좋은 색을 추구하며 귀가 좋은 소리를 추구하고 코가 좋은 냄새를 추구하며 사지가 안일함을 추구하는 것은 본성[性]에 속하지만 그것을 실현하는 것은 명(命)에 달려 있으므로 군자는 그것을 본성이라고 부르지 않는다. 부자간에 인(仁)이 있고 군신간에 의(義)가 있으며 손님과 주인간에 예(禮)가 있고 지혜가 현자에게 갖추어지고 성인이 천도와 하나가 되는 것은 모두 명에 속하지만 그것을 실현하는 것은 본성에 달려 있으므로 군자는 그것을 명이라고 부르지 않는다.[68]

후대 유학의 관념을 가지고 이 단락의 뜻을 해석하면, 앞의 다섯 가지는 이른바 기질지성(氣質之性)의 내용이지만 일반인들은 그것을 성이라 생각한다. 그러나 사실 사람이 이러한 감각적 향유를 얻는 것의 여부는 우리의 타고난 명의 한계에 의해 결정된다. 그러므로 군자는 그것을 성에서 가장 중요한 내용으로 삼지 않는다. 뒤의 다섯 가지는 이른바 의리지성(義理之性)의 의미를 담고 있는 것이지만 일반인들은 덕성의 갖춤을 외재적 운명에 의하여 결정되는 것이라고 생각한다. 그러나 사실 이러한 것들은 사람들의 성에 가지고 있는 것이다. 그러므로 군자는 외재적 운명이 결정적 요소가 되도록 내맡길 수 없다.

맹자의 사상은 투철하다. 인간 생명의 궁극적 연원은 천으로부터 나

---

68 [옮긴이] 같은 책, 「盡心 下」: "口之於味也, 目之於色也, 耳之於聲也, 鼻之於臭也, 四支之於安佚也. 性也, 有命焉, 君子不謂性也. 仁之于父子也, 義之于君臣也, 禮之于賓主也, 智之于賢者也, 聖人之于天道也; 命也, 有性焉, 君子不謂命也."

오지만 이미 태어나 인간이 되면 기질(氣質)의 제한을 받아 운명적 한계[命限]가 있게 된다. 그렇지만 인간은 여전히 품부받은 바에 의하여 자신의 창조성을 발휘하고 자각하여 천을 모범으로 삼을 수 있다. 『중용』에서 발휘한 것은 바로 똑같은 도리이다. 이렇게 말하였다.

> 천지의 도(天地之道)는 한 마디 말로 다 드러낼 수 있으니 그것의 됨됨은 두 갈래가 아니다. 그러므로 천지의 도가 만물을 낳되 헤아릴 길이 없도다. …… 『시경』에서 "하늘의 명은 심원하고도 그침이 없구나!"라고 한 것은 아마도 하늘이 하늘일 수밖에 없는 이유를 말한 듯하다. "오호라 어찌 뚜렷이 드러나 않겠는가! 문왕의 덕의 순수함이여!"라고 한 것은 아마도 문왕이 문왕이 된 까닭을 말한 듯하다. 문왕의 덕의 순수함 역시 하늘의 덕과 마찬가지로 끝이 없도다.[69]

이것으로 볼 때 천도는 '(만물을) 낳는 도'(生道)이고, 이 '(만물을) 낳는 도'가 인간에게 내재하면 즉 인도(人道)가 된다. 성인은 이 '(만물을) 낳는 도'를 그의 생명 중에서 충분히 발휘할 수 있는 사람이다. 그러므로 보통사람[衆人]의 모범이 될 수 있다. 맹자가 '태어난 그대로를 성이라 한다'(生之謂性)는 고자의 학설을 배척한 것은 이러한 자연주의적 관점은 태어나면서 갖춘 기질지성(氣質之性)을 성의 가장 중요한 내용으로 삼기 때문이다. 이러한 학설은 운명주의의 굴레에 빠지지 않을 수 없다. 그러나 『역경』에서 말하는 '생겨나고 생겨남'(生生)은 '생'이라는 글자가 하나 더 많은데 바로 전체적인 파멸적 국면[死局]이 되살아나도록 불을 붙인 것이다. 단순히 하나의 '생'자를 말한다면

---

69 [옮긴이] 『中庸』 제26장: "天地之道, 可一言而盡也; 其爲物不貳, 則其生物不測. …… 詩云: 維天之命, 于穆不已, 蓋日天之所以爲天也. 于乎不顯, 文王之德之純. 蓋日文王之所以爲文也, 純亦不已."

자연적 생명력이 소멸하여 종점에 이르게 되어 단지 죽음만이 남게 된다. 그러나 '생겨나고 생겨남'에 기탁하면 도리어 우리는 역경 속에서도 창조력을 발휘하게 되고, 자연생명의 종결 역시 창조과정의 종결을 나타내지 않게 된다. 왜냐하면 나의 생명은 본래 바로 천지 변화(天地之化)의 일부분이기 때문이다. 그러므로 『역전』에서는 "한 번 음이 되고 한 번 양이 되는 것을 도라고 한다. 이것을 잇는 것이 선이고, 이것을 이룬 것이 성이다"(一陰一陽之謂道, 繼之者善也, 成之者性也)고 한 것이다. 내가 천명이 나에게 부여해 준 본성 안에서 생명력을 발휘한다면 유감이 없을 것이다. 이것이 바로 송대 유학자 장재(張載)의 『서명』(西銘)에서 "살아서는 순종하여 섬기고 죽으면 편안해한다"(存吾順事, 歿吾寧也)고 한 것이다. 삶과 죽음은 나에게 다시는 근심의 근원이 되지 않는다.

중국의 전통으로 볼 때 우주간의 창조는 바로 변증적인 역정이다. 창조는 실제가 되면 반드시 형체[形]를 갖추게 되고, 형체가 있게 되면 한계가 있다. 그러므로 『역전』에서 "형이상자를 도라 하고 형이하자를 기라고 한다"(形而上者之謂道, 形而下者之謂器)고 말한 것이다. 그렇지만 도와 기는 상즉(相卽) 한 것이기 때문에 구체적 형체와 창조의 근원을 서로 떼어놓지만 않는다면 유한은 무한에 통하게 된다. 그러나 사람만이 그 빼어남을 얻어 가장 영명하므로 이러한 경지를 자각할 수 있다. 그러므로 장재는 다음과 같이 말하였다.

> 형체가 있은 후에 기질의 성(氣質之性)이 있다. 그것을 잘 돌이키면 천지의 성(天地之性)이 보존된다. 그러므로 기질의 성을 성으로 보지 않는 사람이 있다.[70]

---

[70] [옮긴이] 張載, 『正蒙』 「誠明篇」: "形而後有氣質之性. 善反之, 則天地之性存焉. 故氣質

장재가 여기에서 말한 것 역시 여전히 바로 맹자의 정신이다. 기질지성은 창조 과정이 현실화된 결과이지만 창조의 근원에 되돌아가야만 천지지성의 존재를 체현할 수 있다. 이것이 바로 군자가 기질지성을 성으로 삼지 않는 가장 중요한 내용이다. 이와 똑같이 인간의 양지는 결코 대상적 지식에 한정되지 않는다. 그러므로 장재는 아래와 같이 말하였다.

> 세상 사람들의 마음은 보고 듣는 것이라는 협소함에 막혀 있다. 그러나 성인은 성을 온전히 다하여 보고 듣는 것 때문에 그 마음을 얽어매지 않는다. ……보고 들어서 아는 것은 사물과 접하여 아는 것으로서 덕성이 아는 것이 아니고, (덕성으로 아는 것은) 보고 듣는 것에서 싹트는 것이 아니다.[71]

만약 보고 듣는 것이 지식의 유일한 연원이라면 그것은 구체적으로 드러난 대상의 지식만을 파악할 수 있다. 그런데 맹자가 말한 양지는 결코 대상적 지식이 아니라 성 안에서 생겨나고 생겨나는 것을 체증해야 하는 것이며, 이렇게 해야만 유한으로부터 무한에 통하게 된다. 그렇기 때문에 송대 유학자들이 『주역』·『중용』·『논어』·『맹자』 중의 철리(哲理)를 관통시켜 하나가 되고, 또 생겨나고 생겨나는 의미로 인을 해석한 것이다. 이것이 창조적 해석의 가장 훌륭한 모범이다. 송명 유학자들은 주돈이·장재·이정·주희·육구연·왕양명 어느 누구든지 간에 모두 '생생'을 인으로 삼는 예지를 파악하였는데, 당연히 그들 각자는 체험의 깊고 얕음, 표현의 방식이 매우 다르다. 우리의 관점에

之性, 君子有弗性者焉." 한글 번역은 張載, 『正蒙』(丁海王 譯註, 明文堂, 1991) 참조.

71 [옮긴이] 張載, 『正蒙』「大心篇」: "世人之心, 止于聞見之狹; 聖人盡性, 不以見聞梏其心. ……見聞之知, 乃物交而知, 非德性所知, 不萌于見聞."

서 볼 때, 그들은 모두 내재와 초월이라는 두 가지 도리를 충분히 파악하였다. 그러나 그들은 불교와 도교의 충격에 반응해야만 하였기에 도체(道體)에 대한 체오(體悟)를 많이 말해야만 할 필요가 있었기 때문에 비교적 초월이라는 한 측면에 편향될 수밖에 없었다. 어찌되었든 송명유학은 유가사상에 당연히 있어야 할 한 측면을 발전시킨 불후의 공적이 있으며, 그것은 유가사상의 종교적 의미를 해명함으로써 초월이라는 궁극적 관심의 이론적 효과를 두드러지게 하였다.

리일분수(理一分殊), 초월로부터 현실로

송명유학도 유학인 이상 사상은 분명히 현세적인 것이지만 송명 유학자는 결코 세간의 성취로 우리에게 궁극적 만족을 주지는 않는다. 그러므로 정자(程子)는 요순이 이룬 사업은 푸른 하늘에 흘러가는 한 점 구름과 같은 것이라고 말한 것이다. 이것은 요순의 사업이 중요하지 않다는 말이 아니라 설령 위대한 업적이 요순과 같다고 하더라도 여전히 유한한 것이기 때문에 우리는 관심을 그 흔적에 둘 수는 없고, 궁극적 목적을 도의 창조성 자체에 두어야 한다는 말이다. 천도는 무한하고 생생불이한 것이지만 구체화되어 인간에 이르게 되면 인간의 창조력은 유한한 것이기에 외재조건의 제약을 받게 되고, 위대한 성취를 이루는지 여부는 우리 자신이 결정할 수 있는 것이 아니다. 우리는 다만 가능한 한 자신의 창조력을 발휘하도록 노력하고, 그 밖의 것은 단지 운명[命]에 위임할 수 있을 뿐이다. 공자가 천하에 도를 실현하고자 하였지만 그렇게 할 수 없게 되자 곧 물러나 교육 사업에 종사하면서 '배움에 싫증을 내지 않고, 가르침에 게으르지 않으며, 하늘을 원망하지 않고 사람을 멀리 하지 않으면서 안 되는 줄 알면서 하였는데'

(學不厭, 敎不倦, 不怨天, 不尤人, 知其不可而爲), 당시에는 실패한 것처럼 보였지만 후세에는 오히려 뭇사람이 존경하고 우러러 받드는 지성선사(至聖先師)가 되었다. 유가는 의로움(義)과 이익(利)의 구별을 말하지만 정말로 사람이 현실적 결과를 완전히 고려하지 말라는 것이 아니라 눈앞의 현실적 이해에 국한해서는 안 되고, 도에 의거하여 행하여야 마음속이 안락하게 되고 최종적으로 큰 효과를 거둘 수 있다는 것이다. 이것은 당연히 주관적 신념이지만 그것은 우리가 안심입명의 문제를 해결하는데 도움을 준다. 내가 선천적으로 갖게 된 여러 가지 현실적인 한계를 받아들이고, 자신의 창조력을 발휘하도록 노력하며, 성패를 따지지 않으면서 나의 역량이 나의 도에 대한 궁극적 목적에서 나온 것임을 견지한다. 이것으로부터 맹자는 부동심(不動心)을 말하였다. 정명도(程明道)의 『정성서』(定性書)는 이러한 차원의 체험을 철저하게 발휘하였다. 그는 이렇게 말하였다.

> 안정시킨다(定)는 것은 움직임 역시 안정시키고 고요함 역시 안정시키는 것이다. 장차 맞이하는 것이 없고, 안팎이 없다. ……무릇 천지의 항상됨[天地之常]은 그 마음으로 만물을 살피지만 마음이 없고, 성인의 항상됨[聖人之常]은 그 정(情)으로 만물에 순응하지만 정이 없다. 그러므로 군자의 학문은 크고 매우 공평하여 만물이 오면 그에 따라서 응대한다.[72]

세간의 변화는 헤아릴 수 없지만 도의 궁극적 관심이 있게 되면 육체의 욕망에 따른 관념이 다시 일어나지 않게 되고, 당시의 상황에

---

[72] [옮긴이] 程明道, 『定性書』: "所謂定者, 動亦定, 靜亦定; 無將迎, 無內外. ……夫天地之常, 以其心普萬物而無心, 聖人之常, 以其情順萬物而無情. 故君子之學, 莫若廓然而大公, 物來而順應."

따라 자신의 창조력을 발휘할 수 있게 되어 성현 내지는 천지의 경지에 나갈 수 있다. 이것은 분명히 일종의 내재적이면서 또 초월적인 사유 노선이다. 내가 궁극적 관심을 건립하였더라도 또 내재를 무시할 수 없으므로 모름지기 때에 따라서 감응해야만 한다. 현실적으로 되면 정명도가 그린 성인의 경지와 같이 유유자적할 수 없다. 그러므로 주희가 이연평(李延平)에게 배울 때 이연평은 그에게 "리는 그것이 하나가 아님을 근심하지 않지만 어려운 것은 분수일 따름이다"(理不患不一, 所難者分殊耳)고 말하여 주희를 매우 놀라게 하였고, 그의 평생의 학문 방향에 영향을 주었다.[73] "리일이분수"(理一而分殊)는 정이천이 먼저 제시하였고 주희에 이르러 빛을 발하게 되었는데 송명시대 유학자의 공통된 인식이 되었다. 각 학자들의 해석이 혹 일치하지는 않았지만 기본적인 예지는 오히려 공통적인 것이다. 지금 논의하고 있는 목적에 맞게 여기에서는 송명시대 유학자들의 공통된 지향점만을 말하기로 한다. 사실 생생한다는 것에서 리일의 관념을 이해할 수 있는데 구체적으로 나타난 여러 가지 덕성은 똑같이 생생한 인덕(仁德)의 표현이다. 매번 현상[迹]에 구속된 서양철학자들은 이러한 사유가 포함하고 있는 예지를 이해하기 어렵다. 분수에 중점을 두고 말하더라도 역시 우리는 궁극적 관심을 세우는 것만을 중시하는 것이 아니라 또 도의 구체적 실현의 문제를 중시해야 한다. 주희의 도체(道體)에 대한 증오(證悟)는 어쩌면 정명도(程明道)·육구연(陸九淵)·왕양명(王陽明)의 체험보다는 못하기 때문에 일정한 간격이 있을지도 모르지만[74] 그

[73] 주자가 이연평에게 배운 것과 고심하여 참구하였던 중화(中和)의 문제에 관해서는 졸저 『朱子哲學思想的發展與完成』(臺北: 學生書局, 1982, 29-138쪽)을 참조할 수 있다.

[74] 모종삼에게는 주자에 대한 완곡한 비판이 있다. 그의 대작 『心體與性體』(臺北: 正中書局, 3권, 1968-1969쪽) 참조. 그는 주자의 "別子爲宗"의 관점이 많은 논쟁을 일

가 우리에게 구체적 실현, 격물궁리의 문제에서 마음 쓰는 것을 중시하도록 한 것은 크게 잘못된 것이 아니다. 사실 왕양명도 정말로 견문지식(見聞之知)의 문제를 무시한 것은 아니다. 그는 이렇게 말하였다.

> 양지가 견문으로 말미암아 있는 것은 아니지만, 견문은 양지의 작용이 아님이 없다. 그러므로 양지는 견문에 막히지 않지만, 또한 견문에서 떨어지지도 않는다.[75]

유가사상의 입장에서 볼 때, 양지와 견문의 분별은 필요한 것이다. 오늘날의 용어로 말하자면, 바로 경험과학의 지식에 근거하다면 도덕윤리를 세울 수 없다는 것이다. 그런 까닭에 맹자로부터 곧 학문을 하려면 먼저 그 큰 것[大]을 세워야 한다고 말하였던 것이다. 그러나 양지를 이미 세우면 그것은 도덕윤리로 구체화되어야 하지만 견문은 도리어 그것을 어지럽히는 요소가 된다. 그러므로 양명은 반드시 양지는 견문을 떠나지 않고 견문은 양지의 작용이 아닌 것이 없다고 하여 이 둘 사이에 일종의 긴밀한 변증적 관계가 있음을 꼭 말해야만 하였다.

양행을 두루 살펴보아야만 안심입명의 도

유가의 이러한 사유 방식은 현대에도 그 의미가 있는가? 현대인의 경험과학 지식은 매우 빠르게 발전하였지만 현대인은 궁극적 관심

으켰다고 제기하였다. 나는 맹자의 학문을 기준으로 하면 모종삼의 관점이 정확하다고 생각하지만 나는 주자에 대해 비교적 동정적 이해를 갖고 있다. 졸저 『朱子哲學思想的發展與完成』, 395-483쪽 참조.

75 [옮긴이] 『傳習錄』 中 「答歐陽崇一」: "良知不由見聞而有, 而見聞莫非良知之用, 故良知不滯于見聞, 而亦不離于見聞."

혹은 종교 신앙의 문제로부터 도피할 수 없기 때문에 전통 유가사상과 여전히 큰 상관성을 가지고 있다. 현대 미국 경험신학(Empirical Theology)의 창립자 비어만(Henry Nelson wieman)은 "창조적 산물"(Created Good)과 "창조적 교류"(Creative Interchange)를 나누는 중요한 구분을 하였고, 또 인간의 궁극적 목적은 다만 창조적 교류에만 있을 수 있지 창조적 산물에 있을 수 없다고 지적하였다.[76] 이것은 『주역』에서 말한 생겨나고 생겨난다고 한 것과 송대 유학에서 현상에 얽매이지 않는다고 한 것과 부합된다. 그러나 오늘날 리일분수, 양행의 도리를 말하는 것은 분명히 또 과거와는 다른 새로운 의미가 있다.

지금의 관점에서 볼 때 반드시 더 가볍고 생동적이며, 더욱 탄성이 있는 방식으로 '리일'을 말해야만 지금의 상황에 부합할 수 있다. 바로 틸리히가 말한 "신 이상의 신"(上帝以上的上帝)과 같이 동양도 한 걸음 더 나아가 "도를 도라고 하면 영원한 도가 아니다"(道可道, 非常道)라는 것의 의미를 바로 살펴볼 필요가 있다. '리'(理)는 서로 다른 시대에 서로 다른 특징이 있어야 하는데 과거에 사람들은 흔히 한 시대의 특징을 가지고 초월적 도리 자체로 삼는 경향이 있었다. 한대의 이른바 삼강오상(三綱五常)이 바로 전형적인 예증이다. 초월의 '리일'이 구체화되면 반드시 유한한 '분수'가 되지만 유한한 '분수'를 무한상의 강령[綱]으로 삼으면 경직된 효과를 낳게 된다. 『논어』에서 공자가 예를 말한 것은 분명히 인간의 정에 합치되는 것으로 자연스럽게

---

76 Cf. Henry Nelson Wieman, *The Source of Human Good*, Carbondale, Southern Illinois University Press, 1946, *Man's Ultimate Commitment*, Carbondale, Southern Illinois University Press, 1958. 나는 비어만 교수가 서던 일리노이즈 대학에서 지도한 마지막으로 박사과정에 있던 학생이었는데 비어만 교수에게 가르침을 받던 기간 동안 매우 훌륭한 창조적 교류가 있었다.

흘러나온 것이지만 후대에 이르러 헛되이 형식만 갖추고 정신을 잃게 되면서 심지어는 타락하여 인성에 반하는 사람을 잡아먹는 예교가 되었다. 이것은 얼마나 풍자적인가! 만약 리일분수의 정신을 충분히 관철할 수 있다면 곧 '일원이다원'(一元而多元)이면서도 결코 모순·충돌하지 않음을 알게 될 것이다. 현대사회의 우리는 반드시 전통적인 일원화의 형식을 버려야 한다. 오늘날 우리는 이전의 전통과 같이 천지로부터 군사부일체라고 내려온 도통을 말할 수 없다. 궁극적 관심은 개개인의 종교 신앙의 실존적 선택으로 변하였다. 우리도 세계에는 서로 다른 종교가 있음을 무시할 의도는 없다. 『중용』에서는 일찍이 다음과 같이 말하였다.

> 도는 나란히 행해져도 서로 어긋나지 않고, 만물은 나란히 자라도 서로 방해되지 않는다.[77]

그런데 명대 말기에는 삼교의 근원은 같다(三敎同源)는 학설이 유행하였다. 당연히 나는 흙탕물을 뒤섞는 것처럼 각기 서로 다른 전통이 본질적으로 다른 특징 내지는 서로 모순 충돌하는 중요한 성질이 있음을 무시할 의도는 없다. 사실 각각의 사람은 다만 자신의 타고난 기질이나 문화전통 및 시대환경에 따라서 자신의 창조력을 발휘할 수 밖에 없고, 더 이상을 바라는 것은 현실에 맞지 않는 꿈일 뿐이다. 나는 자신이 선택한 것이 가장 좋을 가능성임을 확신하지만 자신의 신앙을 절대화할 수는 없다. 나는 다른 사람도 그가 가장 좋다고 생각하는 것을 선택하도록 용납하여 서로 교류, 변론하면서 자신의 시야를

---

77 [옮긴이] 『中庸』 제30장: "道并行而不相背, 萬物并育而不相害."

확대하고 시야의 융합을 만들어야 한다고 생각한다. 우리는 하버마스(J. Habermas)가 말한 "소통이성"(交談理性, communicative reason)을 배양하여 같은 점을 추구하고 서로 다른 점은 그대로 두어야(求同存異) 한다. 이렇게 해야만 진정으로 전 지구적인 사회공동체[社團]로 나갈 수 있고, 폭력이 아닌 이성으로 서로간의 논쟁점[爭端]을 해결할 수 있다. 무형의 '리일'은 우리 행동을 지도하는 초월규약원칙(超越規約原則)이고, 우리가 성취해야할 것 역시 실제적인 통일성이 아니라 카시러(E. Cassirer)가 말한 "공능의 통일성"(功能的統一性, functional unity)이다.

이것으로 볼 때 현대적 해석을 통하여 초월적 '리일'에 대한 궁극적 목적은 결코 '분수'를 억압하는 나쁜 결과를 만들 필요는 없다. 그러나 '분수'의 긍정도 결코 우리가 상대주의의 함정에 빠지도록 만들지는 않는다. 이것은 왜냐하면 우리는 '분수'를 위하여 '분수'를 말하는 것이 아니라 사람마다 모두 자신의 방식으로 이성의 구체적 실현과 표현을 추구하기 때문이다. 비록 이러한 표현이 한계가 있기 때문에 그 밖의 가능성을 배척하게 되지만 피차간의 정신은 서로 호응하는 것이다. 송대 유학의 월인만천(月印萬川)의 비유는 이러한 이상적 경지의 정취를 충분히 표현한 것 같다.

당연히 여기에서 내가 말한 것은 여전히 이상의 차원에 머물기 때문에 현실 속에서 분열되고 모순 충동하는 측면과는 큰 거리가 있다. 그러나 과거의 역사와 눈앞의 현실은 바로 인간의 이상과 실제가 서로 작용하는 복잡한 과정에서 나온 결과이다. '공'(空)에는 훌륭한 이상이 있지만 분명히 실제적인 효과를 낳을 수 없다. 그러나 사람이 이상의 추구를 거부하고 편견을 따르며 선입관이 자신의 행위를 지배한다면 오히려 곧 지금의 나쁜 결과[惡果]를 낳을 수 있다. 철학자의 임무는 정확한 이상을 제시하는 것이지만 초월적 이상은 언제나 오랜 숙성의 시간이 지나야만 현실 속에서 쓰임이 있게 된다. 그런 까닭에 소크라테스, 예수 그리스도와 공자는 현세에 모두 성공한 인물이 아니었다. 그런데 기독교 왕국(Christendom)과 이른바 유교 국가(儒教之國)가 일단 형성되면 오히려 많은 곳에서 원래의 정신과 이상을 벗어나게 된다. 이것이 바로 신교도(Protestant)의 부단한 저항(Protest) 정신이고, 우리가 원래의 이상적 순결성과 초월성을 회복해야 할 이유이다. 바로 그런 까닭에 주자는 한당시대를 비판하고 삼대를 찬양하였던 것이다. 그의 고민도 바로 타락한 현실의 차원에서 이상의 순결성과 초월성을 긍정한 것이다.

칸트는 인간에게 영원히 형이상학적 욕망이 있고, 동시에 인간에게는 초월적 바람이 있다고 말하였다. 유가사상은 흔히 세속적 윤리라고 오해되기도 하지만 사실은 공자 당시부터 이른바 "아침에 도를 깨달으면 저녁에 죽어도 좋다!"(朝聞道, 夕死可矣!「里仁」제4)라 하여 강렬한 초월적 희망을 나타내었다. 그러나 한 번 떠나가 되돌아오지 않고 그저 초월만을 중시하고 현세를 무시한다면 반드시 편벽되어 잃음이 있게 되는데 세상의 종교문화는 흔히 이러한 편향된 점을 나타낸다. 그렇지만 위대한 종교 전통은 세상에 강력한 종교조직을 가지고 있다. 이것은 결단코 역설적이다! 그런데 종교가 장기적으로 발전하는 과정에서 중세기로부터 현대로 뛰어 넘어오면 세속화의 경향을 나타내지 않은 것이 없었다. 서양의 신교, 불교의 선종 등등과 같다. 이것은 "내재"의 한 고리를 나타낸 것으로 무시할 수 없는 것이다. 현대에 이르자 세속화의 경향은 더욱 강해져 "신의 은퇴"(上帝的隱退)라는 현상이 나타나게 되어 오늘날 초월의 '리얼'을 말한다는 것은 곤란한 문제가 되었다.

이제까지 우리는 초월과 내재라는 두 고리의 작용을 살펴보았다. 인간은 눈앞의 현실적 곤경에 처하게 되면 안심입명하기 어렵다. 현대사회와 같이 철저하게 세속화된 문화 속에 살아간다고 하더라도 여전히 여러 가지 형태의 종교 신앙이 유행하고 있다. 심지어 인민성전교(人民聖殿教)와 같은 사교집단을 포함하여 똑같이 미신에 빠진 신도 대중을 흡수할 수 있다. 틸리히가 궁극적 관심으로 판단의 기준을 찾았던 노력은 칭찬할 만하다. 그가 우리는 유한한 사물을 절대화할 수 없다고 생각한 것 역시 심오한 예지를 담고 있다. 우리의 궁극적 목적은 다만 "도"(道)의 차원에 있는 것이지 "기"(器)의 차원에 있을 수 없다. 우리가 추구할 만한 가치가 있는 궁극적 관심을 찾기만 한다면 우리의 정신은 안정될 수 있고 자신의 안심입명의 소재를 찾게 될 것이다.

그러나 단지 초월만을 살피고 내재를 고려하지 않는다면 체만 있고 용은 없게 되어(有體而無用) 떠도는 초월이 되기 때문에 세상 사람들의 고통과 번뇌를 돌보지 않게 된다. 양주가 '터럭 하나를 뽑아 천하를 이롭게 한다고 하더라도 하지 않는다'(拔一毛而利天下不爲)고 말한 것과 같이 사람에게 진정한 만족을 줄 수는 없다. 종교의 한 가지 강렬한 동기는 세상을 제도하는 것이다. 그러므로 대승불교는 자비와 지혜를 함께 운용할 것을 말해야 한다. 보살은 한 사람의 중생이라도 구제받지 못하였다면 세상을 벗어나 끝없는 무변의 오묘한 즐거움을 누리지 않고 세상에 남기를 서원한 것이다. 그런데 초월의 이상은 구체적으로 현실화되면서 "감함"(坎陷)의 과정을 밟지 않으면 안 된다. 무한을 향하던 것에서 지금으로 되돌아와 긍정해야만 한다. 그런데 양지의 감함은 견문과 본질적인 관계가 있다. 초월과 내재 이 둘을 살펴보는 것은 나에게 두 가지 차원의 동의를 하게 한다. 나는 초월의 도에 동조하고, 또 지금의 나에게 동조한다. 나는 유한하지만 도는 무한하다. 도의 창조는 나와 연관되고, 나의 창조는 나를 도의 무궁함에 복귀하도록 한다. 이것은 초월에서 내재에 이르고, 내재에서 초월에 이르는 순환 중에 있는 것이다. 나는 내 자신이 진정으로 안심입명할 곳을 찾았다.

주註 *원래 『법언』(法言) 총25, 26, 27, 28기(1991년 12월, 1992년 2, 4, 6월에 발표하였다.

5
세계윤리와 문화차이

나는 1997년 3월 말 파리에서 열린 유네스코(UNESCO) "세계윤리계획"(世界倫理計劃, universal ethics project) 준비위원회의 초청을 받아 "세계윤리선언" 기초 작업 제1차 회의에 참가하였다. 세계 각지에서 이 회의에 참가한 철학자들은 모두 12명으로 이 방면의 전문가 4명을 포함하고 있었다. 한스 큉(Hans Küng), 칼-오토 아펠(Karl-Otto Apel), 마이클 왈쩌(Michael Walzer)와 시시라 복(Sisela Bok) 및 미국, 프랑스, 터키, 시리아, 남미, 아프리카, 인도에서 온 대표들이었다. 나는 유일하게 동아시아 지역의 대표로 참가하게 되었다.

3월 26일부터 28일까지 열린 회의의 논의 일정은 겨우 이틀 반이라는 매우 촉박한 시간이었다. 유네스코 총본부에서 열린 반나절 동안의 공개 토론에서 네 명의 전문 학자가 핵심 주제를 발표하고 나머지 8명의 학자가 토론에 참여하였는데, 각기 나누어 간단하게 자신의 의견을 발표하고 자신의 입장을 설명하였다. 이틀간의 일정이 끝난 뒤 폐막회의에서 선언을 기초할 수 있는지 가능성을 논의하였고, 여기에는 이

계획 자체를 준비한 직원 이외에 특별 계약한 참관인만 참여하였다. 회의는 시작되자마자 강렬한 문화차이의 요소를 드러내었다. 계획의 주최자인 김여수(Yersu Kim) 박사는 비록 한국인이지만 서양에서 — 하버드대와 독일— 고등교육을 받았다. 그가 준비한 보고서는 희랍으로부터 오늘날 롤즈(John Rawls)의 정의론에 이르기까지 서양의 도덕윤리와 인권의 관념을 논의할 때마다 '도'(道)를 말하였지만 동양의 관점에 대해서는 단지 방콕에서 열린 인권회의만을 제기하여 분명히 비율적으로 상대가 되지 않았다. 인도에서 온 대표 카란 싱(Karan Singh)은 먼저 비판을 하면서 많은 신도를 가지고 있는 불교 전통에 대해서 한 글자도 제기하지 않았기 때문에 이 보고서는 근본적으로 받아들일 수 없다고 말하였다. 나 역시 비록 유가전통을 제기하였지만 정치화된 유가와 정신적 유가를 구분하지 않아 분명히 중대한 문제점이 있음을 지적하였다. 나는 서양의 관념을 가지고 문제를 토론하는 것에 반대하지 않지만 지나치게 한 측면에 기울어지는 것은 받아들일 수 없었다. 한스 큉은 곧바로 동양의 관점을 덧붙이도록 문제 제기를 하여 많은 사람들의 동의를 얻었지만 김여수를 도와 보고서를 준비했던 사람들이 자격이 있는지와 이 작업을 잘 할 수 있는지의 여부는 의문이지 않는가?

나는 이런 형식의 회의에 처음으로 참가하였지만 느낌상으로 소형의 유엔 정치회의에 참가한 사람들은 모두 논쟁이 격렬하여 서로 양보하려고 하지 않는 듯하였다. 그러나 결국 참가자 모두는 각각의 전통에 대하여 어느 정도 대표성을 갖는 철학자들이고 격렬한 논쟁의 목적은 편견을 깨부수는데 있었으므로 기본적으로는 모두 합리적 태도를 취하고 서로 교류하기를 바랐다. 그러므로 모종의 공통된 인식을 형성하고 선언의 초고를 만들어 모두 서명할 수 있기를 희망하였다. 모두들 전통·배경이 달랐으므로 이러한 계획은 언제라도 깨질 위험이 있었다. 마지막으로 네 사람을 추천하여 선언을 기초하자는 제의가 있었지만 통과되지 않았다. 그렇지만 9월에 이탈리아 나폴리에서 회의를 계속하고 참가할 철학자 수를 두 배로 초청하여 모두에게 이익이 되는 방안을 모아 발전적 탐구를 하자는데 동의하였다. 회의에서는 각 개인들이 자유롭게 조를 짜 문건(文本)을 만들어 나폴리에서 함께 토론할 때 사용하자는데 반대하지 않았다. 그래서 한스 큉은 곧 템플대학교(Temple University)의 레오나드 스위들러(Leonard Swidler), 카란 싱과 나 — 아마도 또 시시라 복이 있었을 것이다 — 와 느슨한 모임을 만들었다. 그가 초고를 만들어 우리 몇 사람이 비평과 의견을 제시하도록 하였는데 토론의 기초로 삼을 문건을 완성하여 나폴리의 모임 이후 처음부터 다시 시작하는 문제점을 벗어나고자 하였지만 결과는 여전히 제자리걸음이었으니 어찌 시간과 정력을 낭비한 것이 아니었겠는가! 한스 큉은 오히려 단호하였다. 그가 심사숙고하여 쓴 "인류 책임의 세계선언"(人的責任之世界宣言, Universal Declaration of Human Responsibilities)의 원고를 우리에게 e-메일(電子信件, e-mail)을 통해 신속하게 보내 답변하였다. 나는 어조가 지나치게 이상주의적이라고 생각하여 다만 약간의 수정을 하여 좀 더 실재적이도록 하였다. 한스 큉은 우리의 제의에 따라서 문장을 다시 수정하여 문건을 만들었다. 그 문건은 4월 하순 비엔나에서 열린 약 30인의 전 국가 원수 혹은 지도자로 조직된 "협력모임"(互動會, interaction council) 제15차 전체회의(plenary session)에서 채택되었다. 이 모임의 구성원으로는 전 독일 수상 슈미트(Helmut Schmidt), 전 미국 대통령 카터(Jimmy Carter), 전 캐나다 총리 트뤼도(Pierre Trudeau), 전 코스타리카 총리 아리아스(Oscar Arias), 전 일본 수상 미야자와 기이치(宮澤喜一), 전 잠비아 대통령 카운다(Kenneth David Kaunda) 및 전 호주 수상 프레이저(Malcolm Fraser) 등이었다. 회의에 참가한 전문학자 고문으로는 한스 큉이 선임자였고, 또 중국계 학자 줄리아 칭(Julia Ching)이 있었다. 내가 놀란 것은 사상이 상대주의적 실용주의자에 가까운 로티(Richard Rorty)가 후보자의 신분으로 참가한 것이다. 이렇게 볼 때 이것은 분명히 세계적인 활동이었다. 문건은 이미 9월 초에 정식으로 세계에 발표되었다. 나폴리의 회의는 시간이 없어서 12월 초에 거행하도록 연기하였다. 이것이 바로 우리가 지금 보고 있는 상황이다.

파리 회의 때 나는 문화차이의 요소는 무시할 수 없다는 것을 강하게 느낄 수 있었다. 특히 서로 다른 문화의 대표가 실제적으로 접촉하면서 이러한 점을 분명히 감지할 수 있었다. 터키의 대표 쿠추라디(Ioanna Kucuradi)는 여러 차례 혼자서 이의를 제기하였다. 그녀는 "가치"(value)라는 단어 사용을 피할 것을 주장하였다. 왜냐하면 그것이 지나치게 주관적이므로 "규범"(norm)이라는 용어를 사용할 것을 주장하였다. 그러나 받아들여지지 않았다. 거의 모든 사람들이 마땅히 전통에서 자원을 찾고 새로운 해석을 덧붙여 그 현대적 의의를 부여해야 한다고 믿었지만 그녀는 오히려 배척하고 거부하였다. 점심을 먹을 때 모두 자유롭게 이야기를 하는 가운데 우리는 터키에서 전통을 말하는 것은 원리주의자 앞잡이와 같다는 점을 알게 되었다. 모두가 처한 상황이 달랐으므로 논의의 입장 역시 달랐던 것이다. 이것이 어찌 매우 자연스러운 일이 아니겠는가! 왈쩌는 강연을 하면서 사람은 반드시 하나의 문화 내에 뿌리를 두고(embedded) 있다고 하였다. 그는 올해 미국에서 필름을 통해 '프라하의 봄'의 시위 모습을 보면서 둥둥 울리는 북소리를 들었는데, 비록 그들의 의도가 무엇인지 알지 못했지만 오히려 자신의 경험을 통해 공감할 수 있었다고 하면서 우리의 이해는 자신의 체험을 떠날 수 없다고 하였다. 시리아의 대표 알-아쯔메(Aziz Al-Azmeh)는 평론할 때 왈쩌의 이러한 사상은 매우 위험한 것이라고 하였다. 그는 모종의 보편주의[普世主義] 관점을 견지하는 듯이 보였는데 왈쩌의 사상 배후에 감추어진 다문화주의의 관점에 찬동하지 않는다고 평가하였다. 남미의 대표 구아리글리아(Osvaldo Guariglia)와 프랑스의 대표 뽈랑(Jaeques Poulain)은 항상 같은 입장에 서서 발언을 하였다. 나는 그들의 구음이 농후한 영어를 이해하기 어려워 한스 큉에게 도움을 요청하였다. 한스 큉은 그들이 오래된 마르크스주의자라고 말하였고, 또 그들의 관점을 공개적으로 반박하였다. 그리고 우리의 관심은 단지 세계윤리이지 구체적 사회활동이 아니라고 말하면서 그것은 다른 방법을 찾아야 한다고 주장하였다. 한스 큉은 큰 논쟁과 격렬한 정서적 반응을 일으키게 될 낙태와 같은 문제는 매우 조심스러워 문건에 넣지 않았다. 그가 하려고 한 것은 바로 종교 지도자와 철학자를 필두로 하여 (참가자의) 최소한도의 공통된 인식을 결집시켜 정치·경제·사회 각 측면을 통해 모종의 적극적이고 긍정적인 영향을 주는 것이었다.

파리 회의 때 모두들 '최소한도(minimalist)로·실제에 부합하는'(pragmatic) 길만이 유일한 가능성이라는 것을 인식하게 되었다. 그러나 이러한 길을 어떻게 이해할 것인가? 이 문제에 대해서는 한 층 더 깊은 고찰과 반성을 하지 않을 수 없었다. 내가 생각하기에 이른바 최소한도의 공통된 인식은 결코 여러 가지 서로 다른 주장을 취합하여 같은 점은 취하고 차이점은 생략하여 공통분모를 찾는 것이 아니다. 이것은 불가능할 뿐만 아니라 어떤 의미도 없다. 전통 논리학에 의하면 한 개념의 외연(extension)과 내포(intension)는 서로 반비례한다. "존재"(*存有*: being)의 작용 범위가 가장 넓은데 어떤 존재물이라도 모두 존재의 성질을 가지고 있지만 내용은 가장 빈약하여 존재 이외에는 달리 말할 것이 없다. 그런데 "소크라테스"의 내용은 매우 풍부하다. 그는 기원전 5세기에 아테네에서 활동하였던 철학자로 플라톤의 스승을 가리키지만 적용의 범위는 한 사람에 한정된다. 만약 우리가 세간의 각 학파 각 학자의 윤리학에서 같은 점을 취하고 다른 점을 생략한다면 다만 서로 간에 공통점에 비해 모순 충돌이 더 많다는 것을 찾게 될 것이다! 이른바 실제에 합치된다는 뜻 역시 결코 어떤 도덕원칙도 준수하지 않고 모두 진흙탕에 빠져 적당히 얼버무려 책임을 회피하는 것일 수는 없다. 이러한 철학자는 근본적으로 자신의 책임을 방기한 것이다. 이것을 참는다면 무엇을 참을 수 없겠는가! 이것으로 볼 때 상술한 것은 결코 '최소한도로 · 실제에 부합하는' 관점에 대한 바른 견해가 아니다. 사실 우리가 추구한 것은 여러 가지 서로 다른 입장을 견지하는 사람들이 정신상으로 감통하는 것이지 결코 의견과 제목에서 하나로 귀결될 필요는 없다. 다시 말해서 우리가 필요로 하는 것은 카시러의 이른바 "공능적 통일성"[功能的統一性, functional unity)이지 "실질적 통일성"[實質統一性, substantial unity)이 아니라고 말할 수 있다.[1]

만약에 한 걸음 더 나아가 문제를 분명히 하고자 한다면 반드시 내가 처음으로 초청되어 1989년 2월 파리에서 열린 유엔 유네스코의 "평화와 세계종교"(和平與世界宗教) 회의에 참가한 때로 소급해가야 한다. 유태교, 기독교, 이슬람교, 인도교, 불교와 유가를 포함한 6대 종교의 대표는 한스 큉의 논문 "종교 간에 평화가 없다면 세계평화는 없

[1] Ernst Cassirer, *An Essay on Man* (New Haven: Yale University Press, 1994), p. 222.

다"(沒有宗教之間的和平卽沒有世界平和)는 것에 대해 반응을 보였다. 그는 자기의 입장을 고수하면서 조류에 휩쓸려 아무 것이나 받아들이는 방법은 모두 아무런 효과가 없다고 지적하였다. 각각의 전통은 반드시 자신에 대해 깊은 비평과 반성을 하여 어느 정도 자아초월이 있어야만 전통 사이의 회통을 추구할 수 있다. 그는 솔직하게 서양의 많은 중요한 가치는 결코 기독교 때문이 아니라 기독교의 압제에 반대하여 나온 것이라고 하였다. 우리가 놀라고 의아해 했던 것은 그가 세계종교의 공통된 기본 개념은 "신"이 아니라 — 불교는 무신론이기 때문에 —참된 "인성"— 그가 라틴어 휴마눔(humanum)을 써서 표현한 — 이라고 하였기 때문이다. 세계의 종교 가운데에서 인도(人道)에 기대지 않는 것은 없다. 이른바 "황금률"(金律)은 결코 기독교에만 있는 신조가 아니다. 공자는 "자기가 바라지 않는 것은 다른 사람에게 베풀지 말라"(己所不欲, 勿施於人)고 말하였다. 이슬람교 경전에도 유사한 표현이 있다. 각각의 전통이 자신의 토대로부터 확충되어 나아가면 그 밖의 전통과 회통하는 계기를 찾을 수 있다. 나는 한스 큉의 관점에 전적으로 동의하였는데 사람은 한편으로 진리에 대한 집착을 버릴 수 없지만 다른 한편으로는 오히려 서로 다른 전통에서 강렬한 공감을 찾을 수 있다. 한스 큉 본인의 기억에 의하면 이렇다.

> 가장 멀리까지 나간 것은 유가의 대표이다. 그는 유가의 위대한 인도주의의 전통에서 출발하여 이렇게 강조하였다. "보편종교의 표준을 찾는 것은 유가의 전통에서 말한다면 전혀 문제가 되지 않는다. '인'(仁)은 항상 유가에서 가장 큰 관심사였다."[2]

[2] 한스 큉, 『世界倫理構想』, 周藝 譯(홍콩: 三聯書店, 1996), 140쪽.

유가의 시각에서 볼 때, 문제를 해결하고자 한다면 "리일분수"(理一分殊)의 방법을 취해야 한다.[3] 천하에 두루 통하는 이치(理)는 다만 하나뿐이다. 그렇지만 오히려 말을 초월한 것이고, 노자가 말한 이른바 "도를 도라고 하면 항상된 도가 아니다"(道可道, 非常道)라는 차원이다. 말로 할 수 있는 것은 이미 분수의 차원에 속하는 것으로 억지로 하나로 돌아가게 할 수 없다. 주자는 일찍이 "월인만천"(月印萬川)의 비유로 이 도리를 설명하였다. 현대적 방식으로 해석하면 "리일"은 단지 "규약원리"(規約原理, regulative principle)일 뿐이지 "구성원리"(構成原理, constitutional principle)가 아니기 때문에 귀납을 통하여 증명할 수는 없다. 그러나 그것은 오히려 우리에게 자연 속에서 '모든 것을 하나로 귀결하는'(齊一) 하나의 근본원칙을 찾도록 이끈다.[4] 이러한 원칙이 있어서 이끌게 되면 설령 우리가 사실에서 수많은 분수가 있다고 하더라도 또 가능한 한 회통의 길을(會通之道) 찾을 수 있기 때문에 모순·충돌을 벗어나지 못하고 분열과 원한을 일으켜 서로 죽이는 지경에까지 이르지는 않을 것이다.

이번 모임에 고무된 한스 큉은 사람들의 의견을 다시 받아들여 "세계윤리선언"(世界倫理宣言, "Declaration toward a Global Ethic")을 기초하는 작업에 착수한 후 1993년 시카고에서 거행한 세계종교회의(世界宗教會, Parliament of the World's Religious)에 제출하였다. 이 회의는 6천 5백 명의 세계 종교인사가 참가하는 공전의 성황을 이루어 "선언"은 마침내 회의에 참가한 대다수의 단체와 개인의 서명을 받

---

3 劉述先, 「"理一分殊"的現代解釋」, 『理想與現實的糾結』(臺北: 臺灣學生書局, 1993), 157-188쪽.

4 Ernst Cassirer, *Determinism and Indeterminism in Modern Physics* (New Haven: Yale University Press, 1956). pp. 52-53, 62-63.

았다. 내가 잘 알고 있는 세계적인 여러 큰 종교 이외에 또 자이나교(Jainism), 조로아스터교(Zoroastrianism) 및 원시 종교의 대표가 있었으며, 심지어는 이교(異教)라 칭하는 단체의 대표도 있었다![5] 동아시아 지역의 참가자로는 도교, 선종이 있었고 유독 유교가 없었지만 그 원인은 대체로 유교는 조직된 종교가 아니기 때문이었다. "선언"의 기초는 분명히 현재 세계가 마주하고 있는 위기에 대처하기 위한 것이다. 그러나 다만 외재적 인권만을 긍정하는 것으로는 부족하고 반드시 내재적 태도를 바꾸게 하여 내외가 융화되어야만 역량과 효과를 낳을 수 있다. "선언"의 한 단락을 선택하여 그것이 힘써 나아가도록 고취하고 있는 방향을 설명하기로 한다.

> 우리가 말하는 이른바 "세계윤리"(世界倫理)는 결코 세계성의 한 의식형태 혹은 "단일적 통일종교"(單一的統一宗教)로서 현존하는 여러 종교를 초월하는 것이 아니고, 또 어느 한 가지 종교가 그 밖의 모든 종교를 통제하는 것을 가리키는 것은 더더욱 아니다. 우리가 생각하는 세계윤리는 "구속력이 있는 가치, 취소할 수 없는 표준 및 개인 태도의 기초가 되는 공통된 인식"을 가리키는 것이다. 이와 같이 세계윤리에 대한 기초적인 공통된 인식이 없다면 언제인가는 사회집단은 혼란에 빠지거나 독재의 위협이 있게 되어 개인 역시도 절망적이다.

현존하는 각 종교 전통 사이에 설령 큰 차이가 있다고 하더라도 그들이 자신의 전통 내에서 자원을 찾아 다른 전통과 회통할 수 있는 길을 찾는다면 공통된 인식을 추구하는데 방해가 되지 않을 것이다. 지

---

5 Hans Kűng and Karl-Josef Kuschel, eds., *A Global Ehtic, The Declaration of the Parliament of the World's Religions* (London: SCM Press, 1993)

금의 세계위기를 해결한다는 대업을 수행함에 있어서 종교는 실제적으로 매우 중요한 역할을 담당하고 있다. "선언"에서는 이렇게 지적하였다.

> 우리는 종교가 결코 세계의 환경, 경제, 정치 및 사회의 문제를 해결할 수 없다는 것을 알고 있다. 그러나 그것들은 분명히 경제계획, 정치방안 혹은 법률규정만으로 얻을 수 없는 것을 제공할 수 있다. (종교는) 내재방향, 전체적인 마음 상태 및 민심의 "변화(改變)"를 통해 허무의 길에서 생명의 길로 전환하는 새로운 방향으로 나가게 한다. 인류는 사회와 생태에 대한 개혁을 절박하게 필요로 하는데 그것들은 똑같이 "정신적 갱신"을 절박하게 필요로 한다.

적어도 오랫동안 누적되어 형성된 여러 가지 뿌리 깊은 편견 때문에 종교가 장해물이 되어서는 안 된다. "선언"에서는 각각의 종교 전통에서 모두 동일한 원리에 대한 서로 다른 표현을 찾을 수 있다고 지적하였다.

> 수 천 년을 경과하면서 형성된 인류의 수많은 종교와 윤리 전통에서 아래에 열거한 모든 원리를 찾을 수 있고, 또 그러한 원리는 계속해서 유지되어 내려왔다. 즉 "자신이 바라지 않는 것은 다른 사람에게 베풀지 말라."(己所不欲, 勿施於人) 혹은 적극적 방식을 사용하여 표현하기도 하였다. "자신이 바라는 것을 다른 사람에게 베풀라." 이것은 당연히 생활의 모든 영역-가정과 사회, 종족, 국가와 종교와 같은 영역에서 없어서는 안 되는 무조건적인 규범이다.

그런데 이 원리는 또 우리의 행위를 지배하는 구체적인 표준을 이끌어내 고금중외(古今中外)를 두루 관통한다. 우리는 4가지의 포괄적인 지도이념을 찾을 수 있다.

(1) 비폭력의 문화와 생명의 존중에 대한 인정(commitment to a culture of nonviolence and respect for life).

(2) 협동 문화와 공정한 경제 질서에 대한 인정(commitment to a culture of solidarity and a just economic order).

(3) 관용적인 문화와 진실한 생활에 대한 인정(commitment to a culture of tolerance and a life of truthfulness).

(4) 평등한 권리 문화와 남녀 간의 동반 관계에 대한 인정(commitment to a culture of equal rights and partnership between men and women).

마지막으로 마침내 기질의 변화라는 효과를 얻었다. 이것은 곧 "선언"에 포함된 요지의 대의이다. 눈썰미가 있는 사람은 그 4가지 지도이념이 사실은 모세의 십계명 중에서 윤리와 관련이 있는 4가지 계율—살인하지 말라(不殺), 도둑질하지 말라(不盜), 거짓된 말을 하지 말라(不妄), 음란하지 말라(不淫)— 의 현대적 표현이라는 것을 쉽게 알 수 있을 것이다. 세계종교회의 "선언"과 관련이 있는 회의 중에서 많은 사람들이 "선언"의 문장이 지나치게 서양의 술어와 개념에 의지하고 있다고 지적하였다. 한스 큉은 이 문건에는 분명히 그 한계가 있다고 솔직하게 인정하였다. 그런데 왜 모두들 뒤에 이 문건에 서명을 하였는가? 이유는 매우 간단하다. 왜냐하면 그것이 지향하는 초월적 "리일"은 결코 서양의 언어, 문화와 개념이 포괄할 수 있는 것이 아니기 때문이다. 불교의 오계(五戒) —살생하지 말라(殺), 도둑질하지 말라(盜), 음란하지 말라(不淫), 망령된 말을 하지 말라(妄), 술을 마시지 말라(酒)— 는 바로 똑같은 금령을 포함하고 있지 않는가? H. 스미스(Huston Smith)의 저작 『인간의 종교』(人的宗教)에서 이 문제를 토론할 때 의미를 매우 분명하게 설명하였다. 그의 견해에 의하면 다음과 같다.

> 십계명(十戒)이[…] 가리키는 것은 바로 집단생활을 하는 가운데 최소한도의 표준을 얻도록 하는 것이다. […]폭력에 대하여 그들은 사실상 이렇게 말하였다. 너는 논쟁하고 다툴 수는 있지만, 그러나 같은 종족의 무리 내에서 살인을 해서는 안 된다. 왜냐하면 그것이 이끌게 되는 종족 무리의 원한은 사회를 붕괴시키기 때문이다. 그런 까닭에 "너는 살인을 해서는 안 된다." 성(性)에 대해서도 이와 똑같다. 너는 거듭 죄를 지을 수 있고, 여색을 탐할 수 있으며, 심지어는 난교를 할 수 있는데, 비록 우리가 이러한 행위를 권하고 허락하지는 않지만 또한 법률로 너를 추궁하지도 않는다. 그러나 일정한 한도에 이르게 되면 마땅히 한계를 지어야 한다. 결혼한 사람은 혼인서약 이외에 성의 방종한 행위를 허락지 않는다. 왜냐하면 그것이 선택한 격정은 사회에서 용인하는 것이 아니기 때문이다. 그런 까닭에 "너는 간음해서는 안 된다." 재부(財富)에 대하여 너는 원하는 만큼 많은 재부를 쌓으면서도 이 도리에 정통할 수 있다. 그러나 한 가지 일만은 네가 해서는 안 되는데 바로 다른 사람의 것을 직접적으로 빼앗아 자신의 소유로 삼는 것이다. 왜냐하면 이것은 공경한 경쟁이라는 의미를 위반한 것으로 그것이 만든 적대감은 통제할 수 없는 것으로 변하기 때문이다. 그런 까닭에 "너는 도둑질을 해서는 안 된다." 마지막으로 언어에 관하여 너는 말을 꾸밀 수 있고 애매모호하게 할 수 있지만, 그러나 어떤 때에 우리는 네가 진실한 말[眞話], 모두가 참된 말을 할 것을 요구하는데 다만 진실만을 말해야지 아무렇게나 다른 것을 말해서는 안 된다. 만약 분쟁이 발생하여 법정에서 판결을 해야 할 정도에까지 이르렀을 때 이때에 법관은 반드시 진상을 알아야 한다. 만약 네가 그때 진실한 말을 할 것을 선언하고서도 도리어 거짓말을 한다면 징벌은 엄할 것이다. "너는 위증을 해서는 안 된다."[6]

---

[6] Huston Smith, *The World's Religions* (New York: Harper San Francisco, 1991), pp.

그리고 뒤에 그는 결론을 도출하여 이렇게 말하였다.

> 십계명의 윤리적 차원에서의 중요성은 그 특수성에 있는 것이 아니라 그 보편성에 있는 것이고, 그 궁극적 성질에 있는 것이 아니라 그 기초적 성질의 우선성에 있는 것이다. 그것들이 제기된 명목상의 발언은 결코 최종적인 것이 아니다. 그것들이 말하는 것은 반드시 말해야만 했던 것으로, 만약 그 밖의 말이 필요하다면 그에 따라 나오게 될 것이다. 이것은 바로 어째서 시나이 산 이후 3천 년 동안 그것들이 여전히 보편적인 "도덕적 세계어"(道德的世界語, esperanto)가 되었는가 하는 이유이다.[7]

스미스의 관찰은 대체로 오류가 없다. 이러한 도덕계율의 세세한 절목에 대한 각 문화의 규정은 혹 서로 다른 점이 있을 수 있지만 큰 원칙에 있어서는 서로 통한다는 것이다. 오늘날에는 여성의 지위가 상승하여 몇 가지 전통의 표현 방식을 이미 적용할 수 없지만 정신상에서는 여전히 관통하고 있는 것이다. 이것으로 볼 때, "선언"이 세계종교회의에서 서로 다른 배경을 갖고 있는 종교 인사들의 인정을 받은 것은 비록 거의 기적에 가까운 일로 사전에 예상할 수 없었던 일이지만 일이 끝난 뒤에 회고해 보면 사실 그렇게 된 까닭이 있었다. 지금 세계는 분열되어 붕괴의 조짐이 매우 심각해져 여러 가지 문제가 일어나고 있다. 그래서 종교계의 지도자들은 한 마음으로 공통된 인식을 추구하였고, 또 그렇게 해야만 하는 필연적인 추세가 있었다. 한 사람이 높은 곳에 올라가 소리를 치면 백 사람이 호응하게 되는 것처럼 "선언"에 서명한 것은 바로 물이 도랑을 타고 흘러가는 것처럼 지금 세계의 어

287-288; 중국어 번역본, 393-394쪽 참조.

[7] 같은 책, 288쪽 주석; 중국어 번역본, 394쪽 참조.

떤 공통된 관심과 경향을 반영하였다. 그런데 유가 쪽에서 시카고 회의에 참석하지 않은 것은 세계적 조류에서 이탈하거나 영향력이 없다는 것을 의미하지 않는다. 사실 공자의 황금률 "자신이 바라지 않는 것을 다른 사람에게 베풀지 말라"(己所不欲, 勿施於人)는 말이 여러 차례 인용되었고, 세계윤리의 배경이 되는 중요한 기초 가운데 하나로 존중되었다. 한스 큉은 "선언"이 출판된 뒤에 나에게 한 권을 보내왔고, 또 나에게 그에 대한 의견을 요청하였다. 그는 전 세계에서 대표성이 있는 정계 요인과 학자 34명을 초청하였는데 슈미트, 남아공의 투투 주교, 미얀마의 아웅산 수지 등은 글을 써서 자신의 의견과 감상을 말하였다. 이것을 모아 문집으로 1995년에 출판하여 유엔 성립 50주년을 기념하였다.[8] 나는 유가의 입장에서 "선언"에 지지를 보냈다. 지난 학기(1996/1997)에 나는 홍콩 중문대학에서 휴가를 얻어 대만중앙연구원(臺灣中央研究院) 문철연구소(文哲研究所)에서 연구를 하였다. 유네스코의 "세계윤리계획"에서 나를 찾아와 "세계윤리선언"을 기초하는 일에 참가하기를 요청하였다. 3월에 파리의 유네스코 총부에서 공개 토론을 진행하였다. 요청에 응하여 한스 큉의 발언에 회답을 하였는데, 그와 완전히 다른 배경을 가지고 있지만 나는 이 문제에 대한 한스 큉의 입장을 흔쾌히 지지하게 된 이유를 간략히 설명하였다. 파리에서 헤어진 뒤에 사실 그는 이미 튀빙겐 대학에서 퇴직하였지만 지금까지도 쉬지 않고 세계윤리와 관련이 있는 활동과 일을 추진하는데 전력을 다하고 있다. 그가 하고자 한 것은 비종교적 신도들도 서명할

[8] 나에게는 독일어 판본만이 있는데 나의 글 역시 독일어로 번역되어 발표되었다. Shu-hsien Liu, "Weltethos-Eine Konfuzianische Antwort," in: *Ja zum Weltethos: Perspectiven für die Suche nach Orientierung*, edited by Hans Küng (München: R. Piper Gmblt & CO., 1995), pp. 285-292.

수 있는 한 편의 문건을 작성하여 진정으로 보편성을 갖는 운동이 되게 하는 것이었다.

새로 받은 자료에서 알게 되었지만 우리가 참여하여 수정한 문건 "인류 책임의 세계선언"(人的責任之世界宣言)은 4월 협력모임에서 수정을 가한 후에 이 모임의 3명의 수뇌—슈미트(명예회장), 프레이저(회장)와 미야자와 기이치(집행위원)—가 먼저 서명을 하고, 9월 1일에는 유엔에 제출하여 이 문건에서 제시한 이념이 대회의 결의를 통해 받아들여지기를 희망하였다: 자유, 인권의 긍정 이외에 또 책임 관념을 강화하여 실제 행동을 덧붙여야만 세계와 인류의 운명을 개선하여 간디가 비판하였던 7가지 큰 잘못(七宗罪)을 피할 수 있을 것이다.

1. 원칙이 없는 정치(無原則的政治, politics without principle)
2. 도덕이 없는 상업(無道德的商業, commerce without morality)
3. 노력이 없는 재부(無勞力的財富, wealth without work)
4. 성격이 없는 교육(無性格的敎育, education without character)
5. 인성이 없는 과학(無人性的科學, science without humanity)
6. 양심이 없는 향락(無良心的享樂, pleasure without conscience)
7. 희생이 없는 숭배(無犧牲的崇拜, worship without sacrifice)

"선언"은 모두 6개의 큰 항목(大目) 19개 관(款)으로 되어있다. 지금 아래에 번역하여 모두가 참고하도록 한다.

1. 인성의 기본 원칙

(1) 각 개인은 성별, 종족, 사회적 지위, 정치 주장, 언어, 연령, 국적 혹은 종교와 상관없이 모두 인도적 방식으로 모든 사람들을 대할 책임

이 있다.

(2) 사람은 어떤 형식이 되었든 비인도적 행위를 지지할 필요가 없고, 모든 사람은 다른 사람의 존엄과 자존을 위하여 힘쓸 의무가 있다.

(3) 개인, 단체, 조직, 국가, 군대, 경찰은 선악을 초월할 수 없고, 모두 도덕 표준의 평가를 받아들여야 한다. 개인들은 선을 행하고 악을 버릴 의무가 있다.

(4) 모든 사람은 이성과 양심을 품부 받아 갖추고 있으며, 반드시 협동의 정신아래 각 개인과 단체, 가정과 사회, 종족, 국가와 종교에 대한 책임을 받아들인다. 자신이 바라지 않는 것을 다른 사람에게 베풀지 않는다.

2. 비폭력과 생명을 존중함

(5) 각각의 사람은 생명을 존중할 책임이 있고, 사람에게는 다른 사람을 상해, 고통 혹은 죽일 권리가 없다. 이것은 개인 혹은 사회의 정당방위 권리를 배제한 것이 아니다.

(6) 국가, 단체 혹은 개인은 마땅히 폭력을 사용하지 않고 문제점을 해결해야 한다. 정부는 집단학살 혹은 공포주의의 행위를 용인하거나 (그러한 행위에) 참여할 수 없고 또 부녀, 아동을 학대해서는 안 되며, 혹은 국민을 그 밖의 전쟁 도구로 삼아서는 안 된다. 각각의 공민(公民) 혹은 관리는 평화적이고 비폭력적인 방법으로 행동할 책임이 있다.

(7) 각각의 개인은 모두 절대적인 존재로 반드시 무조건적으로 보호를 받아야 한다. 동물과 자연 환경도 보호해야 한다. 모든 사람은 현재 세대 혹은 미래 세대를 위하여 공기와 물·땅을 보호할 책임이 있다.

3. 공정과 단결

(8) 사람들은 모두 정직하고 성실하며 공평하게 일을 행할 책임이 있다. 개인 혹은 단체는 다른 사람 혹은 단체의 재산을 약탈하거나 임의로 빼앗아서는 안 된다.

(9) 모든 사람은 필요한 도구를 공급해주어야 하고, 힘써 빈곤, 영양 결핍, 무지와 불평 등을 제거하고 극복할 큰 책임이 있다. 그들은 마땅히 전 세계적으로 지속가능한 발전을 추동하여 전 인류의 존엄, 자유, 안전과 공정을 조장해야 한다.

(10) 모든 사람은 자신의 천부적 재능을 발전시키는 노력을 할 책임이 있다. 그들은 마땅히 평등하게 교육을 받고 의미 있는 일을 할 기회를 갖는다. 사람은 도움이 필요한 사람, 불리한 지위에 처한 사람, 장애를 가진 사람 및 차별을 당하는 피해자를 마땅히 도와야 한다.

(11) 소유한 재산과 재능은 반드시 공정과 인류의 복지를 조성한다는 원칙에 따라야 하지만 임의적 사용에 대해 책임진다. 경제와 정치 역량은 모름지기 제재의 수단이 되어서는 안 되고, 경제적 공정과 사회적 질서를 위하여 힘써야 한다.

4. 진실과 관용

(12) 사람마다 진실하게 말하고 행동할 책임이 있다. 지위가 높거나 혹은 권력에 상관없이 거짓말을 해서는 안 된다. 사적인 것 및 개인 혹은 직업상의 비밀은 마땅히 존중되어야 한다. 사람은 어떤 상황에서라도 각 개인에게 모두 진실을 말해야할 의무는 없다.

(13) 일반적 도덕 표준을 지키지 않아도 되는 정치가, 공무원, 기업 경영자, 과학자, 작가 혹은 예술가는 없다. 의사, 법률가, 고객에게 특

별한 책임이 있는 그 밖의 전문가 역시 그러하다. 전문직의 그 밖의 윤리 규범은 마땅히 진실과 공평의 우선성과 같은 일반적 표준을 반영해야 한다.

(14) 전문 매체의 대중을 위한 보도와 사회조직, 정부행동에 대한 비판의 자유는 공정한 사회를 유지하는데 필요한 것이지만, 반드시 책임지고 신중하게 운용해야 한다. 전문 매체의 자유는 특히 정확하고 진실한 보도를 할 책임이 있다. 인격의 존엄을 억압하고 대중을 현혹하는 보도는 반드시 피해야 한다.

(15) 종교자유는 반드시 보장되어야 한다. 그러나 종교 대변인은 특히 서로 다른 신앙에 편견을 가진 말과 멸시하는 행동을 피해야할 책임이 있다. 그들은 원한을 보복하는 것, 광신과 종교전쟁을 고취해서는 안 되고 그것을 정당화해서도 안 되며, 마땅히 관용과 전 인류의 상호 존중에 대한 보장을 책임져야 한다.

5. 상호 존중과 동반관계

(16) 모든 남성과 여성은 상대방을 존중하고 또 피차간의 동반관계를 이해해야 할 책임이 있다. 다른 사람에게 성적학대를 가하거나 성적학대를 의뢰해서도 안 되다. 반대로 성적 동반자는 마땅히 서로 돌볼 책임을 받아들여야 한다.

(17) 여러 가지 서로 다른 문화와 종교상의 차이에 상관없이 혼인은 모두 사랑, 충실한 마음, 양해를 필요로 하며, 그 목적은 안전과 협동을 보장하는 데에 있다.

(18) 합리적인 가정 계획은 각 부부의 책임이다. 부모와 자녀의 관계는 마땅히 서로에게 사랑, 존경, 격려, 관심을 반영해야 한다. 부모

나 다른 성인은 아동을 착취, 모욕 혹은 학대를 해서는 안 된다.

6. 결론

(19) 이 선언의 내용은 어떤 국가, 단체 혹은 개인이라도 "선언" 및 1948년의 "인권선언" 에서 열거한 책임 권리와 자유를 파괴하는 해석을 할 권리를 허용하지 않는다.

이 선언은 한스 큉이 나폴리 회의에서 제시하여 토론의 대상으로 삼았던 초본을 예견한 것이다. 나폴리에서 나는 유가의 입장에서 한스 큉의 제안을 지지하는 논문을 발표하였다.[9] 나는 모두가 그의 초본을 출발점으로 삼아 좋은 의견을 모아서 "세계윤리선언"을 기초하는데 착수하고, "세계인권선언"이 발표된 반세기 후에 또 다른 이정표를 세움으로써 세계적으로 도덕윤리의식의 새로운 각성을 통해 인권이 더 나은 결실을 맺도록 촉구하기를 희망하였다. 나는 이 문건에 대하여 완전히 지지하는가? 그렇지 않다. 내 자신의 입장을 간략히 설명한다면 아래와 같다.

첫째, 파리에서 회의를 할 때 비록 아무도 "선언"의 기초가 될 초본 작성의 위임을 받지는 못했지만 누구나 자유롭게 이 일을 할 수 있었다. 그러나 나는 한스 큉처럼 열정적으로 이러한 이상의 실현을 추구할 만한 사람이 없는 것 같아서 그의 팀에 들어가는 것에 동의하고 유가의 입장에서 그의 계획에 참여함으로써 그가 빨리 다른 지역에서 온 사람들의 지지를 얻는데 필요한 것들을 제공하였다. 그런데 나는 만약

[9] Shu-hsien Liu, "Reflections on Approaches to a Universal Ethics from a Contemporary Neo-Confucian Perspective", published in Leonard Swidler, ed. *For All Life: Toward a Universal Declaration of a Global Ethic: An Interreligious Dialogue* (Ashtiand, Oregon: White Cloud Press, 1999), pp. 154-171.

이 선언이 정말 통과된다면 그것은 사람들이 가장 환영할 만한 문건이어서가 아니라 어쩔 수 없으니 될 대로 되라는 방식으로 억지로 받아들이는 문건이 될 것이라고 예상하였다.

둘째, 중국 전통, 특히 유가는 오랫동안 찬란한 도덕 윤리 전통을 가지고 있기 때문에 당연히 이 주제에 대하여 주도적 발언권을 가지고 있다. 공자의 인, 맹자의 의, 순자의 예, 위대한 『역』의 생겨나고 생겨남(生生), 송명 유학의 리(理) 등 우리는 풍부한 자원을 제공할 수 있기 때문에 결코 아브라함 전통의 십계명보다 못하지 않다. 그러나 만약 반드시 이러한 측면에서 지위를 다툰다면 우리의 인도 친구와 같이 더욱 분열되어 한 마음으로 협력하고, 마음을 합쳐 협력하는 효과를 얻지는 못할 것이다. 나는 파리에서 곧 서양 본위의 시각을 벗어나고 또 자신의 맹점을 극복하기만 한다면 서양의 언어개념을 가지고 출발점으로 삼는 것에 대해 개의치 않는다고 말하였다. 솔직히 말해 오늘날의 세계 언어는 말할 것도 없이 서양 언어, 더 분명히 말해 영어인데, 개념 분석과 비판정신도 서양이 선구적 지위를 세운 것이지만 이로 인하여 동양 및 기타 비서양의 문화를 무시할 수는 없다. 오늘날 어떤 사람은 21세기는 중국의 세기라고 말하기 좋아하지만 그 시대는 아직 오지 않았기 때문에 실제적이지 못한 환상은 말할 필요가 없다.

셋째, 한스 큉의 구상은 내가 최근에 현대적인 방식으로 새롭게 해석한 "리일분수"의 종지와 암암리에 합치된다. 그것은 결코 현재 존재하는 서로 다른 전통 문화 간의 차이 및 진리에 대한 추구와 집착을 말살하는 것이 아니다. 우리는 단순히 과거의 전통으로 되돌아갈 수는 없다. 왜냐하면 과거처럼 이전의 여러 전통이 세계 각지에서 각기 발전한다면 헛되이 자만하게 되고 (그런 잘못은) 장기적으로 쌓이게 될 것이기 때문이다. 그러므로 우리는 그것에 대하여 비판적 태도를 견지해야 한다. 중국문화로 말한다면 한대 이래로 정치화된 유가가 실행되어 찬란한 성취가 있었다고는 하지만 (잘못의) 장기적인 누적으로 인해 특히 명·청시대에 권위체제가 세워지면서 구조적으로 많은 부정적인 결과를 낳았다. 그러므로 그에 대한 통렬한 반성과 비판을 통해 유가의 이론을 전면적으로 쇄신하는 현대적 해석을 하지 않을 수 없다. 유가의 입장에 볼 때 우리는 기독교의 원죄관념을 받아들일 수 없고, 또 인도교의 카스트제도를 받아들일 수도 없다. 이 문제는 절대로 자기 편할 대로 뒤섞을 수 없는 것이지만 "분수"의 차원에는 거대한 문화차이가 있음을 반드시 인정해야 한다. 이 측면에서 가볍게 회통을 말할 수는 없지만 그렇다고 해서 여러 원리주의자(原教旨主義派)와 같이 서로 미워하거나 심지어 전쟁을 할 수는 없는 것이고, 영원히 복수하지 않는다는 정도까지 들어가야 한다.

넷째, 문화는 부단히 변화하는 가운데 있는 것임을 알아야 한다. 과거에 회통할 수 없었던 것이라고 해서 반드시 미래에도 회통할 수 없다고 할 수는 없다. 우리는 세계의 각 문화 전통에서 커다란 차이를 발견했을 뿐만 아니라 동시에 또 큰 유사성을 찾았다. 각자 (자신의) 뿌리에서 출발하였지만 도리어 회통의 공간을 찾을 수 있다. 그러므로 최근에 유행하는 문화다원주의(multi-culturalism)가 비록 서로 다른 문화를 긍정한 공적과 생존권의 측면에서 적극적인 긍정적 작용이 있었지만 다른 한 측면에서 문화 간의 차이를 지나치게 과장하여 도리어 다원주의에 감추어진 문제점을 노출시켜 의식 있는 사람들의 걱정거리가 되었다.[10] 후기 현대주의자들의 계몽이성 패권에 대한 비판 역시 지나친 것은 아니지만 이것은 더 "합리적"(reasonable)인 것의 요구이

---

10 劉述先,「多元主義的隱憂」,『理性與現實的糾結』, 10-15쪽.

지 비이성적인 해결에 내맡기는 것이 아니다. 이러한 각도에서 볼 때 하버마스가 말한 "소통이성"[溝通理性]이 "절차이성"[程序理性]에 중점을 둔 것만으로는 충분하지 않다. 우리는 반드시 "실천이성"(實踐理性)에서 모종의 공통된 인식이 있어야만 한다. 그것이 다만 카시러가 말한 공능적 통일성(功能統一性)만을 갖추고 있다고 하더라도 말이다. "선언"은 전적으로 이성의 규약원칙(規約原則)으로 돌아간다. 이것은 포스트모더니즘에 대한 반응이고, 또 내가 최근에 노력하고 있는 방향과도 합치된다.

마지막으로 이 "선언"은 고도의 이상성을 나타내는데 지금의 미혹된 상황과 매우 다르다. 희랍의 궤변가들이 횡행하던 시대에 소크라테스가 일어나 이지적 윤리학(理智的倫理學, intellectual ethics)이라는 대 전통을 세웠던 것을 생각하게 만든다. 그 후 플라톤, 아리스토텔레스가 주류가 되었다. 근대에 데카르트의 이성주의가 비록 또 서구에서 주도적인 역할을 펼쳤지만 오히려 분열의 씨앗을 심어 오늘날 놀랍게도 철학의 종말을 선언하는 사람이 있게 되었다.[11] 그렇지만 이성을 버린다면 우리는 앞으로 무엇에 근거하여 논쟁의 단서를 해결할 것인가? 상대주의가 비록 절대주의의 전횡을 타파했다고는 하지만 진공상태를 남겨두게 되면서 소크라테스가 힘써 비판하였던 "권력이 곧 정의이다"(權力卽正義, might is right)라는 전철을 다시 밟게 되었다! 비록 현대의 종교가 갈수록 미약해지는 위기에 처해있지만 종교사상가는 오히려 강단에 갇혀있는 전문철학자 또는 다문화주의와 포스트모더니즘에 빠진 대중철학자들보다 앞장서서 완전히 새로운 방식으로

[11] Cf. Kemneth Baynes, James Bohman, and Thomas McCarthy eds., *After Philosophy: End or Transformation* (Cambridge, Mass. : The MIT Press, 1987). 이와 같은 시대적 조류에 대한 반응은 필자의 "리일순수"(理一分殊)를 참조하라.

이성을 새롭게 설명함으로써 우리가 말하는 "리일분수"의 종지로 돌아가거나 "정이 지나가면 원이 일어난다"(貞下起元)는 계기를 만들었기 때문에 우리가 주목할 만하다. 한스 큉이 "인류책임의 세계선언"을 준비할 때 이미 일부 전도사들의 입맛에 맞는 내용을 배제하여 이 문건에 종교를 믿지 않는 사람들도 서명할 수 있게 하는 큰 노력을 기울였다. 그러나 이 문건은 여전히 칸트식의 용어로 가득하여 반드시 전문 철학자들의 동의를 받을 것이라고 장담할 수는 없었다. 현재 나의 느낌은 몇 가지 조문은 문맥을 좀 더 부드럽게 하거나 실제에 더 부합하도록 하여 사람들이 쉽게 받아들일 수 있도록 해야 한다는 것이다. 예를 들어 제7조는 "한 사람의 생명은 모두 내재적인 본래 가치를 가지고 있기 때문에 우리는 마땅히 온 힘을 다해 그것을 보호해야 한다"고 고치는 것이 더 타당하다고 생각한다. "반드시 무조건적으로 보호해야 한다"는 것과 같은 고상한 담론을 제시하지만 현실과 오히려 동떨어진 이러한 표현보다는 좀 더 효과적이지 않겠는가? 어쩌면 미혹된 시대에는 더 고상한 것을 제창해야만 효과가 있는 것일까? 누가 알겠는가? 나는 일찍이 한스 큉에게 편지를 써 나는 철학자로서가 아니라 세계시민으로서 그의 초고에 서명한 것이라고 말하였다. 12월 초 나폴리에서 개최될 회의에서 결국 어떤 발전 혹은 진전이 있을 것인가? 우리는 기다려볼 뿐이다!

주註 *원래 『哲學雜誌』 제23기(1998년 2월)에 발표하였다.

6

"세계윤리선언" 초안의 어려움

- 제2차 세계윤리회의 스케치

유네스코(UNESCO)가 주관한 "제2차 세계윤리회의"(second meeting of the universal ethics project)가 1997년 12월 1일에서 4일까지 이탈리아 철학원(Istituto Italiano per gli Studi Filoso fici)의 주최 하에 나폴리에서 열렸다.

"세계윤리선언" 계획의 탄생과 진행과정

나는 나폴리에 가본 적이 없었으므로 그곳의 상황에 대해 전혀 알지 못하였다. 회의가 열리기 전 날 도착하여 로얄 호텔(皇家酒店, Hotel Royal)에 머물렀는데, 창문은 나폴리 항구 쪽을 향해 있었다. 오후에는 외출하여 산책을 하였다. 원래 황궁, 성곽, 오페라하우스가 모두 부근에 있었다. 그러나 우리의 일정이 빠듯해서 여행을 떠난 것과 같은 한가한 감상이 일어날 수는 없었다. 그날 밤 만찬회에서 주최자의 보고가 있고서야 나폴리가 이탈리아의 3대 도시로 인구가 2, 3백만이나 되고 더군다나 풍부한 역사 문화적 배경을 가지고 있으며, 성 토마스, 문예부흥기 때 화형에 처해진 브루노(Bruno), 역사철학자 비코(Vico) 및 미학자 크로체(Croce)가 바로 이곳의 명사라는 것을 알게 되었다.

다음 날 아침 일찍 철학원에서 개회를 하였고, 나폴리의 시장이 와서 개막행사에 치사를 하였다. 유네스코 세계윤리계획의 책임자는 한국계 학자 김여수(Yersu Kim)씨로, 그는 하버드 대학에서 공부를 하였고 독일에서 철학박사학위를 받았는데 주요 연구 방향은 도덕윤리학설이다. 그의 보고는 이 계획의 연혁을 간략하게 설명하는 것이었다. 1993년 시카고에서 거행된 세계종교회의에서 120명의 서로 다른 종교 대표들은 한스 큉이 기초한 "세계윤리선언"(Declaration toward a Global Ethic)에 서명하였다. 1995년 독일 전 총리 브란트(Willy Brandt)의 지도아래 "글로벌 거버넌스 위원회"(世界管治委員會, Commission on Global Governance)는 한 편의 보고서 『전 지구촌』(Our Global Neighborhood)을 출판하여 "세계공민윤리"(global civic ethics)로 공통된 전 지구적 문제를 해결할 것을 제창하였다. 같은 해에 유엔 전 사무총장은 직접 "문화와 발전의 세계위원회"(World Commission on Culture and Development)를 주도하여 『우리가 창조한 차이성』(Our Creative Diversity)이라는 책을 출판하였다. 이 보고서에서 "세계윤리"(global ethics)의 건립을 호소하였다. 또한 바로 보고서의 건의를 집행하기 위하여 유네스코는 1997년에 "세계윤리계획"을 세웠다. 3월에 파리에서 거행된 제1차 회의에서는 12명의 철학자들이 참가할 것을 요청하였다. 그 가운데 네 명은 이 방면의 전문가로 한스 큉, 칼 오토 아펠(Karl-Otto Apel), 왈쩌(Michale Walzer), 시시라 복(Sisela Bok)이고, 다른 여덟 명은 세계 각지의 다른 문화 전통에서 온 사람들로

“세계윤리선언”과 관련이 있는 문제를 토론하여 나폴리 회의에 이어 속회된 회의에서 내용을 의결하였다. 동시에 국가 원수 혹은 지도자들에게 위임되어 조직된 “협력모임”(互動會, interaction council) 역시 이러한 측면의 추진에 적극적인 노력을 기울였다. 그래서 이 운동이 이미 점차 성숙된 분위기를 이루게 되었음을 알 수 있었다. 이번에는 세계 각지에서 온 30명에 가까운 철학자와 단체를 초청하여 각자의 생각을 모아 모두가 기대하는 방향의 이상과 목표에 매진할 것을 기대하였다.

영국, 독일 학자들이 연이어 등장하였는데 양국의 학풍이 대비되었음

잠깐의 휴식 후에 곧 제1회 “철학과 세계윤리”(哲學與世界倫理)에 대한 토론을 시작하였다. 첫 번째로 발언을 한 인물은 가장 연장자인 영국 옥스퍼드 대학의 스튜어트 햄프셔(Stuart Hampshire)였다. 그는 일찍이 그의 저작 『천진함과 경험』(Innocence and Experience)에서 정의(justice)의 최소개념에서 세계윤리의 가능성을 찾을 수 있다고 주장하였다. 그는 시시라 복의 저작 『보편가치』(共同價値, Common Values)를 일깨웠다. 그는 플라톤의 정의론이 서양에서 사람들의 마음속에 깊이 새겨져 큰 장애를 만들었다고 비판하였다. 오늘날에는 다시 실질적인 통일을 추구할 수는 없고 다만 절차적 정의를 건립할 수 있을 뿐인데 개방적인 마음을 유지하는 것, 기존에 이미 성립된 규범을 준수하는 것은 인정받은 두 가지 항목의 조건이다. 이어서 런던경제대학의 브라이언 배리(Brian Bary)가 발언을 하였다. 그는 인권으로부터 사유하여 문화상대주의를 반박하였다. 습관은 일정한 기능이 있지만 지역주의의 함정에 빠질 필요는 없다. 영국의 학풍이 분명하고 실제적이라는 것을 이 두 편의 문장이 남김없이 나타냈다고 말할 수 있다. 본래 같은 조에 있어야할 사람은 마땅히 왈쩌이다. 그는 윤리의 후함(thick)과 박함(thin)을 논하여 유명한 인물이다. 전자는 최대한도(maximum)의 긍정을 요구하는 것이고 후자는 다만 최소한도(minimum)의 긍정을 요구할 뿐이다. 왈쩌는 최소한도주의자로 두 명의 영국학자와 동조적이었다. 그는 일찍이 파리 회의에 참가하였지만 이번에는 이미 논문을 제출하였기 때문에 오지 않았다. 아펠이 대신하여 임시로 참가하였다. 독일학자는 논리의 엄격성을 중시하고 태도가 엄숙하여 영국의 학풍과 서로 대비되었다. 아펠은 조목조목 왈쩌의 관점을 비판하였다. 그는 왈쩌가 그의 관점을 완전히 오해했다고 생각하였다. 그는 어떤 토론(discourse)이 되었든지 간에 반드시 모종의 공통적인 규칙을 세워야 하며 그렇지 않으면 어떤 토론도 진행할 수 없다고 지적하였다. 그런 까닭에 그는 "규약원칙"(regulative principle)의 작용을 견지하였지만 사실 그가 긍정한 것은 절차이성이지 결코 실천이성이 아니다. 그러나 오늘날 사람들은 "이성"이라는 글자를 보기만 해도 곧 경계하는 마음을 갖게 되지만 아펠은 여기에서 힘써 시대적 흐름에 저항하였으니 참으로 대단하다고 할 것이다. 그러나 그처럼 순수한 이론적 탐구를 추구할 사람은 없을 것이므로 영향력은 미미할 것이다.

두 명의 전 총리가 보고서를 작성하여 전 지구적 질서의 건립을 강조함

낮에 우리는 식당으로 돌아와 점심을 먹었다. 우리는 이 학교가 원래 작은 궁전이었고, 식당에서 학교까지 가는 길은 차로 가든 걸어가든 단지 20분이 걸린다는 것을 알게 되었다. 나폴리의 날씨는 맑다가 비가 내리는 등 일정하지 않아 때로는 더웠다가 때로는 추웠다. 내 자신은 가능하면 걷기를 원했다. 석판이 깔린 경사진 길을 걸을 때 햇볕에 말리려고 창 밖에 내걸린 옷들과 길가의 작은 상점들을 볼 수 있었다. 친구는 이것이 바로 옛날 나폴리의 모습이라고 말하였다. 그렇지만 우리가 익숙한 홍콩의 거리와 별반 다르지 않았다. 오후 3시에 철학원에 돌아와 제2차 "전 지구화의 윤리적 의미"(全球化的倫理意涵)의 토론에 참가하였다. 이 번 회의에서 특별했던 것은 두 명의 전 총리가 우리에게 보고를 한 것이었다. 한 명은 루드 루버스(Ruud Lubbers)로 일찍이 네덜란드에서 10년간 정부를 이끌었다. 그는 네덜란드와 유럽의 경험에 의거하여 "국가·전 지구적 시민사회와 윤리가치"(國家·全球性的公民社會與倫理價值)를 강연하였다. 네덜란드에는 군소정당이 난립하여 있기 때문에 전횡을 하여 독단적으로 할 수 있는 총리가 없다. 그런데 네덜란드가 비록 손바닥만 한 작은 나라지만 유럽의 정치에서 매우 중요한 위치를 차지한다. 원인은 오늘날과 같이 국가 관념이 희박한 시대에 정부는 하고 싶은 대로 할 수 없었고, 시민사회로의 전환이 강렬하여 우리는 새로운 사상과 태도로 미래세계의 정세와 문제를 마주해야하기 때문이다.

두 번째 인물은 이홍구(李洪九)로 일찍이 한국의 국무총리를 역임하였다. 그는 높은 학력을 가지고 있고 20년 동안 교육에 종사하였으며, 또 20년 동안 정치를 하였다. 그는 오늘날 경제가 정치에 비하여 더욱 중요하지만 한국은 중국, 일본, 러시아 3대 강국이 이웃나라로 둘러싸여 있으므로 전 지구적 질서를 건설하는 데 더욱 주목해야만 자신의 안전을 확보할 수 있다고 생각하였다.

한스 큉은 선언에 대해 책임질 것을 제안하여 유엔에서 받아들일 수 있기를 희망함

아펠의 논문이 오전에 발표되도록 조정이 되었으므로 임시로 우리 조에서 준비한 한스 큉의 논문 "신세계질서의 윤리"(新世界秩序的倫理)는 오후에 발표하기로 하였다. 한스 큉은 세계종교회의를 통과한 선언을 기초하였을 뿐만 아니라 또 <인류책임의 세계선언>("A Universal Declaration of Human Responsibilities")을 기초하여 '협력모임'에서 받아들이도록 하였는데, 이미 이 모임의 3명의 수뇌—전 독일 총리 슈미트, 전 호주 수상 프레이저, 전 일본 수상 미야자와 기이치(宮澤喜一)—가 서명을 하여 9월 1일 세계에 발표하였으며, 또 유엔에 제출하였다. 한스 큉은 이 선언을 저본으로 삼아 나폴리 회의에서 진일보한 토론과 수정을 통해 모두의 동의를 얻고 유엔에 제출한 다음 1998년에 통과시킴으로써 1948년의 "인권선언" 이후 또 하나의 중요한 선언이 되기를 희망하였다. 그러나 회의 안팎에서의 토론과 한담에서 나는 모두가 아직 이러한 단계까지 나갈 마음의 준비가 되지 않았음을 감지할 수 있었다. 한스 큉의 "인류책임선언"(人類責任宣言)이 비록 이미 많은 종교적 색채와 용어를 줄여 무신론자도 서명할 수 있기를 희망하였다고는 하지만 결국은 십계명에서 배태되어 나온 것으로 종교계에서와 같은 공감을 철학계에서 얻기는 쉽지 않았다.

미국학자는 문화평등을 제기하여 경솔하게 초안을 제출하는 것에 반대함

다음 날 오전 제3차 "문화 차이 시스템 속의 보편성"(文化差異系統

下的普遍性)의 토론에서 먼저 미국의 젊은 유태인 후예 샘 플라이체이커(Sam Fleischacker) 교수가 발표한 "문화차이에서 보편규범까지"(由文化差異到普遍規範)가 회의장에 의외의 상황을 연출하였다. 그는 윤리규범의 보편적 일치를 논하는 것은 세 가지 다른 모형이 있을 수 있다고 생각하였다. 그것은 인권형식, 선험조건형식, 문화평등형식이다. 그는 인권선언의 야심이 지나치게 크고, 모두 크기는 하지만 타당하지 않으며, 의미가 모호한 강령으로 정객들의 손에 놀아난 것이며, 간단하고 솔직하게 말해서 아무런 쓸모가 없다고 공격하였다. 선험조건 형식은 롤즈, 하버마스가 취한 것인데, 지나치게 "작아"(極小) 실제적이지 못하다. 문화평등형식만이 근본적으로 보편도덕원리를 추구하지 않고 문화 자체로부터 자원을 찾아 '회통의 도'(會通之道)를 구할 수 있다. 만약 유대법전(Talmud)이 5백년이라는 시간 동안 편찬할 필요가 있었다면 세계윤리의 완성도 대략 적어도 5백년이 필요한 것이므로 경솔하게 할 수는 없다.

이어서 카메룬의 노-모엘(Ebenezer Njoh-Mouelle)은 "문화의 차이, 철학다원론과 세계윤리의 필요"(文化差異·哲學多元論, 與世界倫理之需要)를 말하였다. 한 아프리카인이 만나게 되는 모순은 바로 그가 자신의 전통을 지켜야 하지만 성장 과정 중에 받게 되는 고등교육이 서양에서 온 것이기 때문에 논문을 쓰고 책을 낼 때 모두 서양 언어를 사용해야 한다는 것이다. 그는 베르그송의 개방사회의 이상이라는 혜택을 받았지만 어떤 하나의 특수문화가 주도하는 세계윤리는 반드시 실패하게 될 운명에 처할 것이라고 단정하였다.

마지막으로 두유명(杜維明)이 "보편성과 유가가치"(普遍性與儒家價值)를 말하였다. 두유명은 1995년 3월 일찍이 코펜하겐에서 "세계지역화는 생활의 실재가 됨: 사회발전의 정신적 자원 탐색"(世界社團

爲生活的實在: 社會發展之精神資源之探索)을 말하였다. 그는 한 편으로 비록 전통에 돌아갈 것을 힘써 주장하지만, 다른 한 편으로는 전혀 완고하지 않아 후기 —계몽시대에서 오히려 더욱 넓은 가능성의 여지를 보았다. 그는 전 지구화(全球化: 보편)와 지역화(社團化: 특수)의 상반되는 조류 사이에서 중도를 구하도록 호소하였고, 또 유가가치는 새롭게 해석된 뒤에 일정한 역할을 할 것이라고 믿었다.

플라이체이커가 과녁이 되었고, 한스 큉은 곧 떠나려고 함

토론 중에 있었던 모순은 모두 플라이체이커를 향한 것이다. 1948년의 "인권선언"은 결코 그가 말한 것처럼 아무런 쓸모가 없는 것이 아닌데, 그도 뒤에 그것이 한 때는 분명히 몇 가지 적극적이고 긍정적인 작용을 하였음을 인정하지 않을 수 없었다. 아펠은 그가 근본적으로 선험조건론의 핵심을 이해하지 못한다고 비판하였다. 더군다나 그가 세계윤리의 형성은 5백년 이후를 기다려야한다고 말한 것은 파리협의라는 이 회의의 목적이 선언의 핵심을 기초하는 것임을 부정하는 것과 같은 것이었으므로 한스 큉은 절차 문제를 제기하고 이러한 문장이 왜 논의하는 과정에 나와야 하는지 질문하였다. 김여수는 어쩔 수 없이 당장 대답을 하지 않을 수 없게 되었다. 어떤 형태라도 세계윤리의 반성에 관한 것이면 모두 제기할 수 있고, 또 본 회의의 목적에 위배되지 않는다고 하였다. 한스 큉은 우리는 귀중한 시간을 낭비하면서 논의가 분분하고 명확한 목적이 없는 일반적인 학술회의에 참가할 수 없다는 자신의 견해를 나타내었다. 그는 이 회의는 선언을 기초하는 것을 주된 일로 삼는 것이 아닌데, 이미 원래의 목적을 벗어났으므로 그가 이곳에 남는 것은 전혀 이익이 없기에 즉시 떠나려고 한다고 하여 유쾌하지 않은 일이 벌어질 상황에 놓이게 되었다. 뒤에 비록 김여수의 권고로 곧바로 당일에 나폴리를 떠나지는 않았지만 회의의 분위기가 돌변하면서 모두들 마음이 무거웠다.

오후에 있었던 제4차 "서로 연관이 있는 학문으로 본 세계윤리"(由相關學科看世界倫理)의 토론은 거의 회의의 우울한 분위기를 형성하였다. 세 명의 발언자는 모두 중남미를 배경으로 하였다. 첫 번째는 브라질의 멘데스(Canido Mendes)가 "패권적인 것과 보편적인 것: 권력의 장애와 사회적 대표성"(霸權的與普世的: 權力之障碍與社會的代表性)을 말하였다. 그는 복잡한 형식을 통해 권력과 윤리의 균형을 잡으려고 시도하였다. 그러나 그의 발음이 지나치게 무거워 듣는 사람은 잘 알아듣지 못하였다. 이어서 걸출한 법학자 데마스-마티(Mireille Demas-Marty)가 "인성의 공통법칙이 마주한 도전"(人性共同律所面對的挑戰)을 발표하였다. 그녀는 남미에서 왔는데 지금 파리대학에서 가르치고 있다. 데마스-마티는 지금의 법률 체계를 전 인류에게 적용할 수 있도록 발전시키는 일에 노력을 기울이고 있다. 그녀는 중국문화에서 영감을 얻어 다원주의, 모호성(fuzziness)과 초국가성(supranationality)의 각각에서 나온 실행가능성[可行性], 예측 가능성[可豫測性]과 합법성(合法性) 문제라는 삼중의 도전에 해답을 제공할 수 있는 노선을 찾고자 한다. 마지막으로 자메이카의 블레이크(Dorothy Blake)는 "보편성과 전염병학"(普遍性與傳染病學)을 말하였다. 그녀는 오랫동안 세계보건기구(WHO)에서 일을 하였다. 그녀는 전염병의 방지 문제로 말을 시작하였는데, 환등기를 이용하여 여성문제, 빈곤문제와 교육문제 등 광범위한 논의를 하였다. 오늘날 지극히 필요한 것은 바로 세계윤리의 지침이다. 그녀가 관심을 가진 것은 진정으로 역할을 다할 수 있는 응용윤리로, 도덕지침의 패권을 두려워하는 최소주의론자의 한계를 분명히 보여주었다.

도덕과 대립하지 않는 민주법치도 만병통치약은 아님

셋째 날 오전의 제5차 "세계윤리의 문제와 내용"(世界倫理的問題與內容)의 토론에서 우리는 또 이론적 성격 탐구의 영역으로 되돌아왔다. 먼저 독일학자 회슬레(Vittorio Hösle)가 "세계윤리와 자연법칙"(世界倫理與自然律)을 발표하였다. 그는 역사의 회고와 이론의 탐구를 시도하였다. 회슬레는 실정법(positive law)과 자연법(natural law)은 모순대립의 양 극단이 아니라고 지적하였다. 사실 자연법의 요구에서 나와야만 여러 가지 집행을 할 수 있는 실정법을 제정할 수 있기 때문에 자연법은 언제나 도덕규범과 나누어지는 것이 아니다. 다만 도덕책임이 모두 법률을 통해 집행될 수 있는 것이 아니므로 반드시 법률 이외에 도덕의식의 고양을 강조하였다. 회슬레의 말은 나에게 매우 큰 도움이 되었다. 현대인은 언제나 법률과 도덕을 대립시킨다. 특히 미국에서 변호사의 임무는 다만 법률의 허점을 찾아 승소를 도모하는 것이다. 회슬레는 법률은 그 자체 도덕의 근원에서 벗어날 수는 없지만 각기 적용의 범위가 있다고 지적하였다. 이러한 입장은 나도 매우 동의한다. 나는 줄곧 민주법치는 만병통치약이 아니고 반드시 국민들에게 도덕적 책임의식을 고양해야하고, 그렇게 해야만 두 발로 길을 걸을 수 있는 것처럼 건전한 사회를 세울 수 있는 희망이 있다고 지적하였다.

이어서 일본학자 오가와 타다시(小川侃: Ogawa Tadasi)가 "동서양에는 궁극적으로 윤리적 공통점이 있는가?"(東西方窮竟有沒有倫理的共相?)를 말하였다. 타다시는 일본의 저명한 현상학자이다. 그는 후설의 관점에서 우리가 자연태도 이외에 반성태도를 가져야만 윤리의 공통점을 파악할 수 있다고 하였다. 내가 의아하게 여긴 것은 그가 맹자의 사단을 후자의 범위에 두고서 맹자가 이 측면에서 풍부한 자원을 제공할 것이라고 긍정한 점이다.

이어서 예루살렘과 이스라엘 두 곳 및 파리에 사는 헨리 아트란(Henri Atlan)이 "윤리의 층차: 생물·철학과 종교문화"(倫理的層次: 生物·哲學與宗教文化)를 말하였다. 그는 인류생물학 연구센터에서 근무한다. 그는 지금 우리가 마주하고 있는 복잡성은 십계명과 같은 간단한 율법으로 돌아가는 방식으로는 문제를 해결할 수 없다고 지적하였다. 한담 중에 그는 이스라엘과 팔레스타인의 충돌에 대하여 자못 어쩔 수 없다는 감정을 가지고 있었다.

마지막으로 프랑스의 뿔랑(Jacques Poulain)이 "종교윤리의 보편중립화와 철학윤리학적 인류학 문제"(宗教倫理的普遍中立化與哲學倫理學的人類學問題)를 말하였다. 그의 논문은 프랑스어로 쓴 것이고, 말할 때에는 영문 발음이 매우 강하여 잘 알아듣지 못하였다. 그 역시 파리회의의 구성원 가운데 한 사람이었지만 실망스럽게도 개회할 때 볼 수 없었고 거의 참여하지도 않았다. 프랑스어를 아는 학자는 내게 그의 입장은 옛날이나 지금이나 마르크스주의이고 사유 방식이 매우 분명하지 않으며 프랑스어를 이해한다고 하더라도 여전히 그가 뭘 말하는지 잘 모를 것이라고 알려주었다.

송대 유학의 "리일분수"(理一分殊)를 이용하여 세계윤리문제를 대면함

오후에는 제6차 "세계윤리 초안과 관련된 방안"(有關起草世界倫理方案)의 토론이 있었다. 이 조직의 참가자는 모두 3월에 파리에서 개최된 회의에 참가하였던 사람들이었다. 한스 큉이 이미 떠났으므로 내가 먼저 "현대 신유가의 관점에서 세계윤리의 진로를 반성함"(由當代新儒家的觀點反省世界倫理的進路)이라는 주제로 발표하였다. 나는 먼저 이번에 속개된 회의의 목적이 근본적으로 변하였는지 여부를 질문하였다. 본래 이번 회의는 수정된 절차를 토론하여 세계윤리의 방안을 마련하는 것이었지만 지금은 오히려 일반적 성격의 토론과 반성으로 변질되어 세계윤리선언의 초고를 제시한다는 것에 목적이 있지 않았다. 나는 "극소"(極小), "극대"(極大) 같은 말은 오해하기 쉬우므로 송대 유학의 "리일분수"의 종지로서 문화차이와 세계윤리의 문제를 대할 것을 제의하였다. 나를 위해 번역하고 통역을 맡았던 사람들은 먼저 나의 글을 읽고 매우 호감을 가졌지만 어찌되었든 회의 참석자들은 이러한 배경이 없었으므로 좋은 반응을 얻지 못하였다.

이어서 터키에서 온 쿠차라디(Ioanna Kuçuradi)는 그녀가 준비한 간단한 초안을 제시하였다.

다음으로 아르헨티나에서 온 구아리글리아(Osvaldo Guariglia)가 "보편원리와 인권"(普遍原理與人權)을 발표하였다. 그는 세계윤리선언은 세계인권선언의 연장일 뿐 다른 대안은 아니라고 재삼 강조하였다. 마지막으로 미국 템플 대학(Temple University)의 세계윤리센터를 담당하고 있는 스위들러(Leonard Swidler)가 "세계종교의 윤리협의"(世界宗教的倫理協議)를 말하였다. 그는 천주교의 배경을 가지고 있었다. 한스 큉과 함께 지금 세계적으로 세계윤리를 추동하는 가장 영향력이 있는 한 사람이다. 사실 그도 역시 자신의 구상이 있었는데, 인권을 단기적 과정[短程], 중기적 과정[中程], 장기적 과정[長程]이라는 세 가지 서로 다른 목표로 나눌 것을 건의하였다. 완급의 순서에 따라 하자는 것이다. 그러나 그는 참가한 사람들이 협력할 수 있도록 하기 위해 방향을 바꾸어 한스 큉의 초안을 지지하였다. 나는 한스 큉 자신이 초안을 제시할 것이라고 전혀 생각지도 않았지만 파리에서 개회할 때 그가 보여준 성의에 감동하여 스위들러와 함께 한스 큉의 기초 방안에 참여하기로 하고 e-메일을 통해 서로 소식을 주고받았다. 그러나 이번 회의는 김여수가 보여준 것처럼 분명히 선언의 초안을 만들 뜻은 없었으므로 우리의 이 모임은 헛일이 되어 그에 합당한 중요성을 잃게 되었다. 한스 큉이 그렇게 화를 내고, 속았다는 느낌을 받은 것도 이상하지 않았다. 스위들러는 김여수가 상급의 지시를 받아 이렇게 돌변했을 것이라고 추측하였다. 그는 한스 큉을 세계윤리의 아버지로 존경한다고 공개적으로 말하는 한편, 또 ("세계윤리선언"초안을) 근본적으로 해결하려고 하였지만 파리 회의 때의 열정이 식어 손을 놓고 있는 것처럼 보였기 때문에 자못 난처한 상황에 처하였다.

중국학자가 유가윤리를 말하고, 이슬람 이념이 논의됨

마지막 날 오전에 제7차 "세계윤리의 종교문화 기초"(世界倫理的宗教文化基礎)에 대한 토론이 있었다. 다들 이미 흥미가 없다는 느낌이었다.

먼저 인도의 말(Ram Adhar Mall)이 "중첩된 문화정신의 해석학과 문화를 넘어선 이해"(重疊的文化精神詮釋學與跨文化的了解)를 말하였다. 말은 독일에서 다년간 있었기 때문에 해석학의 조류에 대한 이해가 깊었다. 그녀는 장자를 이용하여 서양 중심주의를 새롭게 해석했지만 그녀 역시 대다수의 유럽인들과 같이 하나의 방안[一]을 정하는 것을 지나치게 두려워하여 초월적 신념에 대해 "회의적인"(diffidence) 태도를 보였다. 나는 이 홉스식의 언어가 갖는 부정적 의미에 대해 질문하였다.

이어서 중국사회과학원(中國社會科學院) 철학연구소(哲學研究所)의 요신백(廖申白)이 "전통중국사상과 보편가치"(傳統中國思想與普世價値)를 말하였다. 요신백은 나처럼 상해 강서(江西) 사람으로 사석에서 서로 말이 잘 통하였다. 그는 롤즈의 『정의론』(正義論)을 번역한 세 사람의 역자 가운데 한 사람으로 최근에도 중국철학을 연구하고 있다. 그는 "예운대동편"(禮運大同篇)으로 유가사상의 사회윤리사상적 의미를 말하였다. 나는 현대 신유가의 한 가지 중요한 공헌은 유가사상의 종교철학적 의미를 새롭게 해석한 점에 있다고 지적하여 그의 논지에 약간의 보완을 하였다. 그는 이번에 유네스코와 협의하여 1998년 5월 북경에서 철학연구소가 주관하는 지역적인 세계윤리회의를 중국어를 중심으로 한 차례 개최하기로 하였다. 이것은 축하할 만한 발전으로 두유명과 나는 모두 참가하겠다고 약속하였다.

마지막으로 이집트의 하나피(Hassan Hanafi)가 "이슬람의 관점에서 본 세계윤리와 인류의 화합"(由伊斯蘭觀點看世界倫理與人的團結性)을 말하였다. 그는 이슬람 이념을 말하였는데 과학, 철학, 종교를 집대성한 것이었다. 대다수 서양인들은 아래에 앉아서 몰래몰래 사담을 나누었다. 아펠도 참지 못하고 발표 후반에 나에게 만약 이슬람의 이상이 이렇게 고상하다면 왜 현실에서는 오히려 이처럼 음침한가라고 말하였다. 알제리아의 테러리스트가 마을을 피로 물들이고 무고한 사람들을 도살하는데 이런 행위가 어떻게 신[眞主]을 기쁘게 할 수 있는가?

철학적 냉담함과 종교적 열정의 다툼

4일째 날의 회의는 이렇게 끝났다. 김여수가 총결을 하면서 이번의 다원론적 관점의 진술과 교류를 긍정적으로 평가하였다. 이후에 유네스코는 앞으로 각 지역에서 세계윤리탐구에 대한 노력에 지지를 보내기로 하였고, 모두가 받아들일 수 있는 선언을 성급하게 서명할 필요는 없으며, 1999년에 종합 보고를 제출할 수 있을 것이라고 하였다. 김여수의 퇴장은 어쩌면 그에게는 어쩔 수 없는 이유가 있을 것이다. 그러나 이번에 철학적 냉담함과 종교적 열정의 다툼을 분명히 볼 수 있었지만 결과적으로 전자가 득세하였다. 어쩌면 이것 역시 김여수가 방향을 바꾼 배후의 진정한 한 가지 이유일 것이리라! 객관적으로 평가해 볼 때 어쩌면 국가를 단위로 한 유엔은 세계윤리선언을 통과시키기에는 가장 좋은 장소가 아니다. 그렇다고 할지라도 세계 각 지역에서 새로운 세계윤리에 대한 관심이 막 일어난 것은 억누를 수 없는 대세이다. 우리는 이를 진지하게 주목할 필요가 있다.

회의가 끝난 후에 나폴리에서 하루 더 머물면서 교외에 있는 대황궁(大皇宮)을 참관하고서야 문명은 노예들이 만든 것임을 분명히 실감할 수 있었다. 또 박물관에서는 폼페이 유적지에서 발굴한 상감기법의 진귀한 그림 유물을 보았다. 분명히 인류의 풍부하고도 다양한 문화적 성취는 마땅히 보존해야 한다. 그렇지만 우리가 어떻게 서로 소통하여 함께 공유할 수 있는 세계윤리와 평화공존의 길을 찾을 수 있는가 하는 문제는 앞으로 다가올 다음 세기 인류의 생사존망이 걸린 가장 큰 실험이므로 잘 성찰하고 반성해야 할 것이다.

주註 * 원래 『九十年代』 1998년 2월호, 3월호에 발표하였다.

7

현대 신유가의 관점으로 본 세계윤리

1. 머리말

1993년 한스 큉(Hans Küng)이 기초한 "세계윤리선언"은 시카고에서 거행한 세계종교회의에서 여러 종교단체와 지도자의 지지와 서명을 받았다. 이것은 중대한 돌파였다.[1] 1997년 유네스코에서 성립된 "세계윤리계획"(universal ethics project)은 한국학자 김여수(金麗壽)가 사회자였다. 1997년 3월 말 이 계획은 세계 각지에서 12명의 학자를 초청하고 파리의 유네스코 총부에서 제1차 회의를 개최하여 <세계윤리선언> 기초를 만드는 문제를 논의하였다. 모두들 최저한도의 공통된 인식에 도달했기 때문에 이탈리아 나폴리에서 속회할 것을 우선 의결하였다.[2] 1997년 12월 초 나폴리에서 제2차 회의를 개최할 때 참가

---

[1] Hans Küng and Karl-Josef Kuschel eds., *A Global Ethic, The Declaration of the Parliament of the World Religions* (London: SCM Press, 1993)

[2] 劉述先, "法德學術文化之旅", 『信報財經月刊』(홍콩), 총244기 (1997년 7월), 57-59쪽 참조. 파리 회의에 대한 간략한 보고가 있다.

한 철학자 수는 30여명으로 증가하였다. 한스 큉은 그가 기초한 "인류 책임의 세계선언"("Universal Declaration of Human Responsibilities")을 가지고 왔다. 이 문건은 이미 협력모임(interaction council)의 수뇌—독일의 슈미트, 오스트리아의 프레이저와 일본의 미야자와 기이치(宮澤喜一)가 서명한 것으로 9월에 유엔에 제출하였다. 이번 회의에서는 이것을 바탕으로 "세계윤리선언"의 초안을 만들 수 있기를 희망하였다.[3] 그러나 이러한 목적은 이룰 수 없었다. 주류 의견은 조급하게 일을 처리하는 것보다는 유엔이 세계 각 지역에서 먼저 지역적 성격의 회의를 거행하는 것을 지지하였고, 1999년에 유엔에서 종합 보고를 하는 것이 좋다고 생각하였다. 이것이 지금 우리가 당면한 상황이다.[4] 1998년 6월 북경의 중국사회과학원에서 거행한 회의는 바로 중화문화권을 위주로 한 지역적 성격의 회의였다.

최근에 한스 큉의 감동적인 요청을 받아 나는 "세계윤리선언"을 기초하는 운동을 적극 지지하였다. 나 역시 "세계윤리선언"은 충분한 것이 아니고, 인권은 다만 외재적 구속을 제공하지만 윤리는 한 걸음 나아가 내재적 태도의 변화를 요구하는 것이라고 생각한다. 중국문화, 특히 유가전통이 풍부한 자원을 제공할 것이라는 점은 전혀 문제가 없다. 그러나 나 자신은 이전에 기초선언을 만드는 노력을 기울인 적이 전혀 없었다. 왜냐하면 철학자의 훈련은 어떤 면에서 선언의 조문과 같은 유형과 모순・충돌되는 것이기 때문이다. 그런 까닭에 다만 나는

---

3 협력모임(interaction council)에서 통과된 선언에서 논의된 문제와 내용에 대한 소개는 필자의 "世界倫理與文化差異"(『哲學雜志』(臺北) 제23기 (1998년 2월), 52-69쪽 참조.

4 나폴리 회의의 상황과 관련된 것은 劉述先, 「起草"世界倫理宣言"的波折」, 『九十年代』(홍콩), 총337기(1998년 2월), 98-100쪽; 총338기(1998년 3월), 95-97쪽 참조.

한편으로 한스 큉을 지지하면서 비평하고 수정하는 의견을 솔직하게 제시할 뿐이었다. 피차간의 배경이 비록 차이가 있지만 오히려 얻기 어려운 우정과 협력의 관계를 세워 공동의 이상적 목표를 위해 노력하였다.

의심할 여지없이 오늘날 통용되는 국제 언어는 서양의 언어, 특히 영어이다. 만약 "세계윤리선언"을 기초한다면 영문을 저본으로 삼지 않을 수 없다. 그것은 또 서양의 종교, 윤리의 관념과 술어를 사용하는 것을 피할 수 없다. 그러나 서양이 발전하여 지금에 이르기까지 이미 부단히 서양 전통의 옛 영역을 초월하였다. 그러므로 한스 큉과 함께 한 노력은 결코 고립된 현상이 아니다. 최근에 중문대학에서 거행한 문화회의에서 철학자 찰스 테일러(Charles Taylor)는 "인권의 비강제성의 공통된 인식의 조건을 논함"("Conditions of an Unforced Consensus on Human Rights")이라는 논문을 발표하였다. 나는 그가 1949년에 자끄 마리땅(Jacques Maritain)이 했던 말을 인용한 것에 주목하였다.

> 나는 인권, 자유, 평등, 박애의 이상을 입증할 수 있다는 나의 신념이 진리문제에서 견고한 기초를 가진 유일한 방식이라고 자못 확신한다. 그런데 이것은 내가 이러한 실제적 확신에서 몇몇 인사들과 동의하고 그들 역시 그들의 입증 방식이 우리의 방식과 완전히 다르거나 정반대라 하더라도 〔……〕 똑같이 유일하게 진리의 기초 위에 세워진 방식임을 확신하는데 장애가 되지 않는다.[5]

테일러는 그가 천성적으로 낙관적인 까닭에 그는 공통인식에 도달할 수 있을 것으로 생각한다고 말하였다. 그는 힘써 몇 가지 서양전통

[5] 테일러의 글에서 인용한 것인데 중문은 내가 번역한 것이다.

과의 유대를 해체하려고 시도하였다. 예를 들어 몇 가지 서양의 법률 관념은 보편화될 수 없는 것이지만 또 몇 가지 규범은 서로 다른 정신 전통과 회통할 수 있다는 것이다. 그런데 이처럼 자신의 전통에 대한 비판과 초월은 결코 그것에 대한 부정을 의미하지는 않는다. 반대로 그것에 대한 이해를 더욱 심화시킨다. 그 역시 다른 전통도 이와 같은 노력을 기울여 문화를 뛰어넘는 공통인식을 구할 것을 기대하였다. 내가 생각하기에 테일러의 노력은 현재 서양의 첨단을 달리는 지식인들 사이에서 대표성을 갖는 것이다. 실제 서양에서는 오늘날에도 많은 강경파가 여전히 다른 문화를 멸시하고 있다. 그러나 첨단을 달리는 지식인들 대부분은 자신의 전통에 대한 깊은 반성과 다른 문화에 대한 더 섬세한 이해를 통해 회통하기를 바란다.

2. 신유가 관점과 자원의 운용

바로 이러한 정신적 분위기 속에서 중국의 지식인들도 마땅히 유사한 노력을 하여 지금의 새로운 상황을 바로 보고 받아들여야 한다. 이 글에서 나는 아래의 두 가지 문제에 대하여 대답을 하고자 한다.

(1) 우리 역시 왜 중국인의 입장에서 세계윤리를 말해야 하는가? 우리의 전통 중에서 궁극적으로 어떤 자원이 응용될 수 있고, 어떤 장애가 반드시 극복되어야만 세계의 기타 전통과 대화할 수 있는가?

(2) 우리는 어떤 방식으로 세계윤리를 말해야만 한편으로 기타 문화, 특히 서양문화와 회통할 수 있으면서도 다른 한편으로 우리 자신의 문화적 특징을 보존하고 예속적 지위에 빠지지 않을 수 있는가?

말할 것도 없이 오늘날 서양은 세계에서 지도적 지위를 차지하고 있는데, 자신의 전통과 문화의 비판이든 새로운 관념의 창조이든 모두 다른 전통을 뛰어넘고 있다. 설령 서양에 제국주의라는 좋지 않은 기록이 있고, 학술연구에서도 사이드(Edward Said)가 말한 "오리엔탈리즘"(東方主義)이라는 서양의 편견이라 할 수 있는 편향된 시각을 가지고 있지만,[6] 만약 우리가 이로 인하여 서양에 대해 배우는 것을 거부한다면 그것은 바로 목이 매이다고 밥을 먹지 않는 것과 같은 어리석음을 면하지 못할 것이다. 그렇게 되면 피차간의 차이는 더 커져 이상과 현실이라는 두 측면 모두 갈수록 서양에 뒤떨어질 것이다. 그러나 다른 한편으로 우리 역시 자신의 전통을 완전히 부정하고 전반서화를 주장해야만 하는 타당한 이유는 없다. 사실 우리는 근본적으로 백퍼센트 전통의 한계성을 벗어나는 것은 불가능하다. 그것이 자원이 되는지 부담이 되는지는 하나의 뿌리에서 드러나기 때문에 우리는 자세히 인식하고 취사선택해야만 한다. 이런 상황이기에 나는 현대 신유가의 태도는 새롭게 고려할 가치가 있다고 생각한다. 1958년 새해 첫날에 발표한 "중국문화와 세계선언"(中國文化與世界宣言)에서[7] 우리는 서양이 단지 전교(傳教), 고증[考据], 현실적 공리(現實功利)의 태도로 중국문화를 보는 것에 찬성할 수 없고, 반드시 동정과 경의에서 출발하여 그 정신의 근원을 이해할 것을 호소한다고 분명히 지적하였다. 동시에 우리도 역시 반드시 자신을 주체로 하여 전통의 장점을 보존하고 서양의 성취를 흡수해야만 비로소 자신을 확대하고 풍부하게 할 수 있다고 지적하였다. 과거에 중국 대륙에서는 전통에 대하여 한결같이 "그 정화를 취하고 그 조악한 것을 버린다"(取其精華, 棄其糟粕)는 것

---

[6] Cf. Edward Said, *Orientalism* (New York: Pantheon, 1978). 이 문제와 관련이 있는 토론은 余英時, 『歷史人物與文化危機』(臺北: 東大圖書公司, 1995), 11-13쪽 참조.

[7] 이 선언은 먼저 『民主評論』과 『再生』에 동시에 발표되었고, 이후에 唐君毅의 『中華人文與當今世界』(臺北: 臺灣學生書局, 1975), 下册, 865-929쪽에 간행되었다.

을 제창하였지만 추상적으로 말해 이 역시 합리적 태도를 잃지 않은 것이다. 문제는 어떻게 하면 정확한 선택을 하여 "문혁"과 같은 재난에 빠지지 않을 수 있는가이다. 그런 까닭에 우리는 지금의 계기를 매우 중시하고 세계와의 대화를 전개해야 한다.

의심할 여지없이 중국의 전통에는 풍부한 자원이 있다. 특히 윤리 방면의 유가전통에는 매우 풍부한 자원이 있다. 아래에서는 이러한 각도에서 개인적인 견해를 간략히 서술하기로 한다. 유가윤리는 봉건시대의 어떤 계급을 위한 윤리라고 결코 간단히 말할 수는 없다. 공자의 가장 위대한 업적은 "인"을 자기 생명의 내재적 근원으로 체증한 것이다. 그러므로 그는 이렇게 말하였다.

> 인을 실천하는 것은 자신에게 달린 것이지 남에게 달린 일이겠는가?[8]

이것은 그가 계승한 전통에 대한 심화이다. 맹자는 또 더 나아가 공자의 사상을 계승하였다. 그는 고자와 "인의내재"(仁義內在)의 문제를 힘써 논변하였다. 지금의 서양학자 드 베리(Wm. Theodore de Bary)도 유가정신 전통의 진수가 "위기지학"(爲己之學)에 있음을 매우 분명히 알았는데, 각각의 개인은 모두 자신의 생명 내부에서 가치의 원천을 찾을 수 있다고 한 것과 같다.[9] 그러나 유가에서 자신을 위한다(爲己)는 것은 개인[個體]과 사회[群體]의 분리를 조장하지는 않는다. 공자는 하나로 꿰뚫는 도(一貫之道)를 말하였고,[10] "자기가 서고자 하면

---

8 [옮긴이] 『論語』「顔淵」 제12: "爲仁由己, 而由人乎哉?"

9 Wm. Theodore de Bary, *Learning for One's Self : Essays on the Individual in Neo-Confucian Thought* (New York: Columbia University press, 1991).

10 [옮긴이] 『論語』「里仁」 제4.

다른 사람을 서게 하고, 자기가 통달하고자 하면 다른 사람을 통달하게 한다"(己欲立而立人, 己欲達而達人)[11]는 것을 긍정하였다. 맹자는 사단에서 출발하여 그것을 확장해서 "인"(仁)·"의"(義)·"예"(禮)·"지"(智)의 덕성을 건립하였다. 그는 한편으로 양주의 극단적인 개인주의(個人主義, 특수)를 배척하고, 다른 한편으로 묵적의 극단적인 집단주의[群體主義: 보편]를 배척하였다. 오늘날의 술어로 말하면 맹자는 "사사로움"(私, ego)을 제거해야 한다고 하였지 "개인"(己, self)을 멸해야 한다고 한 것은 아니다. 송유의 이른바 "천리를 보존하고 인욕을 제거한다"(存天理, 滅人欲)는 것 역시 모든 욕망을 멸절해야 한다는 것이 아니라 다만 정당하지 못한 "사욕"을 제거해야 한다는 것이다. 왜냐하면 사욕만이 "천리"와 대립되기 때문이다. 동시에 맹자의 뜻을 계승한 이천(伊川)은 묵자가 "사랑에는 차등이 없지만 베품은 부모(親)로부터 시작한다"(愛無差等, 施由親始)고 한 것은 "근본이 둘이고 구분이 없는"(二本而無分) 잘못된 것이라고 배척하였지만 장재가 <서명>(西銘)에서 "온 백성은 나의 동포요 온갖 사물이 나와 함께 한다"(民胞物與)고 한 말은 "리일이분수"(理一而分殊)의 정신을 체현하였다고 칭찬하였다. 이것은 뒷날 훌륭한 의리의 규범을 세우는데 모범이 되었다. 오늘날에도 창조적 해석을 한다면 여전히 풍부한 현대적 의미를 갖게 될 것이다.[12]

맹자가 처한 당시의 상황과 오늘날은 매우 유사한 점이 있다: 가치가 타락하고, 처사의 논의가 횡행하였다. 그는 옛 성왕의 도(古聖王之道)로 돌아가야 하고 나아가는 방향은 "하나로 정해진다"(定于一)고

---

[11] [옮긴이] 같은 책, 「雍也」 제6.

[12] 나는 일찍이 이것에 대해 초보적인 논의를 하였다. 劉述先, 「"理一分殊"的現代闡釋」, 『理想與現實的糾結』(臺北: 臺灣學生書局, 1993), 157-183쪽 참조.

하였다. 그러나 오늘날 우리는 결코 단순히 맹자가 제시한 길로 돌아갈 수는 없다. 중국역사의 발전에서 볼 수 있는 것처럼 한대의 이른바 "백가의 학문을 물리치고 유가의 학문을 독존한다"(罷出百家, 獨尊儒術)는 구호는 단지 유가의 몇 가지 핵심적 가치를 부분적으로 실현하는데 그쳤을 뿐이고 오히려 심각한 대가를 치렀다. 공맹철학의 이른바 "군주가 군주답고, 신하가 신하답고, 아버지가 아버지답고, 자식이 자식답다"(君君, 臣臣, 父父, 子子)는 정명(正名) 사상은 본래 쌍방향의 관계이지만 한대의 이른바 "군주는 신하의 벼리가 되고, 아버지는 자식의 벼리가 되며, 남편은 아내의 벼리가 된다"(君爲臣綱, 父爲子綱, 夫爲妻綱)는 윤리강상[綱常]이 되자 오히려 변질되어 일방적인 관계가 되었다. 정치화된 유가가 건립한 권위주의의 농단아래에서는 이미 맹자가 표현한 것과 같은 비판정신은 완전히 찾아볼 수 없게 되었다. 그런데 2천년 동안 이어져온 사회적 책임의식의 지나친 강조는 인권관념이 발전하지 못하게 하였다.[13] 아이러니하게도 서양은 현실적으로 맹렬한 종교전쟁이 끊임없이 발생하여 개인의 사익이 확대되면서 피차간에 모순충돌이 더욱 심해졌지만 오히려 자유 인권을 보장하고, 권력의 무한한 팽창을 제한하는 민주법치제도를 발전시켰다. 사실 중국의 인정(仁政)이라는 이상은 한 번도 실제의 역사에서 출현하지 않았다. 그러므로 현대 신유가는 "삼통"의 설("三統"之說)을 제창하였다. 모종삼은 "내성(內聖)" 방면의 "도통"(道統)을 중시하여 반드시 계승해야 하지만 또 "신외왕"(新外王)을 펼쳐 자아의 확대와 개척으로 삼

---

13 중국 고대에 서양의 인권과 유사한 관념이 결코 완전히 결핍된 것은 아니었고 단지 표현된 방식이 달랐을 뿐이지만 결국은 충분히 발휘하지 못하였다. 黃俊杰, 「儒學與人權-古典孟子學的觀點」 참조. 劉述先 主編, 『儒家思想與現代世界』(臺北: 中央研究院中國文哲研究所籌備處, 1997), 33-55쪽에 보인다.

아 "학통"(學統)과 "정통"(政統)을 건립함으로써 서양의 과학과 민주를 흡수해야 한다고 지적하였다.[14] 우리가 모종삼의 이러한 학설에 동의하는지 여부와 상관없이 적어도 그것은 하나의 방향을 제공한 것이기 때문에 우리는 반드시 (자기 자신을) 본위가 되는 기초로 삼아 외래의 성취를 흡수해야 한다고 주장한다. 그것은 중국윤리 자체의 내재적 발전을 통하여 세계윤리로 나아가야 한다는 것으로서 우리가 당면한 첫 번째 문제에 대한 해답을 제시한 것이다. 이제 우리는 다시 한 걸음 더 나아가 두 번째 문제에 대해서도 자신의 반성을 제시하기로 한다.

3. 융합하면서도 독립적인 문화 특색을 건립함

오늘날 우리는 인권을 바르게 봄으로써 중국 전통의 잘못을 교정할 수 있다고 긍정할 수 있지만 그저 외재적 인권만을 중시하는 것은 오히려 또 따른 편향된 시각을 형성하게 될 것이다. 그러므로 오늘날 세계윤리를 논의하게 된다면 우리의 전통은 분명히 풍부한 자원을 제공할 수 있다. 당연히 단순한 복고주의는 절대 통할 수 없다. 우리는 오늘날 결코 건륭황제와 같이 문명의 중심이라고 자임하면서 우리의 도덕윤리를 다른 나라에 다시 전파할 수는 없다. 오늘날 다문화주의(multi-culturalism)의 관점이 유행하여 세계의 여러 문화는 각기 하나의 중심으로 서로 존중해야 한다고 하지만 반대로 또 피차간에 상호교류하여 공통된 인식을 도모하도록 노력할 것을 요구한다. 그러나 이것은 또 마침 송대 유학이 제창한 "리일분수"의 종지에 부합하는 것이다. 이와 같은 송대 유학의 예지에서 출발하면 이른바 "호혜평등(平等

---

14 牟宗三, 『道德的理想主義』(臺北: 臺灣學生書局, 1982, 수정 5판), 6, 260-262쪽.

互待)"은 모든 것을 끌어다가 억지로 평평하게 함으로써 피차간에 차이를 없애는 방식, 곧 최소공약수를 구하는 방식은 결코 되지 않을 것이다. 이러한 방식은 절대로 통할 수 없다. 송대 유학은 일찍이 "월인만천"(月印萬川)의 오묘한 비유를 제시하였다: 최종적인 광원(光源)이 비록 나누어지지 않지만 표현되어 나타난 빛의 그림자는 도리어 천변만화(千變萬化)로서 하나로 귀결할 수 없다. 이러한 예지는 우리에게 매우 중요한 힌트를 제공해 준다.

현대 서양인은 비판정신이 특히 풍성하다. 로티(Richard Rorty)와 같이 어떤 형식의 토대주의(foundationism)라도 실용적으로 달성한 협의 이외에 어떤 보편적이고 영원한 진리는 없다고 말한다.[15] 하버마스(Jürgen Habermas)와 아펠(Karl-Otto Apel)은 여전히 한쪽 면을 주장하면서 완고하게 저항하였지만 여전히 이른바 "소통이성"과 "질서이성"이 있다고 견지하였다. 그러나 실제 내용의 측면에서 보면 또 어떤 확정된 내용이 존재하기 어렵다.[16] 공평하게 논하면 현대 서양의 전통적 "진리", "도덕" 관념에 대한 회의와 도전은 이유가 있다. 전통 표준이 지나치게 단일적이고 견고한 것은 큰 부정적 효과를 만들게 되기 때문에 반드시 확대해야 한다. 그렇지만 우리는 완전히 다른 문제를 마주해야만 한다. 모두가 지구촌 내에서 평화롭게 공존하려면, 어떻게 하면 세계윤리를 건립할 수 있는가 하는 문제를 고려하지 않을 수 없다. 그런 까닭에 강렬한 상대주의적 경향이 있는 로티도 초청에 응하

---

15 로티와 리오타르(Jean-Françocis Lyotard), 푸코(Michel Foucault)와 데리다(Jacques Derrida) 등은 "철학종결"(哲學終結)의 대표적 인물로 본다. Kenneth Baynes, James Bohman and Thomas McCarthy eds., *After Philosophy: End of Transformation?* (Cambridge, Mass.: The MIT Press, 1987).

16 그들 두 사람은 "철학전형"(哲學轉型)의 대표적 인물로 본다. 같은 책 참조.

여 협력모임이 1997년 4월 비엔나에서 개최한 "인류책임의 세계선언"의 초안을 만드는 회의에 참가한 것이다. 이것으로 볼 때, 지금 우리가 처한 세계의 앞날에 대해 깊은 관심을 가진 지식인이라면 모종의 공통된 인식을 추구하는 것은 이미 무시할 수 없는 문제가 되었음을 알 수 있다. 그렇지만 실용주의와 질서이성은 결국 이러한 공통된 인식을 위한 어떤 강력한 이론의 자원을 제공하거나 추동의 역량을 제공할 수 없다. 나폴리의 회의에서 바로 이러한 어려움이 충분히 나타났다. 나의 관찰에 의하면 외면적인 것에 부화뇌동하는 지식인은 결코 어떤 성과도 이룰 수 없다. 나는 결코 지식인의 비판정신을 버릴 것을 요구하는 것이 아니라 다만 이러한 측면만 있다면 충분하지 않다는 점을 말하는 것이다. 한편으로 우리는 우리의 생각을 분명하게 할 필요가 있고, 다른 한편으로 우리는 반드시 각자의 전통으로 돌아가야 한다. 실질적인 내용에서 단언하건대 종교의 도덕윤리에서 충분한 책임과 열정이 있어야만 새로운 국면을 만들어낼 수 있다. 바로 이러한 의미에서 나는 한스 큉의 우군이 되는 것을 회피하지 않았다. 그러나 결코 그의 모든 천주교 관점을 받아들인 것은 아니다. 나는 그가 노력하는 가운데에서 우리는 반드시 각자 다른 오랜 전통 중에서 자신의 원천에 깊이 들어가 영양분을 흡수하고 자신의 생명을 새롭게 하여 현대 문제를 마주함으로써 미래에 회통하려고 하였음을 보았기 때문이다.[17]

한스 큉처럼 나도 자신의 전통에 분명히 많은 부정적인 요소가 있기 때문에 반드시 냉정한 비판이 있어야 한다고 생각하지만 다른 한편으로는 또 많은 풍부한 자원이 있어서 우리가 받아들이면 생기발랄한 현

---

17 劉述先, 「由當代西方宗教思想如何面對現代化問題的角度論儒家傳統的宗教意涵」, 『當代中國哲學論: 問題篇』(뉴저지: 八方文化企業公司, 1996), 81-112쪽.

대적 의미를 제공할 수 있음을 보았기 때문이다. 이 글에서 나는 단지 이른바 "오상"(五常: 仁・義・禮・智・信)의 현대적 의미를 간략하게 논의함으로써 나의 견해를 대략적으로 밝힐 수 있을 뿐이다.

오상에 보편적인 의미가 있다고 하는 생각은 결코 오늘날 시작된 것이 아니다. 예를 들어 『위서』(魏書) 「석로지」(釋老志)에서는 이렇게 말하였다.

> 그러므로 마음 닦음(修心)을 시작할 때 불법승(佛法僧)에 의거하면 삼귀(三歸)라 부르는데 (유가의) 군자의 세 가지 두려움[三畏]과 같다. 또 살생·도둑질·음란·망언·음주를 버리라는 오계(五戒)가 있지만 대체적인 뜻은 (유가의) 인의예지신(仁義禮智信)과 같고 이름이 다를 뿐이다.[18]

북위시대의 인물 안지추(安之推)의 『가훈』(家訓) 「귀심」(歸心)편에서도 다음과 같이 말하였다.

> 불교는 마음 안의 가르침을, 유교는 마음 밖의 가르침을 주고 있지만 원래 하나의 가르침이다. 단지 둘 사이에 맹아와 성숙, 얕고 깊은 차이가 있을 뿐이다. 불교 경전에 입문할 때에는 오계가 설명되어 있는데, 유교 경전에는 인·의·예·지·신 오상이 있어 모두 이것과 완전히 일치한다.[19]

이것은 당연히 가정에서 부처를 받들고(奉佛), 유학과 불교를 함께

---

18 [옮긴이] 『魏書』 「釋老志」: "故其始修心, 則依佛法僧, 謂之三歸, 若君子之三畏也. 又有五戒, 去殺盜淫妄言飮酒, 大意與仁義禮智信同, 名爲異耳."

19 [옮긴이] 安之推, 『家訓』 「歸心」: "內外兩敎本爲一體, 漸極爲異, 深淺不同. 內典初門, 設五種禁, 外典仁義禮智信, 皆與之符." 한글 번역은 안지추, 『안씨가훈』(유동환 옮김, 홍익출판사, 2005), 226-227쪽 참조.

공부하였던(儒佛兼治) 선비의 일반적인 관점이다.[20] 원래 인도에서 나온 불교가 중국에서 오랜 시간에 걸쳐 흡수되었는데 명대 말기에 삼교(儒, 釋, 道)의 융합설[和會之說]이 유행하면서 유가윤리가 불교신도들이 속세에서 행하는 행위의 기준이 되었다는 것은 다시 말할 필요가 없다. 한스 큉이 기초한 "세계윤리선언"은 원래 아브라함 전통의 10계명 중 윤리와 관련이 있는 4계명에서 나온 것이지만 새롭게 해석하고 개조하여 현대적 의미를 부여함으로써 성립된 것이다. 나는 비교하는 차원에서 관찰과 토론을 하면 당연히 그 과정에서 나타나게 될 의미를 파악할 수 있을 것이라고 제의하였다. 나는 일찍이 "선언"의 기본원리를 4계명과 함께 옮겨 번역한 다음 아래와 같이 종합적으로 서술하였다.

> 선언은 각각의 종교 전통에서 모두 같은 하나의 원리에 대한 다른 표현을 찾을 수 있다고 지적한다. 수천 년을 경과하면서 인류는 수많은 종교와 윤리전통 중에서 모두 아래에 열거한 것과 같은 원리를 찾았고 또 부단히 유지해 왔는데, 즉 "자신이 바라지 않는 것은 다른 사람에게 베풀지 말라"(己所不欲, 勿施於人)와 같은 것이다. 혹은 적극적인 방식을 써서 표현하였다. "자신이 바라는 것을 다른 사람에게 베풀라"(己之所欲, 施之於人). 이것은 마땅히 생활의 모든 영역-가정과 사회, 종족, 국가와 종교를 통하여 버릴 수 없는 규범이고 무조건적인 규범이다.
>
> 그런데 이 원리는 또 우리의 행위를 지배하는 구체적인 표준을 이끌어낼 수 있기 때문에, 우리는 고금내외(古今內外)를 통하여 4개의 관대한 지도적 명령[指令]을 찾을 수 있다.
>
> (1) 비폭력의 문화와 생명을 존중하는 것에 대한 인정(commitment ti a

20 이 두 조목의 내용은 周晋의 「二程與佛教」(『中國哲學』제19집, 1988년 9월), 214쪽에서 인용하였다.

culture of nonviolence and respect for life)

(2) 단결의 문화와 공정 경제 질서에 대한 인정(commitment to a culture of solidarity and a just economic order)

(3) 관용의 문화와 진실한 생활에 대한 인정(commitment to a culture of tolerance and a like of truthfulness)

(4) 평등 권리 문화와 남녀사이의 동반자 관계에 대한 인정(commitment to a culture of equal rights and partnership between men and women)[21]

"선언"은 또 4개의 지도적 명령에 해석을 덧붙였다. 지금 옮겨 번역하여 종합적 서술을 하면 아래와 같다.

위대한 고대의 인류 종교와 윤리 전통 중에서 우리는 아래와 같은 지도적 명령을 찾을 수 있다.

(1) 너는 살인해서는 안 된다! 혹은 적극적인 방식으로 표현하면 이렇다. 생명에 대하여 존중해야 한다!

(2) 너는 도둑질을 해서는 안 된다! 혹은 적극적인 방식으로 표현하면 이렇다. 성실하고 공정하게 교역하라!

(3) 너는 거짓말을 해서는 안 된다! 혹은 적극적인 방식으로 표현하면 이렇다. 진실한 언행을 해야 한다!

(4) 너는 음란한 짓을 해서는 안 된다! 혹은 적극적인 방식으로 표현하면 이렇다. 서로 존경하고 사랑해야 한다![22]

매우 분명하게 한스 큉이 "선언"을 기초할 때, 그가 하려고 한 것은 고금내외, 세계의 모든 위대한 정신 전통을 관통하는 기본 원리를 찾

---

21 劉述先, 『世界倫理與文化差異』, 58-59쪽.

22 *A Global Ethic*, pp. 25-32.

는 것이었다. 그는 하나의 근본적인 요구(fundamental demand)를 찾았는데, 즉 "사람은 반드시 사람으로 대하라"(Ever human being must be treated humanely)이다.[23] 그런데 이것은 이른바 "황금률"(金律, golden rule)의 정신과 완전히 일치한다.[24] 시카고에서 개회할 때 회의 참가자는 이것에 대해 거의 이의가 없었다. 그렇지만 이것은 모든 철학자들이 갖는 공통된 인식은 아니었다. 나폴리에서 개회할 때 곧 다른 의견을 제시하는 사람이 있었으므로 여전히 간략하게 설명을 더하여 분명히 할 필요가 있다.

첫째, 한스 큉의 해석에 의하면 황금률은 결코 오늘날 새롭게 "발명"(invention)한 것이 아니라 단지 새롭게 "발견"(發現, discovery)한 것이다. 비슷한 표현이 공자, 랍비 히렐(Rabbi Hillel), 예수와 이슬람, 자이나교, 불교 및 인도교의 경전에도 보인다.[25] 재미있는 것은 유가는 종교를 조직하지 않았으므로 세계종교회의에 대표가 참가하지 않았다는 점이다. 그러나 한스 큉의 마음속에 공자는 오히려 으뜸의 지위를 차지하고 있었으므로 매번 인용할 때마다 모두 그를 전면에 내세운 것이다.

다음으로 한스 큉은 "황금률"과 "은률" 사이에 구별을 하지 않았다. 어떤 사람은 공자의 부정적 형식의 표현인 이른바 "자신이 바라지 않는 것을 다른 사람에게 베풀지 말라"(己所不欲, 勿施於人)는 것은 다만 "은률"에 해당되고, 적극적 긍정적 표현인 이른바 "자신이 바라는 것을 다른 사람에게 베풀라"(己之所欲, 施之於人)는 것이라야 말로 황금률이라고 한다. 이것은 그것 자체로는 문제가 없다. 왜냐하면 공자

---

23 Ibid., pp. 21-23.

24 Ibid., pp. 23-24.

25 Ibid., pp. 71-72.

에게도 "자기가 서고자 하면 다른 사람을 서게 해주고, 자신이 통달하고자 하면 다른 사람을 통달하게 한다"(己欲立而立人, 己欲達而達人)는 것과 같이 적극적으로 긍정한 표현이 있기 때문이다. 그렇지만 또 어떤 사람은 부정적 형식의 표현만이 성립할 수 있다고 생각한다. 왜냐하면 적극적 긍정적 표현은 자신이 좋아하는 것을 다른 사람에게 강제로 덧붙이는 것이어서 성립할 수 없기 때문이라고 하였다. 사실 이러한 말은 모두 "황금률"의 진정한 의미를 파악하지 못한 것이다. 우리가 시험 삼아 구체적 사물을 공식에 대입해 넣어보면 부정적 혹은 긍정적 표현과 상관없이 다음과 같다. 예를 들어 내가 어류를 먹지 않으니까 다른 사람도 어류를 먹지 말아야 한다거나, 혹은 내가 어류를 먹으니까 다른 사람도 먹어야 한다고 하는 것은 모두 불합리한 효과를 이끌게 된다. 그러므로 황금률은 다만 원칙상 단정하는 것이기 때문에, 가치적 측면에서 자신이 배척하거나 혹은 좋아하는 것은 모두 다른 사람들과 함께 나누어 향유해야 한다. 이렇게 해야만 정신적으로 자연스럽게 감통하게 되기 때문에 쓸데없이 번잡한 설명을 할 필요가 없다.

다음으로 이것의 배후에는 사실 하나의 초월적 근원이 있다. 비록 세계윤리라는 글이 모든 종교를 불신하는 사람도 서명할 수 있었지만, 신앙을 갖고 있는 사람의 입장에서 볼 때 이 선언에는 현존하는 어떤 특정한 종교는 아니라고 하더라도 종교적 기초가 있다. 그런 까닭에 "신"(上帝, God)과 같은 이름은 반드시 피해야 한다. 왜냐하면 불교도는 이러한 표현을 받아들일 수 없기 때문이다. 그러나 불교도 자신들은 해탈도가 있어서 결코 허무주의에 빠지지 않는다. 일반적으로 유가를 하나의 세속윤리로 보지만 현대 신유가는 오히려 그 심오한 종교적 의미를 밝혔다.[26] 나는 최근에 쓴 글에서 『논어』 자체의 자료로부터 하나의 사유 노선을 구축하였는데, 공자의 일관된 도(一貫之道)는 결코 "자신을 미루어 다른 사람에게 이른다"(推己及人)에 그치는 것이 아니라 "천인합일"의 이념이 감추어져 있다고 지적하였다. 이렇게 이해해야만 진정으로 "하학이상달"(下學而上達)의 효과를 얻을 수 있기 때문이다.[27] 이것으로 볼 때 유가에는 인류의 위대한 정신전통이 있다고 말하는 것은 분명한 근거가 있다.[28]

마지막으로 혹자는 황금률이 지나치게 광범위하여 우리의 구체적 행위에 대한 지침으로써는 어떤 도움이 되지 않고, 동시에 서로 다른 전통에는 각기 다른 입장이 있어서 피차간에 진정한 관통은 근본적으로 어렵다고 말한다. 이러한 비판에 대해 나의 대답은 이렇다. 나는 2천 년 전에 제시된 황금률이 우리가 오늘날 구체적 행위를 함에 있어서 완전한 지침을 줄 수는 없지만 또 결코 어떤 지침도 줄 수 없는 것은 아니라고 인정한다. 우리는 흔히 고대의 위대한 성인[聖哲]의 언행으로부터 중대한 시사점을 얻을 수 있는데, 하나의 언행으로부터 더 많을 것을 알 수 있기 때문에 상당한 지침을 얻게 된다. 이러한 지침이 설령 완전하지 않더라도 오히려 그렇기 때문에 우리는 자신의 창조력과 판단력을 발휘하여 자신의 답안을 찾아 우리 자신의 상황을 대면할 수 있게 된다. 나 역시 각 전통 문화의 중점은 분명히 서로 다르다는 점을 인정한다. 그렇지만 절대로 소통할 수 없다고 말한다면 오히려 지나치게 과장되어 사실에 부합하지 않는다고 생각한다. 세계윤리선언이 통과될 수 있었던 것은 최저한도의 동의가 결코 불가능한 것이

---

26 <중국문화와 세계선언>(中國文化與世界宣言) 참조.

27 劉述先, 「論孔子思想中隱含的'天人合一'一貫之道」, 中央研究院, 『中國文哲研究集刊』제10기 (1997년 3월), 1-23쪽 참조. 이 글은 이 책의 제1부 제1편에 수록되었다.

28 휴스턴 스미스, 『人的宗教—人類偉大的智慧傳統』, 劉安云 譯 (臺北: 立緒文化事業有限公司, 1998).

아님을 증명하였고, 또 이미 사실이 되었다. 그런데 선언은 해석을 통하여 4가지의 지도지침을 이끌어냈다. 그것들은 오랜 연원을 가지고 있지만 또 현대적 의미를 담고 있다. 이것은 우리 시대에 어떻게 표현할 것인가에 속하는 문제들이다. 나는 아래의 글에서 유가의 "오상"(五常)과 "리일분수"(理一分殊)에 기초하여 좀 더 나은 대답을 할 것이다.

4. "오상"의 현대적 의미와 해석

첫 번째 지도지침은 현대세계에 충만한 여러 가지 폭력에 대한 것으로, 살육을 해서는 안 되고 생명을 존중해야 한다는 것이다. 다른 생명을 해칠 권리를 가진 사람은 없으므로 모든 종족, 국가, 종교에 상관없이 복수를 하거나 다른 민족, 소수집단을 멸시하는 것을 허용하지 않는다. 사람 사이의 충돌은 마땅히 비폭력적인 방식으로 해결해야 하고, 반드시 군축을 실시해야 한다. 젊은이는 어려서부터 비폭력의 문화를 배워야 한다. 동시에 또 식물과 동물을 포함한 다른 생명을 존중해야 하고 자연자원을 사랑함으로써 천인합일의 정서적 마음이 있게 한다.

중국철학에서 오상의 첫 번째는 "인"(仁)인이다. 송대 유학자들은 인을 『역전』의 "생겨나고 생겨남"(生生)으로 해석하였다. 이른바 "천지의 대덕을 생이라고 한다"(天地之大德曰生)는 것이다. 현대에 그 의미를 해석하면 바로 첫 번째 지도지침과 부합하는 것 같다. 사실 중국철학의 이념은 이점에서 뛰어나다. 전통 중국 철학이 비록 서양 근대식의 인권관념을 발전시키지 못했지만 오히려 일관되게 인간의 존엄을 긍정하고 인정하였다. 그러므로 중국 역사에서는 언제나 대규모의 종교 전쟁이 적었다. "무"(武)자의 형성은 그 의미가 "전쟁을 그치는"

(止戈) 것이고, "화"(和)는 항상 중국 문화의 핵심 가치였다. 그리고 중국 전통 역시 언제나 자연과 비자연을 확연히 구분하지 않았다. 이른바 "친족을 친애하고 백성을 어질게 대하며, 백성을 어질게 대하고 만물을 사랑한다"(親親而仁民, 仁民而愛物)는 말과 송명 유학에서 말하는 "천지만물이 일체가 되는 인"(天地萬物一體之仁)은 언제나 모두 중국 철학이 일관되게 발전시켜온 정미한 의미의 이치이다. 이러한 철학은 심지어 환경보호의 의미도 있다. 그렇지만 우리 역시 실제적인 차원에서는 이렇지 않다는 점을 주의하지 않을 수 없다. 새로 출판된 『타임』(時代) 잡지(1999년 3월 1일)의 보도에 의하면 오늘날 오염이 가장 심각한 도시 가운데에서 중국이 열에 아홉을 차지한다고 하니 참으로 놀라운 일이다. 이것으로 볼 때 우리가 전통에 감추어진 가치를 가지고 현대화한다면 그 결과는 심각하게 될 것이고, 우리는 단순히 전통의 죄인이 될 뿐만 아니라 또 현대로부터 후기현대로 나가는 과정에서 크게 낙후될 것임을 알 수 있다. 이러한 점에서 경각심을 가지지 않을 수 없고, 방향을 바꾸어 서양의 지식인들로부터 학습하여 우리 자신에 대한 비판의식을 환기시켜야 할 것이다.

두 번째 지도지침은 현대사회의 정의롭지 못한 착취행위를 겨냥한 것으로, 착취해서는 안 되고 사람을 공정하게 대할 것을 호소한다. 사실 독재 권력만이 인민을 속이고 억압하는 것이 아니라 제약이 없는 자본주의 역시 똑같이 엄청난 폐단을 만들고 있다: 이것은 한편으로 한계를 모르는 탐욕이고, 다른 한편으로는 아무런 도움도 받지 못하는 빈곤이다. 빈부차이는 갈수록 커지고 갈등은 갈수록 깊어지고 있다. 젊은이들은 어릴 때부터 공익에 복무한다는 것을 배워야 한다. 우리는 공정한 경제 질서를 세워야 한다. 선진국가는 분명 자원을 낭비해서는 안 되고, 발전중인 국가 역시도 양심에 따르면서 중용의 도를 지키도록 서로 통제해야 한다.

중국 전통에서 인(仁)은 통합원칙(統合原則)이고, "의"(義)는 분수원칙(分殊原則)이다. 공자는 일찍이 "의롭지 못하면서 부유하고 귀하게 되는 것은 나에게 있어서는 뜬구름과 같다"(不義而富且貴, 於我如浮雲.『論語』「述而」 제7)고 말하였다. 맹자는 더욱 엄격하게 의로움(義)과 이익(利)을 구분하였다. 솔직히 말해, 중국 전통에는 사회주의적 경향이 있다. 오늘날 베를린 장벽이 무너지고 소련이 해체되었으며, 시장 경제의 역량을 가볍게 볼 수 없게 되었다. 그러나 이것은 결코 사회복지를 전혀 상관하지 않아도 된다는 말이 아니다. 미국에서는 루즈벨트 대통령이 복지 정책을 새로운 정책으로 실행한 이래 일찍이 이러한 측면의 내용을 그 체제에 넣었다. 이렇게 함으로써 마르크스가 예언한 것처럼 자본주의는 도태되지 않을 수 있었다. 최근에 일본학자 미조구치 유조(溝口雄三)는 일본 전통은 그 구조성으로 인하여 현대화에 유리하였고, 그래서 중국에 앞설 수 있었다고 지적하였다.[29] 그러나 오늘날 이러한 의미의 진취, 순수는 경쟁형식의 병폐라고 비판을 받아 이미 남김없이 폭로되었다. 세계 자원의 한계로 미래에 모두 평화롭게 공존하기 위해서는 어쩔 수없이 중국 전통의 "조화공존"(調和共存)의 원리를 다시 사고하지 않을 수 없게 되었다.[30] 미조구치 유조의 학설은 그 자체 논쟁의 여지가 있다. 그렇지만 중국 전통에는 얼마간 자원이 있고, 새롭게 해석하고 개조한다면 그것에 현대 내지는 후기현대의 의미가 있게 될 것이라고 단언할 수 있다.[31]

---

29 溝口雄三,「日本的近代化及其傳統因素: 與中國比較」, 李明輝 主編,『儒家思想在現代東亞: 總論篇』(臺北: 中央硏究院中國文哲硏究所籌備處, 1998), 195-216쪽 참조.

30 李長莉,「中國的'調和共存'原理將帶領廿一世紀—溝口雄三教授訪談錄」,『明報月刊』總第379期 (1997年 6月), 34-42쪽 참조.

세 번째 지도지침은 현대사회에서 서로 속이며 성실함과 믿음이 결핍된 것에 대해 거짓말을 해서는 안 되고 언행은 진실하고 관용적이어야 한다고 호소하는 것이다. 오늘날 정치인, 경제인은 분명 거짓말로 점철되어 있고 오직 이익만을 도모한다. 과학자들조차도 도덕원칙을 준수할 수 없기 때문에 문제가 있는 연구를 하거나 문제 해결을 위해 폭력을 정당화하는 직업의식을 가진 사람도 있다. 젊은 사람은 반드시 성실함과 믿음을 학습하여 자신에게는 진실하고 다른 사람에게는 관용의 마음으로 대하여야 한다.

중국 전통에서 "믿음"[信]은 매우 중요한 덕성이다. 공자는 믿음이 군대[兵], 물질적 풍요[食]보다 더 중요하기 때문에 이른바 "옛날부터 누구나 죽음이 있었지만 백성의 믿음이 없다면 나라는 설 수가 없다"(自古皆有死, 民無信不立)(『論語』「顔淵」 제12)고 생각하였다. 사실 이것은 곧 증자가 이해한 공자의 "하나로 꿰뚫는 도"(一貫之道)의 다른 표현으로 이른바 "선생님의 도는 충서일 따름이다!"(夫子之道, 忠恕而已矣!)(『論語』「里仁」제4)라고 한 것과 같다. 주자는 "자신을 온전히 다하는 것을 충이라 하고, 자신을 미루어 나가는 것을 서라고 한다"(盡己之謂忠, 推己之謂恕)고 주석하였는데 대체의 종지를 얻은 것이다. 자신에 대한 것이든 타인에 대한 것이든 상관없이 모두 반드시 성신(誠信)의 원칙을 지켜야 한다. 사람은 반드시 자신에게 진실해야만 자신의 가장 좋은 가능성을 충분히 드러낼 수 있다. 그리고 자신이

---

31 현대인은 반드시 서양의 길을 걸어야 하는 것은 아니다. 학자들은 현재 바로 이러한 측면의 문제를 토론하는 것에 집중하고 있다. 『儒家思想在現代東亞: 總論篇』 참조. 또 Tu Wei-ming, ed., *Confucian Traditions in East Asian Modernity: Moral Education and Economic Culture in Japan and the Four Mini-dragons* (Cambridge, Mass.: Harvard University Press, 1996) 참조.

서고자 하면 다른 사람을 세워주고, 자신이 통달하고자 하면 다른 사람을 통달하게 하여 남을 진실하게 대해야만 그에 상응하는 보답을 얻을 수 있다. 특히 오늘날 세상의 풍속은 갈수록 안일하고 방종해지고 있다. 대중매체는 시기질투를 조장하고 대중에 영합하기를 가장 좋아하며, 매체를 통해 광고나 이익을 도모한다. 그러므로 우리는 반드시 대중매체, 작가, 예술가, 과학자에게 자신들의 도덕법칙[自律]을 요구하여 민의(民意)가 정치가의 거짓말을 감시감독하고 폭력을 조장하는 악행을 비판하기를 희망한다. 자유의 강조는 반드시 책임의 강조와 배합되어야만 균형을 얻을 수 있다. 과거의 중국전통은 지나치게 (사회의) 책임의식을 중시하였지만 현대 서양은 지나치게 (개인의) 자유방임에 편향되었다. 따라서 이 두 측면은 모두 조정되어 새롭게 균형을 찾아야만 한다.

네 번째 지도지침은 아동에 대한 성 착취와 오용을 포함하여 고대로부터 현대에 이르기까지의 성별에 대한 편견을 겨냥한 것으로, 부도덕한 성행위를 해서는 안 되고 양성 사이에 반드시 서로 공경하고 사랑할(互敬互愛) 것을 호소한다. 이것은 고대에 간음해서는 안 된다는 지도지침을 완전히 바꾸고 전면적으로 새로운 현대적 해석을 가한 성과이다. 그것은 심지어 종교의 이름을 빌어 한 성이 다른 성을 제어하는 왜곡에도 반대한다. 젊은 사람들은 반드시 성은 부정적이고, 파괴성 혹은 착취의 대상이 아니라는 것을 배워 이해해야 한다. 사회의 건강은 사람과 사람사이의 관계에서 특히 양성 사이의 반려관계는 피차간에 관심과 도움을 주는 것이므로 성애의 즐거움만을 강조해서는 안 된다. 평등하고 서로 사랑하는(平等互愛) 것은 더 기본적인 관계이다. 혼인제도가 비록 오늘날 위협을 받고 있지만 여전히 사랑을 기초로 하여 세워지고 자신의 반려자에게 충실해야 오랫동안 유지되는 관계이다.

동시에 나의 부모님을 부모님으로써 공경하고 다른 사람들의 부모님을 공경하는 것, 나의 자녀들을 사랑하고 다른 사람들의 아이들을 사랑해야만 인성이 충분히 발양되어 개체로부터 가정, 국가, 천하에까지 확장될 수 있다.

중국 전통에서 "예"(禮)는 오랜 연원이 있는데 원래 제사 의식과 관련이 있다. 그렇지만 공자에 이르러서야 그것이 자기 자신의 내재적 근본임을 강조하게 되었다. 이것은 마음 안의 충실함이 밖으로 드러난 것으로서(誠形於外) 외재적 예의, 예를 들어 상례(喪禮)는 내 자신의 내재적 슬픔을 표현한 것이다. 맹자는 "인의는 내재하는 것이고, 성은 심으로 말미암아 드러난다"(仁義內在, 性由心顯)고 주장하였고, 송명시대 유학자들은 그것을 존숭하여 도통(道統)으로 삼았다. 그렇지만 한대의 정치화된 유가가 삼강을 제창하면서 군신・부자・부부는 일방적인 관계를 형성하였다. 이것은 선진시대 유학의 "정명"사상인 이른바 "군주가 군주답고, 신하가 신하답고, 아버지가 아버지답고, 자식이 자식답다"(君君·臣臣·父父·子子)(『論語』「顏淵」)에 담겨진 쌍방적 관계를 얼마간 잃게 되었다. 뒤에는 예법을 지킬 것을 일방적으로 강조하여 갈수록 경직화되었고, 5·4운동시대에 이르러서는 결국 "사람을 잡아먹는 예교를 타도하자"(打倒吃人的禮教)는 구호를 외치게 되었다. 우리가 볼 때 인류 문화의 발전은 군주 권력[君權], 가장제 권력[父權], 남편 권력[夫權]이 지배하는 단계를 지나왔다. 그러나 현대에 이르러 서양이 선도적 지위에서 민주주의를 실시하면서 여성들이 투표권을 쟁취하고 남녀평등권을 제창하였다. 그렇지만 오늘에 이르기까지 성 착취와 성 차별은 여전히 보편적인 현상이다. 그러므로 세계윤리만이 이러한 불합리한 현상에 대해 지도지침을 제시하여 해결할 수 있다.

솔직히 이러한 측면은 성경 혹은 고전에서 얼마간 종족적 편견·성 차별을 한 내용을 발견할 수 있다. 그렇지만 이것은 우리가 맹목적으로 따를 수 없는 전통적 악습이다. 따라서 반드시 전통 중에서 변함없는 가치와 시대적 추이에 따라 변하는 가치를 구분해야 한다. 우리가 전통에 충실하고자 한 것은 그 안에 있는 인애관서(仁愛寬恕)의 정신이다. 오늘날 시대적 추세에 합당하지 않은 것은 반드시 주저하지 말고 취사선택하거나 해체를 해야 한다. 이것이 바로 우리가 세계윤리선언을 전적으로 지지하여 성 억압과 멸시의 악행에 관련된 폭력을 조장하는 행위를 철저하게 비판하는 이유이다. 이것은 표면상으로 볼 때 역설적이다. 우리는 한편으로는 반전통적이면서 다른 한편으로는 오히려 자칭 전통의 수호자와 계승자인 것처럼 보인다.

사실 우리는 전통의 이상과 실제를 구분하기만 하면 겉으로 보이는 모순을 해소할 수 있다. 우리는 공자의 "백성은 따르게 하면 되지 알게 해서는 안 된다"(民可使由之, 不可使知之. 『論語』「泰伯」 제8)라는 한 구절만을 인용하여 공자가 민주에 반대한다고 말할 수 없다. 또 공자가 "여자와 소인은 다루기 어렵다. 가까이 하면 불손하고 멀리 하면 원망한다"(唯女子與小人爲難養也, 近之則不遜, 遠之則怨. 『論語』「陽貨」 제17)라는 말을 했다고 해서 여성을 멸시했다고 말할 수도 없다. 사실 공자가 한 것은 당시의 사실 상황을 관찰한 것에 부합할 뿐이다. 공자의 인서(仁恕)의 정신은 상하남녀를 구분하지 않는다. 한문에서 "인"(人)자는 성별을 구별하지 않는 것으로 영문에서 맨(man)이라는 글자가 전적으로 남성을 가리키는 것과 다르다. 그리고 『역』 전체의 사상체계는 음양의 상호 보완을 강조한 것이다. 비록 한대 유학자들이 "남존여비"(男尊女卑)를 강조하였지만 왕선산(王船山)은 이미 "건과 곤을 나란히 세운다"(乾坤并建)고 강조하였다. 중국 전통에 있는 많은 자원들은 현대사회에서 양성의 반려관계와 관계가 있는 것을 새롭게 해석하는데 도움이 된다는 것을 알 수 있다.[32] 사실상 사람이 하고 싶은 것을 마음대로 하도록 용납하는 사회는 없고 반드시 예로 절제해야만 마술과 같은 효용을 얻을 수 있는데 현대 서양 철학자 H. 핑거레트(Fingarette)는 이러한 측면에서 공자의 중요성을 간파하였다.[33] 오늘날 우리의 한 가지 중요한 임무는 갈수록 가까워지는 지구촌을 위해 새로운 예의를 건립하여 서로 다른 민족, 성별로 하여금 평화롭게 공존하도록 하여 대자연과 화해관계를 유지하도록 하는 것이다. 의심할 여지없이 "조화공존"(調和共存)을 중시하는 중국의 전통(문화)은 가치 있는 많은 자원을 제공할 수 있다.

이상의 4가지 지도이념과 관련된 토론으로부터 이것들은 개인, 집단에 모두 구속력이 있음을 알 수 있다. 내가 생각하기에 가장 재미있는 것은 이 문건에서 젊은이의 교육을 중시하는데 학교에서의 학습에 한정시키는 것이 아니라 새롭게 인서(仁恕)를 기초로 한 문화를 육성할 것을 희망한 점이다. 이러한 구상은 "대학"의 수(修)·제(齊)·치(治)·

---

32 예를 들어 내가 알고 있는 바에 의하면 여성철학자 산드라 워리트코(Sandra Wawrytko)(미국), 잉그리드 샤퍼(Ingrid Shafer)(독일)는 모두 공자로부터 여성에 대한 현대의 새로운 해석의 자원을 찾았다. 그들이 쓴 유가와 여성주의(Confucianism and feminism)는 화교 학자 이신양(李晨陽 Li chenyang)이 편집한 논문집에 수록되었다. 『시대』(時代) 잡지(March 8, 1999) 커버스토리에서 여성문제를 토론하였다. 이 보도에 의하면 급진적 여성주의자(Feminist)는 성별차이의 신화적 논조는 이미 시대적 조류에 합치하지 않는다고 철저하게 부정하고, 새로운 여성주의자(femaleist)는 성별의 차이를 부정하지는 않지만 둘 사이의 절대적 차이는 부정하면서 인류학자의 이것과 관련된 사실의 수집과 해석을 가지고 여성이 가정을 양육하는 공헌은 과거에 상상했던 것보다 매우 크다는 것을 증명하였고, 또 전 가정에서의 참여와 수렵 및 농사활동을 강조하여 우리가 사유할 수 있는 새로운 노선을 제공하였다.

33 Cf. Herbert Fingarette, *Confucius: The Secular as Sacred* (New York: Harper & Row, 1972)

평(平)의 이상과 정신적으로 차이가 없다. 마지막으로 사람들이 기질(氣質, 의식)을 변화시켜(transformations of consciousness), 세계대동의 이상에 이르기를 기대한다. 4가지 지도이념은 우리 전통(문화)의 "인"(仁)·"의"(義)·"신"(信)·"예"(禮)에 상당한 것이다. 그러나 오상에는 또 "지"(智)의 덕성이 있는데 이 역시 그에 합당하게 중시하여 새로운 해석을 할 필요가 있는가?

중국 전통은 줄곧 "지(智)"를 중시하였으며 이른바 "지"·"인"·"용"(智仁勇) 3가지 달덕(達德)에 대해 맹자는 "시비지심은 지혜의 단서이다"(是非之心, 智之端也)고 지적하였다. 세계윤리는 반드시 "시비"를 중시해야 하는 것으로 의심할 여지없이 앞에서 말한 성신(誠信)과 일맥상통한다. 그런데 현대사회는 다원주의를 강조하지만 상대주의의 함정에 빠져서는 안 되고, 더구나 진리 추구를 방치해서도 안 된다. 설령 우리가 가치과학을 자연과학과 같이 구축할 수 없다고 하더라도 논리실증론자와 같이 윤리가치를 순수하게 개인의 주관적 정서에 의한 선택으로 볼 수 없다.[34] 가치는 여전히 모종의 객관성과 보편성을 갖는 것으로 경험과학의 방식만을 써서 증명하고 세울 수는 없다!

역사를 되돌아보면 우리는 "지식"(knowledge)의 함의가 과거에는 오늘날과 같이 좁지 않음을 볼 수 있다.[35] 서양의 고대와 중세에도 중국 전통의 윤리와 유사한 관념이 있었다. 소크라테스로부터 플라톤에

---

[34] Cf. A. J. Ayer, ed. *Logical Positivion* (Glencoe, Il. : Free Press, 1959)

[35] 신 이슬람철학자 나스르(Seyyed Hossein Nasr)는 특별히 이 점을 강조하였다. 그의 저작 *Knowledge and the Sacred* (Albany : State University of New York, 1989) 참조. 이것과 관련이 있는 문제의 토론은 劉述先, "新儒家與新回教", 『當代中國哲學論: 問題篇』, 113-137쪽 참조.

이르기까지 궤변논자[辯士]들의 "권력이 곧 정의이다"(might is right)는 입장에 의문을 제기하고 도덕을 위한 형이상학적 기초를 찾았다. "지혜"의 추구는 철학자의 특징이고 거기에는 초월적 근원이 있다. 중세기에는 오래된 "성스러운 지혜"(聖智)의 전통이 있었지만 현대에 이르러서는 이 전통과 단절되었다. 특히 흄이 "사실"[實然]과 "당위"[應然]의 영역을 확연히 구분한 뒤에 도덕 가치는 주관정서의 영역으로 들어가게 되었다. 오늘날 우리는 복고주의를 제창하지 않는다. 우리는 지식을 경험지식의 차원에 제한할 수 있지만 이것이 "지혜"[智]의 유일한 의미라는 것은 부정한다. 지혜의 영역은 지식과 나눌 수 있다. 그것은 (인간의) 감각 지각과 도구를 이용한 측량을 통해 검증할 수 없지만 개인의 수양을 통해 인격을 제고하여 감통하게 되므로 보편적 의의가 있을 수 있다.[36] 이것은 "개인의 지식"(體知, personal knowledge) 영역에 속하기 때문에 이에 대한 심오한 논의는 어렵다. 그러나 도덕윤리가치는 결코 개인이 임의적으로 취사선택한 결과가 아님을 인정해야 된다. 왜냐하면 각 정신전통의 학설은 대동소이하고 또 회통이 가능하기 때문이다. 그런데 이것은 우리에게 "리일분수"의 현대적 의의와 관련이 있는 토론을 가능하게 한다.

사실상 경험주의자 D. 흄 역시 몇 가지 공통된 가치가 있다고 생각한다. 그는 "동정"(同情, sympathy)을 강조하였다.[37] 오늘날 S. 복(Sissela

---

36 聖智와 관련된 외부적 묘사는 Frederick Copleston, *Religion and the One : Philosophies East and West* (New York: The Crossroad Pub. Co., 1982). 주관적 체험은 세계의 각 정신전통에 모두 상세한 기록이 있는데 휴스턴 스미스의 『인간의 종교』(人的宗教) 참조.

37 Cf. T. V. Smith and Marjorie Grene, eds., *Philosophers Speak for Themselves: Berkeley, Hume, and Kant* (Chicago: The University of Chicago Press, 1957) pp. 100-101, 236-252.

Bok)의 저서 『공동가치』(共同價值)는 인류학과 문화연구에 대한 풍부한 자료를 수집하였는데 인류는 가족의 형태, 인애(仁愛)와 같은 유형의 몇 가지 공통된 가치가 있다고 지적하였다.[38] 그녀가 취한 관찰과 추론의 경험 귀납적 방법은 합리적이어서 우리에게 상당한 시사점을 준다. 그렇지만 자연과학과는 다른 것으로, 자유낙하와 같이 물리학이 구축한 법칙은 어떤 예외도 허용하지 않는다. 사회과학은 항상 통계를 사용하지만 이것을 가지고 개인의 행위를 추론할 수는 없다. 그리고 도덕 결정은 더욱이 반드시 개인의 자각과 판단에 근거해야하기 때문에 경험관찰을 통한 개략적 추론에 대해 구속력은 없다. 다시 말해 귀납은 어떤 도덕법칙을 충분히 증명할 수 없고 문화·습속은 상상하는 것과 같이 마음대로 취사선택할 수 있는 것이 아니라 몇 가지 어느 정도 보편성을 갖는 형식을 나타낼 뿐이기 때문에 우리가 무시하는 것을 허용하지 않을 따름이다!

5. "차이점은 남겨두고 같은 점을 추구한다"(存異求同)는 것으로 세계윤리와 대화함

파리에서 회의를 할 때 우리는 모두 세계윤리의 구축은 "최소 방식"(極小式, minimalist)의 길을 취할 수 있을 뿐이라고 동의하였다. 왜냐하면 둘 이상의 철학자들이 동의할 수 있는 완성된 이론이 없어 "최대 방식"(極大式, maximalist)의 길은 통할 수 없었기 때문이다. 그러나 어떻게 해야만 최소의 동의인가? 이것은 여전히 매우 힘든 문제이다.

---

[38] Sissela Bok, *Common Values* (Columbia: University of Missouri Press, 1995).

나는 나폴리에서 열린 회의에서 논문을 발표하여[39] 이른바 최소 방식의 길은 단지 "같은 점을 취하고 다른 점을 생략한다"(取同略異)는 귀납방식을 쓰는 것만으로는 안 된다고 지적하였다. 이렇게 되면 결과를 얻을 수 없거나 얻은 결과가 큰 의미가 없는 "허약한"[薄] 상황에 놓이게 될 것이다. 사실 우리는 각기 다른 전통 간의 차이를 반드시 없앨 필요가 없다. 그것이 정신적으로 서로 소통하는데 꼭 장애가 되지 않기 때문이다. 황금률을 사례로 말하면 각 전통에는 서로 다른 표현방식이 있고 강조하는 측면에도 다른 점이 있지만 그렇다고 해서 의미가 없는 보편도덕원리가 되도록 만들지는 않는다. 그것은 한 가지 명확한 방향을 지적하였다. 비록 우리에게 완전한 지침을 제공하지 못한다고 하더라도 오히려 일종의 정신적 소통을 촉진하여 시카고 세계종교회의에서 드러난 것처럼 모종의 공통된 인식으로 응축될 수 있다. 그러므로 나는 이 문제를 "리일분수"의 방식으로 대할 것을 제의하였다.[40] 주희는 일찍이 "월인만천"(月印萬川)의 비유를 써서 이것의 의미를 밝혔다. 달이 호수에 비칠 때 다른 모습을 나타내지만 우리가 결국 같은 하나의 달을 체인함에 방해가 되지 않는다. 그러나 우리가 오늘날 마주하는 문제는 오히려 과거와 뒤바뀌었다. 그 당시 사람들의 마음을 곤혹스럽게 한 것은 "리는 그 하나 아님을 근심하지 않지만

---

39 Shu-hsien Liu, "Reflections on Approaches to Universal Ethics from a Contemporary New-Confucian Perspective", published in Leonard Swidler, ed., *For All Life: Toward a Universal Declaration of a Global Ethic: An Interreligious Dialogue* (Ashland, Oregon: White Cloud Press, 1999), pp. 154-171.

40 양정덕(楊貞德)의 아직 출판되지 않은 박사학위논문 Chen-te Yang, "Hu Shih, Pragmatism, and the Chinese Tradition", University of Wisconsin-Madison, 1993 주석 참조. 또 양정덕의 「胡適的自由主義與"德身"的政治觀」, 劉述先 編, 『當代儒學論集: 挑戰與回應』(臺北: 中央硏究院中國文哲硏究所籌備處), 63-103쪽 참조.

어려운 것은 분수이다"(理不患其不一, 所難者分殊耳)라는 것이었고, 오늘날 사람들의 마음을 곤혹스럽게 하는 것은 도리어 "분수는 그 나뉨을 근심하지 않지만 어려운 것은 리일이다"(分不患其不殊, 所難者理一耳)는 것이다. 아래에서 이러한 측면의 도리를 설명하기로 한다.

현대사회는 한 가지 의미만 있는 이치[單一意理]의 지배를 거부하기 때문에 다문화주의가 유행한다. 이렇게 된 데에는 그럴만한 이유가 있다. 그렇지만 지나치게 이러한 측면의 경향을 강조하면 오히려 샛길로 빠지게 될 우려가 있다. "민족자결"의 원칙은 사실 재난적인 결과를 오도하거나 이끌게 된다.[41] 만약 무조건적으로 모든 분리운동을 지지한다면 오히려 서로 다른 입장의 소통을 추구하여 합리적인 중재를 할 기회를 마련할 수 없게 될 것이고, 그것은 심각한 문제를 낳게 될 것이다.[42] 오늘날 갈수록 가까워지는 지구촌 시대에 "차이점을 남겨두고 같은 점을 추구한다"는 것은 우리의 첫 번째 책임이 되었다.

우리는 "리일분수"의 현대적 해석에서 도덕원칙에 대한 어떤 형식의 성문화된[成文] 표현이라도 이미 "분수"의 영역에 속하고 특정한 시공간[時空]과 문화전통의 제한을 받기 때문에 절대화할 수 없다고 생각한다. 이것은 종적·횡적 두 방향에서 고찰할 수 있다. 종적으로 말하면 고금의 차이이다. 우리는 공맹이 2천 년 전에 확정했던 법칙을 그대로 적용해서 오늘날의 문제를 해결할 수 있다고 생각하지는 않는

41 『時代』 잡지(March 8, 1999) 참조. "누가 독립할 권리를 가지고 있는가"(誰有權獨立)라는 문제를 토론한 글이 있는데, 코소보(Kosobo), 쿠르디스타인(Kurdistine), 팔레스타인(Palestine) 등과 같은 곳곳에 모두 해결하기 어려운 문제가 있다. 보스니아(Bosnia)의 참극에 대한 기억이 더 최근의 일로 오늘날과 같은 분리(semi-partition)는 장기간 동안 평화유지군의 주둔에 의한 것으로, 이렇게 해야만 잠시나마 안정될 수 있다.

42 劉述先, "多元主義的隱憂", 『理想與現實的糾結』, 10-15쪽.

다. 가장 좋은 사례는 한대의 삼강(三綱)은 이미 지금의 시대에는 맞지 않는다는 사실이다. 완고한 구습이 후대에 낳은 부정적 효과는 결코 개혁하지 않을 수 없다. 5·4운동시대에 혼인자유, 남녀평등을 쟁취한 것은 막을 수 없는 추세였다. 군주 군권, 가장제 권력, 남편 권력이 주도하던 단계를 밟아오지 않은 문화는 없다. 여기에서 우리의 문제는 과거를 부정하는 것이 아니라 시대와 더불어 변화하면서 현재를 주목하고 미래를 전망하는 것이다. 공자가 "시대"[時]의 성인으로 존경받고 그가 말한 인서(仁恕) 정신이 시대에 뒤처진 것은 아니지만 우리가 오늘날 완전히 새로운 의미를 부여한 해석에 의거해야만 우리 시대에 적합한 표현을 찾을 수 있다. "리일"은 "초월"의 차원에 속한다. 바로 2천 년 전에 살았던 공자는 우리에게 중요한 시사점을 제공해주었기 때문에 이른바 "하늘이 중니를 낳지 않았다면 만고의 세월은 암흑과 같았을 것이다"(天不生仲尼, 萬古如長夜)고 말한 것이다. 그가 비록 우리에게 불완전한 지침만을 주었지만 이것은 문제가 되지 않는다. 왜냐하면 이렇게 해야만 이 시대에 맞는 표현을 찾아 창조적인 해석을 할 여지를 우리에게 남겨줄 수 있기 때문이다.

횡적으로 말하면 동양과 서양 내지는 남과 북의 차이이다. 문화의 차이는 무시할 수 없다. 우리는 자신의 표준을 가지고 억지로 다른 사람에게 강요할 수 없다. 이 차원에서 우리는 억지로 통일을 강구할 수 없고 반드시 "관용"(寬容, tolerance)을 강조해야 한다. 이것이 바로 인서 정신의 표현이다. 우리는 서로 다른 문화전통 사이에서 소통의 길을 찾아야 한다. 한 편으로 우리는 분명히 피차간에 해소할 수 없는 충돌과 모순이 있음을 보게 되지만, 다른 한 편으로 우리도 피차간에 많은 공통된 가치를 찾을 수 있음을 낙관한다. 그런 까닭에 오늘날 공통가치는 외재적인 강권을 써서 억지로 우리의 몸에 가치를 덧붙이는 것이 아니라 각 전통의 자발적이고 비판적인 방식을 통해서만 회통을 할 수 있다. 그러므로 우리가 비록 자신의 전통에 뿌리를 내리고 있지만 오히려 "초월"의 "리일"을 지향한다. 현대 신학자 틸리히는 우리의 궁극적 관심의 대상은 "신"(上帝, God)이 아니라 "신을 초월한 신"(超越上帝的上帝, God above God)이라고 분명히 하였다.[43] 이러한 "리일"은 궁극적인 문자적 표현을 찾을 수 없지만 우리가 완전히 이해할 수 없는 것은 아니다. 사실 노자의 "도를 도라고 하면 영원한 도가 아니다"(道可道, 非常道)는 말은 바로 같은 이치를 말한 것이다. 그런데 오늘날 우리는 지나치게 "분수"에 편중되어 "리일"을 잊어버렸다. 현대에서 후기 현대에 이르게 된 이 시대는 당연히 방향을 전환할 때가 되었다. 이상의 논의에서 알 수 있는 것처럼 중국전통에서 출발하여 세계윤리를 구축하는 노력을 지지해야할 뿐만 아니라 또 자신의 문화유산을 통해 의미 있는 공헌을 할 수 있을 것이다.

주註

* 이 글의 앞부분 3분의 1은 일찍이 1998년 6월 1일부터 3일 동안 북경에서 중국사회과학원 철학연구소가 주관하고 유네스코가 지지한 "중국윤리전통으로 본 보편윤리"(從中國倫理傳統看普遍倫理) 전문가 학술대회(專家學術硏討會)에서 발표하였다. 지금에야 확대·보완하여 완전한 논문이 되었다. 특별이 여기에 밝혀둔다. 이 글은 1999년 5월 16일 타이베이(臺北)에서 재단법인 국가전망문교기금회(國家展望文敎基金會)의 도움으로 "21세기 인문가치관"(二十一世紀人文價値觀) 학술대회에서 발표하였다. 뒤에 『철학잡지』(哲學雜誌) 제30기(1999년 10월)에 수록하였다.

[43] Cf. Paul Tillich, *The Courage To Be* (New Haven: Yale University Press, 1952), pp. 186-190.

8

유가철학의 심리학적 의미

1. 머리말

나는 1951년 대만대학 철학과에 진학하였다. 당시 규정에 철학과 학생은 1학년 때 반드시 심리학을 수강하도록 하였다. 우리는 영문 교재를 사용하였고, 당시 유행하던 교재는 행동주의가 주도하던 것이었다. 인체의 각 기관에 대한 강의부터 시작하였다. 강의 내용에 적극적으로 임하였지만 별로 수확이 없었다. 그러나 나는 줄곧 철학에서 심리학의 의미, 그리고 제임스(William James)와 듀이(John Dewey)의 실용주의의 상호 영향에 주목하였다. 대학 졸업 논문으로 의미론[語意學]의 철학적 의미를 탐구하였고, 일찍이 모리스(C. W. Morris)의 행동주의를 기초로 하여 발전해 나온 기호이론(符號理論)을 검토하였다.[1] 동시에 나는 그밖에 심리학으로는 형태심리학(完形心理學, gestalt psychology), 심리분석의 철학적 의미에 매우 큰 흥미를 가지고

[1] 劉述先, 『語意學與眞理』(臺北: 廣文書局, 1963), 107-112쪽 참조.

있었다. 나는 스승 방동미(方東美)의 영향을 받아 일찍이 E. 스프랑거(Spranger)의 형태학에 대해서도 섭렵하였다. 나의 스승 방동미는 심층심리학 이외에 고층심리학(height psychology)을 제창하여 나에게 더욱 중요한 시사점을 주었다.[2] 뒤에 나는 문제를 이해하는 데에 언제나 곤혹감을 느꼈지만 몇 가지 내 자신의 견해를 발전시켰다.[3] 최근에 심리학은 다문화주의(多文化主義, multi-culturalism)의 충격을 받아 약간의 변화가 있었다. 1992년 11월 나는 홍콩의 중문대학 정신과학과에서 주관한 "중국인 심리 치료" 국제학술대회의 초청을 받아 "유가의 마음 다스림의 심리 치료 기능"(儒家治心之心理治療功能)[4]이라는 주제로 강연을 하였다. 실제로 이 모임의 책임을 담당하였던 정앙징(鄭仰澄) 박사는 뒤에 중문대학을 사직하였다. 그는 나에게 앞으로 중국 분야를 배워 심리치료에서의 그 실용성을 더 탐구하고자 한다고 알려왔다. 나의 작은 아들 유활부(劉豁夫)는 대학을 다닐 때 컴퓨터를 전공하였고, 뒤에 캐나다의 로스앤젤레스 분교에서 박사학위를 받았지만 사회심리학을 전공하여 지금 뉴질랜드의 웰링턴 빅토리아 대학(Victoria University Of Wellington)에서 가르치고 있다. 어렸을 때 내가 그에게 중국철학과 관련된 것을 한 번도 가르친 적이 없었지만 최

---

2 Cf, Thomé H. Fang, *Creativity in Man and Nature* (Taipei: Linking Pub. Co., 1980), pp. 93-94.

3 劉述先, 「心理認同的建立」, 『中國哲學與現代化』(臺北: 時報文化出版公司, 1980), 89-118쪽. 최근에 영문으로 발표한 논문: Shu-hsien Liu, "Identity as a Philosophical Problem: A Neo-Confucian Perspective", *The Humanities Bulletin* (CUHK), Vol. 4 (December, 1995), 23-37 참조.

4 Shu-hsien Liu, "The Psychotherapeutic Function of the Confucian Discipline of Hsin(Mind-heart)", *Psychotherapy for the Chinese*, edited by Louis Yang-ching Cheng, Fanny M. C. Cheung, and Char-nie Chen (Hong Kong: Dept. of Psychiatry, CUHK, 1933), pp. 1-17.

근에 나의 영문으로 된 논문 몇 편을 읽고 매번 서로 의견을 교환하였다. 그런데 생각지도 못했던 것은 이 과정에서 중국 전통의 예지는 심리학의 범위 내에서 당연히 응용할 수 있음을 깊이 깨달았다고 하면서 나에게 심리학의 "패러다임 전환"[典範轉移]의 회고와 전망에 관한 논문을 함께 쓸 것을 제안한 점이다. 그리하여 1995년 6월 하순 중문대학에서 열린 제1회 아시아 사회심리학 협회 회의[亞洲社會心理學協會會議]에서 발표하였는데 한 동안 좋은 글이라고 전해졌다.[5] 그 후에 우리는 또 한층 분발하여 유활부가 쓴 초고를 바탕으로 두 번째 글을 함께 써서 아시아 사회심리학과 서로 연관된 것을 토론하였다. 그리고 유활부는 1997년 8월 초 교토(京都)에서 아시아 사회심리학 협회가 개최한 제2회 회의에 초청을 받아 발표하였다.[6] 또 이 글에서 한 걸음 더 나아가 중국전통의 지혜가 심리학에서 응용될 수 있는 가능성을 탐구하였다. 초고를 쓸 단계에서 비록 우리에게는 많은 구상이 있었지만 많은 사유가 요구되는 문제가 아직 남아 있었다. 그러나 철학적 예지가 심리학에서 실재적으로 고려될 수 있는 기회를 얻었다는 사실 자체만으로도 크게 고무될만한 일이었다. 내가 쓴 심리치료 기능과 관련된 논문, 유활부와 함께 쓴 두 편의 논문은 모두 영어로 된 것만 있었으므로 나는 중국어로 써서 그 내용을 소개할 결심을 하였다.

---

5 우리의 논문 제목은 다음과 같다: James H. Liu and Shu-hsien Liu, "Modernism, Postmodernism, and Neo-Confucian Thinking: A Critical History of Paradigm Shifts and Values in Psychology", *New Ideas in Psychology*, Vol. 15, No. 2(1997), 159-177. "전범"(典範)이라는 용어가 거친 의미에서 사용될 때 그 의미가 지시하는 것은 근본원리 사이의 차이이다. 회의에 관한 간단한 소개는 劉豁夫 著·劉安云 譯, "亞洲社會心理學的覺醒", 『明報月刊』總 第361期(1996年 1月), 45-46쪽.

6 James H. Liu and Shu-hsien Liu, "Interconnectedness and Asian Social Psychology", accepted for publication in *Progress in Asian Social Psychology*, Vol. 2.

그런데 그 내용의 많은 관점들은 유활부가 제공한 것이었으므로 이 글도 여전히 우리 부자의 이름으로 발표하였다. 이것이 내가 이 글을 쓰게 된 이유이다. 내가 심리학 방면의 전문적인 훈련을 받지 않았기에 철학 방면에 치우친 논의라는 점을 피할 수 없지만, 만약 심리학에 얼마간 타산지석의 역할을 할 수 있다면 그것으로 만족한다.

2. 유가 마음 다스림(治心)의 심리치료 기능

현대인은 생활의 긴장으로 정신적 안정을 얻지 못하고 있다. 그러므로 "초월명상"(玄思冥想, transcendental meditation, TM이라 간략히 칭한다)이 크게 유행하고 있다. 그런데 서양에서 유행하는 초월명상은 인도의 유가(瑜珈)와 일본의 선종(禪宗)이 주도하고 있지만 우리의 유가전통 안에도 이러한 측면이 있다는 것을 전혀 모른 까닭에 널리 주목을 받지 못하였을 따름이다!

공자는 먼저 "위기지학"(爲己之學)의 전통을 세웠다.[7] 이른바 "옛날의 학자들은 자기 자신을 위한 학문을 하였지만, 지금의 학자들은 남을 위한 학문을 한다"(古之學者爲己, 今之學者爲人)[8], 또 "군자는 자신에게 구하고, 소인은 남에게서 구한다"(君子求諸己, 小人求諸人)[9]고 말한다. 그는 안연(顔淵)에게 수양공부를 가르칠 때 "자기의 사사로운 욕심을 극복하여 예로 돌아가는 것이 인이다. ……인을 하는 것은 자기에서 말미암은 것이지 다른 사람에게서 구하는 것이겠는가!"(克己復

---

[7] 현재 서양학자들도 이렇게 생각한다. Wm. Theodore de Bary, *Learning for One's Self: Essays on the Individual in Neo-confucian Thought* (New York: Columbia University press, 1991) 참조.

[8] [옮긴이] 『論語』「憲問」 제14.

[9] [옮긴이] 같은 책, 「衛靈公」 제15.

禮爲仁. ……爲仁由己, 而由人乎哉!)[10]라고 말하였다.

공자의 이러한 전통은 증자(曾子), 특히 사맹학파(思孟學派)를 통해 계승되었다. 현재는 (20세기 초에 유행한) 의고(疑古)의 학풍은 사라졌다. 중국대륙 학자 이학근(李學勤)은 1997년 6월 6일 중문대학(中文大學) 강연에서 한대 무덤[漢墓]에서 발굴된 새로운 자료를 바탕으로 이 학파가 한대 초기에 이미 주도적 지위를 차지하였을 것이라 추론하였다. 『예기』(禮記) 중의 「대학」(大學)·「중용」(中庸)으로 볼 때 분명히 자사(子思)의 노선에서 전해진 문헌이다. 『대학』의 첫머리에서 이렇게 분명히 말하였다.

> 대학의 도는 명덕(明德)을 밝히는 데 있고, 백성을 친하게 하는 데 있으며, 지극한 선에 머무는 데 있다. 머무를 곳을 알고 난 뒤에야 일정한 방향이 있고, 일정한 방향이 있고 난 뒤에야 평안해질 수 있고, 평안해진 뒤에야 사려할 수 있으며, 사려한 뒤에야 성취할 수 있다. 사물에는 근본과 말단이 있고, 일에는 처음과 끝이 있다. 일의 선후를 알면 도에 가깝다!
>
> (大學之道, 在明明德, 在親民, 在止於至善. 知止而後有定, 定而後能靜, 靜而後能安, 安而後能慮, 慮而後能得. 物有本末, 事有終始, 知所先後, 則近道矣!)

그런 뒤에 격물(格物)·치지(致知)·성의(誠意)·정심(正心)·수신(修身)·제가(齊家)·치국(治國)·평천하(平天下) 등 8조목을 말하고 있다. 어떤 학자는 『대학』에서 정(定)·정(靜)·안(安)·려(慮)·득(得)을 말한 것 때문에 도가의 영향을 받았고, 곧 잡가의 문헌이라고 말한다. 이러한 학설은 매우 타당하지 않다. 『대학』 첫머리에서 삼강령(三綱令)을 제시하여 사람마다 명덕이 있음을 긍정하고, 이어서 또 친민

10 [옮긴이] 같은 책, 「顔淵」 제12.

(親民)을 말하고 있다. 이것은 도가에서 말할 수 있는 것이 아니다. 유가에는 개방적 사유가 있다. 전해지는 설에 의하면 일찍이 공자가 노담에게 예를 물었다고 하였기 때문에 얼마간 도가사상의 성분을 흡수했다는 것도 이상한 일이 아니다. 그러나 유가에서 "정(定)·정(靜)·안(安)·려(慮)·득(得)"을 말할 때에는 일정한 방향이 있고, 그것은 마침 도가에서는 결핍되었거나 배척하는 것이다. 지금 그 대의를 간략히 설명하면 아래와 같다. 먼저 유가의 궁극적 관심[窮極關懷]을 세워야만 생명에 일정한 방향[定向]이 있게 되어 마음이 안정되고 편안하며, 반성사유를 할 수 있어야만 도리에 대해 심득할 수 있게 되어 선후본말을 분명히 파악할 수 있다. 유가사상은 개체에서 출발하여 친족[族衆], 전체 대자연 내지 초월적 창조의 근원에 이르기까지 확대되어 모두 심오한 감응이 있다고 주장한다. 『중용』에는 '마음을 다스리는 것'(治心)에 대한 더 정미한 체험적 증험[體證]이 있다. 주자는 그것을 공문(孔門)에서 심법(心法)을 전수한 것으로 여겼다. 제1장에서 그 요점을 말하였다.

> 하늘이 명한 것(天命)을 성(性)이라 하고, 성을 따르는 것을 도(道)라 하며, 도를 닦는 것을 가르침(教)이라 한다. 도란 잠시도 떠날 수 없는 것이다. 떠날 수 있으면 도가 어니다. 그러므로 군자는 보지 못하는 것을 경계[戒愼]하고, 듣지 못하는 것을 두려워한다. 감추어진 것보다 더 드러나는 것은 없고, 미미한 것보다 더 나타나는 것은 없다. 그러므로 군자는 그 홀로를 삼가는 것이다. 기뻐하고 노하고 슬퍼하고 즐거워하는(喜怒哀樂) 감정[情]이 아직 발현하지 않은 것을 중(中)이라 하고, 발현하여 모두 절도에 맞는 것을 화(和)라 한다. 중은 천하의 대본(天下之大本)이고, 화는 천하의 달도(天下之達道)이다. 중화를 이루면 천지는 제자리를 찾아 편하게 되고, 만물은 잘 생육된다.

(天命之謂性, 奉性之謂道, 修道之謂敎. 道也者, 不可須臾離也, 可離非道也. 是故君子戒愼乎其所不睹, 恐懼乎其所不聞. 莫見乎隱, 莫顯乎微. 故君子愼其獨也. 喜怒哀樂之未發謂之中. 發而皆中節謂之和. 中也者, 天下之大本也; 和也者, 天下之達道也. 致中和, 天地位焉, 萬物育焉.)

『중용』의 신독(愼獨)과 『대학』의 성의(誠意)를 배합한 것은 명대 말기 유즙산(劉蕺山)의 가르침에서 가장 관심을 끄는 핵심내용이었고, 미발(未發) · 이발(已發)은 송명시대 유가의 수양공부에서 논의가 분분한 초점이었다. 맹자는 말을 아는 것(知言), 기를 기르는 것(養氣)을 강조하여 후대에 큰 영향을 주었다. 이것을 인용하면 아래와 같다.

우산(牛山)의 숲은 예전에 아름다웠지만, 큰 나라의 근교에 있기 때문에 사람들이 도끼로 베어 내니, 계속 아름다울 수 있겠는가? 낮과 밤으로 자라나고 비와 이슬이 적셔 주어 새싹이 움터 나오지 않는 것은 아니지만, 또한 소와 양들을 그 곳에다 놓아먹이니 저렇게 반들반들한 민둥산이 된 것이다. 사람들이 그 반들반들한 것을 보고서 그곳에는 예전부터 나무들이 없었다고 생각하지만, 그것이 어찌 산의 본래 성질이겠는가? 사람에 있어서도 어찌 인(仁)과 의(義)의 마음이 없겠는가? 사람들이 선한 마음을 놓쳐 버리게 되는 것 역시 도끼질로 매일매일 나무를 베어내는 것과 같으니, 어떻게 아름다워질 수 있겠는가? 낮과 밤으로 자라난 선한 마음과 아침의 맑고 고요한 기에서 드러나는 좋아하고 싫어하는 바가 다른 사람들의 그것과도 거의 비슷한 선한 본성은 아주 미미한 상태에 있기 때문에 낮에 저지르는 나쁜 행동에 의해 없어지게 된다. 없애기를 되풀이하면 밤의 선한 기운이 살아남을 수가 없고, 밤의 선한 기운이 살아남을 수 없게 되면 금수와의 거리가 멀지 않게 된다. 사람들이 그가 금수와 같음을 보고서 원래부터 선한 재질이 없었을 것이라고 생각하지만, 그것이 어찌 사람들의 본래 바탕이겠는가? 그러므로 잘 길러주면 어떤 사물도 자라지 않는 것이 없고, 만약 길러주지 않으면 어떤 사물도 없어지지 않는 것이 없다. 공자께서 "붙잡으면 있게 되고, 놓아버리면 없어진다. 드나듦에 일정한 때가 없고 그것이 어디로 가는지를 알지 못하니, 이 마음을 말한 것이다!"(操則存, 舍則亡, 出入無時, 莫知其鄕, 惟心之謂與!)고 하였다.[11]

맹자의 '놓아버린 마음을 구함'(求放心), '야기를 보존함'(存夜氣)은 후대에도 따르는 모델이 되었다. 송명 유학에서는 더욱더 심성을 수양하는 내성외왕의 공부에 중점을 두었다. 주자의 스승 이연평(李延平)이 나예장(羅豫章)에게 학문을 배운 것은 바로 "치심"(治心)을 위한 것이다. 주자는 중화(中和)를 힘써 탐구하는 어려운 과정을 거쳐 정이천(程伊川)으로부터 해답을 찾았는데 이른바 "함양함에 모름지기 경(敬)을 써야 하고, 학문에 나아감은 치지(致知)에 있다"(涵養須用敬, 進學則在致知)는 것은 새의 두 날개, 수레의 두 바퀴와 같은 것이지만 육구연·왕양명은 오히려 주자를 지리멸렬하다고 생각하였다. 육상산은 직접 맹자를 계승하여 학문을 함에 있어서 먼저 그 대본[大]을 세웠고, 왕양명은 『대학』 고본(古本)으로 돌아가 "치지"(致知)를 "치양지"(致良知)로 해석하였다. 그는 맹자의 '야기를 보존함'에 대해 더욱더 새롭고 독특한 해석을 하였다. 그는 이렇게 말하였다.

---

11 [옮긴이] 『孟子』 「告子 上」: "牛山之木嘗美矣! 以其郊于大國也, 斧斤伐之, 可以爲美乎? 是其日夜之所息, 雨露之所潤, 非無萌蘖之生焉, 牛羊又從而牧之, 是以若彼濯濯也. 人見其濯濯也, 以爲未嘗有材焉, 此豈山之性也哉? 雖存乎人者, 豈無仁義之心哉! 其所以放其良心者也, 猶斧斤之于木也, 旦旦而伐之, 可以爲美乎? 其日夜之所息, 平旦之氣, 其好惡與人相近也者幾希, 則其旦晝之所爲, 有梏亡之矣! 梏之反覆, 則其夜氣不足以存, 夜氣不足以存, 則其違禽獸不遠矣, 人見其禽獸也, 而以爲未嘗有才焉者, 豈人之情也哉? 故苟得其養, 無物不長, 苟失其養, 無物不消. 孔子曰: '操則存, 舍則亡, 出入無時, 莫知其鄕, 惟心之謂與!'" [한글 번역은 박경환, 『맹자』(홍익출판사, 1999), 279-280쪽 참조.]

> 사람은 하루 동안에 고금의 세계를 모두 한 차례 경험하고 지나가지만 사람이 보지 못할 뿐이다. 밤기운이 맑고 깨끗할 때는 보는 것도 없고 듣는 것도 없으며, 생각하는 것도 없고 작위하는 것도 없어서 가슴속이 담담하고 평온하다. 이것이 바로 복희(伏羲)·황제(黃帝)의 세계이다. 새벽녘에는 정신이 맑고 기운이 명랑하여 온화하고 화목하다. 이것이 바로 요임금과 순임금의 세계이다. 오전에는 예의로 사귀고 기상이 질서정연하다. 이것이 바로 (하·은·주)삼대의 세계이다. 오후에는 정신과 기운이 점점 어두워지고 가고 오는 것이 복잡하고 어지럽다. 이것이 바로 춘추전국의 세계이다. 점점 어두워져 밤이 되면 만물은 잠들어 쉬고 풍경은 적막하고 고요하다. 이것이 바로 사람이 소멸하고 사물이 다한 세계이다. 배우는 자가 양지를 믿어서 기운에 의해 어지럽혀지지 않는다면 항상 복희·황제 이전의 사람이 될 수 있다.[12]

왕양명의 견해에 의하면 인심의 변화와 세계의 변화는 서로 배합된 것이다. 이러한 견해는 당시에 세계가 의미가 있는 구조라는 견해와 부합하는 것으로, 결코 무슨 주관 유심론이니 하는 것이 아니다.[13] 이러한 사상은 분명히 심리학적 의미를 갖지만 현대 서양에서 유행하고 있는 행동심리학과 심층심리학이라는 2대 조류의 구조 안에 넣을 수 없다. 그러므로 반드시 다른 지름길을 찾아야 한다. 바로 나의 스승 방동미(方東美)가 이렇게 지적한 것과 같다.

---

12 [옮긴이]『傳習錄』卷下: "人一日間, 古今世界都經過一番, 只人不見耳! 夜氣淸明時, 無視無聽, 無思無作, 淡然平懷, 就是羲皇世界. 平旦時, 神淸氣朗, 雍雍穆穆, 就是堯舜世界. 日中以前, 禮儀交會, 氣象秩然, 就是三代世界. 日中以後, 神氣漸昏, 往來雜擾, 就是春秋戰國世界. 漸漸昏夜, 萬物寢息, 景象寂寥, 就是人消物盡世界. 學者信得良知過, 不爲氣所亂, 便常做個羲皇以上人."[한글 번역은 정인재·한정길이 역주한 『전습록』(2), 청계, 2001, 799-800쪽 참조.]

13 왕양명의 사상에 대한 이러한 견해는 劉述先,「王學與朱學: 陽明心學之再闡釋」,『朱子哲學思想的發展與完成』(臺北: 臺灣學生書局, 1995년 增訂 3판), 485-520쪽 참조.

철학인류학은 반드시 심리학과 밀접하게 협력해야 하는데, 후자는 3가지 다른 형식을 취할 수 있다. 통상적으로 과학과 밀접한 관련이 있는 심리학은 분명한 의식을 통해 인심(人心)을 이해하려는 경향이 있다. 그것은 자세하게 분석되었는데, 먼저 이성·정감에 대한 의지의 기능, 다음으로 감각·지각과 사상의 원소로, 자연이성의 측면에서 더 나아가 심리적 원자로 요약될 수 있다. 매번 각 심리 사실은 전체적으로 투명하여 절대 은미한 것이 없다. 이것은 이성 형태의 "표면심리학"(平面心理學, surface psychology)이다. 그러나 사람은 아이들과 같이 신비한 것을 매우 좋아하여 영원히 싫증내지 않고 만물통의 좁은 구멍을 통해 부단히 관찰한다. 그런 까닭에 오늘날에는 "심층심리학"(深層心理學, depth psychology)을 이용하여 마음[心靈]의 잃어버린 법칙[失序]을 체계화하여 이해하는 방식이 유행한다.

현묘한 사유 이성을 갖고 있는 철학자로서의 우리는 대문을 굳게 닫고 종교·철학에 나타난 것을 전혀 고려하지 않으면서 몇몇 과학사상의 조류에 나타난 현중지현(玄中之玄, mysteriously mysterious mystery)과 함께할 수는 없다. 다양한 형태의 심리학에는 여러 가지 문제점이(誘因) 있기 때문에, 나는 이것을 "고층심리학"(高層心理學, height psychology)이라 부르기로 하였다. 이것은 사람의 정지된 본성을 이성의 평원에 두는 것이 아니고, 또한 마음의 잃어버린 질서라는 병적 상태의 왜곡으로부터 사람을 이해하는 것도 아니다. 심리학에서 나온 이것은 현묘한 사유 이성을 통해 진실한 인간을 살펴보고 생활의 동력을 창조하며 문화질서의 진전을 시험해 보는 것이다.[14]

나의 스승 방동미는 원시유가에서 풍부한 고층심리학의 자원을 찾았고, 웅십력(熊十力) 이후 현대 신유가도 똑같이 송명유학 내지 불가 · 도가에서 풍부한 자원을 찾았다. 나는 바로 이러한 노선을 계승하여 유가의 '마음을 다스림'(治心)'이라는 심리치료 기능을 말하였다.

---

14 해석학의 관점은 Hans. Georg Gadamer, *Truth and Method* (London: Sheed & Ward, 1975), 각각 273, 337쪽. 중문은 내가 번역한 것이다.

논자는 혹시 내가 말한 것이 정신적 병태를 치료하는 기술의 발전된 단계와 거리가 있다고 말하겠지만 심리보건(心理保健, mental hygiene)의 훈련에 더 근접한다. 이것은 문제가 없다. 왜냐하면 중국인은 이제껏 약으로 보양하는 것[藥補]은 음식으로 보양하는 것[食補]보다 못하고, 발병한 뒤에 의사를 찾는 것[病後求醫]은 사전에 예방하는 것만 못하다고 하였는데, 양생(養生)으로 치료하는 것에 주목하였기 때문이다. 그러나 송명 유학의 심리치료 기능은 부정할 수 없다. 새로 발굴한 『안균집』(顔鈞集)이 대륙에서 출판되었다.[15] 수록된 첫 번째 문장이 바로 "급구심화방문"(急救心火榜文)이다. 나근계(羅近溪)는 곧 이 방문을 보고서 안산의(顔山衣, 1504-1596)의 제자가 되었다. 한 때 유행하던 학문[顯學]이 되어 관심을 갖는 신도 대중[信衆]이 각 계층에 분포되었고, 청강자가 때로는 수천 명에 달하여 사회적으로 충격을 주었다. 그러나 애석하게도 왕문(王門) 후학은 태주파(泰州派)가 제거되면서 명나라가 멸망한 뒤에 곧 쇠락하였다. 그 후 현대 신유가에 이르러서야 이 노선을 다시 회복할 수 있게 되면서 옛 성인의 끊어진 학문을 잇게 되었다. 장래에 발전된 유가식의 심리치료 기능이 멀지 않아 나오게 될 것이라 예상한다.

3. 심리학 패러다임과 가치의 전환

나의 스승 방동미의 고층심리학에 대한 구상은 1969년 제5회 동서철학자대회[東西哲學家大會]에서 제시하였지만 전혀 반응이 없었다. 그러나 지금 시대가 변하여 상황이 이전과 이미 크게 달라졌다. 주류

---

15 黃宣民 點校, 『顔鈞集』(北京: 中國社會科學出版社, 1996).

였던 행동주의로부터 포스트모던의 도전에 이르게 되면서 새로운 계기가 마련되었다. 지금 20세기 말에 이르러 심리학은 기타 가능성을 고려하고 있다. 이것이 바로 우리가 지금 처한 상황이다. 유활부는 대학에서 전자학을 강의하지만 지금 통계학을 가르치기 때문에 계량표를 만드는 것과 같은 조사에 익숙하다. 그러나 그의 흥미는 비교적 넓어 한편으로 심리학 역사의 회고에 주목하고, 다른 한편으로는 또 패러다임과 가치의 전환에 주목하였기 때문에 미래의 방향에 관심을 가지게 되었는데 신유가에서 제시한 것이 가능성을 보여준 것이라고 생각하였다. 이것이 바로 우리가 협력하여 첫 번째 문장을 쓰게 된 계기이다.

유활부의 관찰에 의하면 심리학의 역사가 비록 짧지만 이미 몇 가지 분명한 단계를 지나왔다. 19세기 말, 심리학의 첫 번째 물결은 개인 심리생활의 분석과 해석에 집중되었다. 프로이드(S. Freud)의 비엔나 학파는 무의식[潛意識]이라는 관점에서 꿈을 분석하여 사람의 심리생활을 심도 있게 관찰하였다. 이 학파와 몇 백 리 밖에 떨어지지 않은 곳에 있던 분트(W. Wundt)의 라이프치히(leipzig) 학파는 맨 처음으로 심리실험실을 마련하여 사람의 지각·감각과 감정을 체계적으로 고찰하였다. 두 사람은 모두 각각 개인적으로 심리사건 보도에 근거하여 상세하게 분석을 하였지만 이것들은 실험으로 증명하기 매우 어려운 것이었다. 그러나 두 사람은 모두 자신들을 과학자로 생각하고, 수십 년 동안 완전한 이론으로 발전시키려고 노력했지만 각기 전혀 다른 유형의 사람들로부터 관심을 받았다. 프로이드는 심리치료를 하였으며, 왕래한 인물들은 대부분 의사였다. 분트는 (학술적) 연구를 하였고, 왕래한 인물들은 대부분 대학교수였다. 심리학계에서는 일반적으로 분트를 실험심리학의 아버지라고 생각하지만 그는 오히려 심리분석을 비과학[前科學]으로 삼는다. 이 두 학파의 분기점은 두 사람의 개인적 한계에서 비롯된 것으로서 심리학의 발전에 좋지 않은 영향을 주었다. 일반적으로 프로이드의 영향력은 마르크스·다윈과 비교될 정도로 크지만 학계에서는 아무도 관심을 기울이지 않는다. 이러한 상황이 심리학계를 두 진영으로 분열하게 만들었다.

분트의 노선은 매우 빨리 발전하였고, 또 그의 예상을 뛰어넘었다. 왓슨(J. B. Watson)의 행동주의 학파가 흥성하면서 심리학은 순수객관적인 자연과학이 되었고, 이론의 목표는 행동의 예측과 통제이며, 내성(內省)은 그 연구 범위에 속하지 않는다고 분명히 선언하였다. 인간과 동물 사이에는 근본적으로 본질적인 차이가 없다. 행동주의는 미국이 주류가 되었으며, 뒤에 전 세계로 전파되었다. 경험주의·실증주의·환원주의는 주류가 되었고, 프로이드의 목표는 의학적 치료에서 고통을 경감시키는 데에 있는데 때로는 정신적 각성이 필요하다고 했기 때문에 자연스럽게 어느 정도 인문적인 성격이 농후하다. 실험심리학은 오히려 과학을 모범으로 삼는데 피실험자는 흔히 무지상태에 놓여야만 통제하기 쉽다.

2차 대전 기간에 유럽의 많은 학자들, 특히 유태인 후예들이 미국으로 피난을 오면서 새로운 조류가 생겨났다. 그들은 행동주의의 정형화된 패턴에 구속되지 않았다. 르윈(Kurt Lewin)은 사회심리학의 개창자로 알려져 있다. 그들 학파는 새로운 실험성의 사회과학을 개창하였는데 핵심은 유럽의 재난을 조성했던 상황을 연구하고 이해함으로써 그것을 방지하는 것이다. 그들은 실용적인 이론을 중시하였지만 변수를 증가시켜 사회적 상관성이 있는 영역을 더 넓힘으로써 "민주와 독재가 이끄는 분위기"(民主與獨裁的領導風格)와 같은 것도 실험실 내에서 조종하여 사용할 수 있게 하는 새로운 영역을 창조하였다. 그러나 사회학·인류학과는 달리 사회심리학의 초점은 언제나 개인과 작은 단체에 집중되었고, 해석의 대상은 지금 현재에 관한 것이다. 이러한 조류의 사회심리학은 정통적 행동주의에 도전하였다. 페스팅거(Leon Festinger)와 칼스미스(Merrill Carsmith)가 만든 "불협화 실험"[不協和實驗, dissonance experiment]에서 여러 가지 복잡한 동기로 작동하는 고차원의 인지(認知)는 금전적 보상 작용이 역전될 수 있음을 증명하였다.[16] 그렇지만 페스팅거도 감성을 중시하기 때문에 인지심리학자로 보지는 않는다.

1950년대 시작된 행동주의는 인지주의와 2, 30년 동안 논쟁을 하였고, 70년대 후기에 이르러 우위를 차지하였다. 일반적으로 말하면 행동주의는 촘스키(Chomsky)와 스키너(B. F. Skinner)의 언어와 관련된 논의보다 분명히 아래에 처한다. 동물실험은 심리과학과 무관하다고 생각되었다. 혁명은 사회적 성격의 것으로 컴퓨터 산업의 발전은 거대한 차이를 만들었다. "인공지능"(artificial intelligence)의 연구는 시대적 유행이 되었다. 행동주의의 제약을 제거하고 습관의 힘을 다시 강조하지 않았기 때문에 사회심리학은 비약적으로 발전했다고 말할 수 있다. 애쉬(Asch)의 "합리적 모델"(合模), 알포트(Allport)의 "편견"(偏見) 연구, 밀그람(Milgram)이 했던 "복종"(服從)과 관련된 놀라운 실험은 모두 이 시기의 산물이다. 사람은 사회적 동물로 환경의 영향을 받고, 사유 능력이 있다고 하지만 완전히 이성에 따라 행동하지는 않는다. 사회심리학자들과 마찬가지로 실험을 해야 한다. 그들은 몇 가지 계획을 세우고, 변수를 분리시켜 연구하였다. 때로는 의도적으로 측정

16 L. Festinger and M. Carlsmith, "Cognitive Consequences of Forced Compliance", *journal of Abnormal and Social Psychology*, 58(1957), pp. 203-210.

대상을 속여 그들이 반응하도록 이끌어내는 연구를 하였다. 뒤에 엽기적이라고 할 만한 교도소 모형의 상황이 연출되었는데 놀랍게도 생각지도 못한 폭력이 발생하고 심리적 이상반응을 나타냈다. 이 실험은 매우 지나쳤다고 하지 않을 수 없다. 70년대 후기에 이르러 도덕적인 비판이 이루어졌고 이러한 유형의 실험을 금지하는 법을 만들게 되었다. 사회심리학의 황금시대는 이때에 이르러 몰락하게 되었다. 80년대에 사회심리학은 학교 내부에서 몇 가지 실제 생활과 관련이 별로 없는 조사와 실험으로 변하면서 컴퓨터상의 영상과 문제지만이 남게 되었다.

이러한 상황에서 하워드 가드너(Howard Gardner)의 연구는 "인지과학"(認知科學, cognitive science)이라는 협소한 세계로 축소되었다. 그는 모든 문화 요소를 배제하고 단지 서양사상을 보편성을 가진 심리모형으로 삼아 인공지능을 연구하였다. 그러나 이러한 환원주의적 생각은 오늘날 왓슨(John B. Watson)이 실제적인 인간의 사상과 행위를 더 잘 담은 생각에는 비할 바가 아니다. 미국에서 비록 사이드(E. Said)의 인종 연구와 여성 연구에 대한 비판이 있었지만 별 영향을 주지는 못하였다. 그러나 유럽에서의 상황은 완전히 달랐다.

유럽의 사회심리학은 최근에 점차 이러한 상황에서 탈피하고 있다. 프랑스의 모스코비치(Moscovici)는 사회적 성장 과정이 인지를 지배하기 때문에 마음의 표상은 개인에게서만 유래하는 것이 아니라 사회집단에 의해 구현된다고 생각하였다. 그런 까닭에 그는 문화 연구와 인지의 관계를 강조하였다. 영국에서는 최근 "담화 분석"(話語分析, discourse analysis)이 유행하고 있다. 만약 인지과학이 "현대주의적"(現代主義的, modernist)인 것으로서 보편적 법칙과 그 배후의 구조를 믿는 것이라고 한다면, 담화 분석은 "후기 현대주의적"(後現代主義的,

postmodernist)인 것으로서 보편법칙의 가능성을 부정하고 "해체"(解構, deconstruction)라는 수단을 받아들인 것이다. 이 두 파는 서로 받아들일 수 없는 양 극단이 되었다. 후기 현대주의자는 본래 심리학을 객관적 과학으로 인정하지 않고, 주체성과 사회 구조 수립의 중요성을 강조한다.

이상과 같은 종합적 서술에서 심리학의 변화와 패러다임의 전환은 과학의 혁명이 아니라 사회 변화의 영향을 받은 것으로서 가치문제와 벗어날 수 없는 관계를 갖고 있음을 알 수 있다. 비록 몇몇 논리실증논자들이 도덕가치 문제를 오로지 주관적 선택으로 보지만 존재문제와 완전히 분리하기는 어렵다. 그런데 다른 한편으로 심리학이 오로지 계량화된 객관적 방법을 취하더라도 그것이 분명한 과학으로 변화시키는 것은 아니다. 이처럼 서로 다른 심리학파 사이의 논쟁은 서로 다른 정치적 힘의 투쟁으로 변질되어 굴복하려고 하지 않았다. 이것이 현재의 상황이다.

최근 몇몇 아세아계 심리학자들이 심리학 연구에 종사하면서 이 분야의 기본 개념과 방법을 장악하였다. 그렇지만 오히려 자기 자신들은 다른 전통에서 나왔고, 다른 가치 경향을 가지고 있다는 것을 점차 자각하면서 의문을 제기하였다: 서양의 서로 다른 심리학 유파들처럼 '부분으로 전체를 개괄하는 방법'은 그 필연성이 있는가? 중국계 학자에게 중국의 전통문화는 완전히 새로운 것이 아니고 또 보통 서로 다른 두 입장을 포용하면서 극단적이지 않기 때문에 유연한 사고를 낳을 수 있다: 그러므로 다른 방식을 발전시켜 지금의 곤경을 벗어날 가능성이 있지 않을까?

이것은 분명 복고해야 한다거나 되돌아가자는 것이 아니다. 왜냐하면 중국은 지금까지 현대적 의미의 심리학을 발전시킨 적이 없기 때문이다. 현대 서양인은 창신(創新)에 예의주시하여 부단히 다른 패러다임을 창조하고 있다. 이것은 존경할 만한 일이다. 그러나 이해되지 않는 것은 이렇다. 패러다임들은 왜 그처럼 배타성이 강하고, 또 심리학은 내용이 풍부하게 쌓여가는 학문이 되지 못하는가? 예를 들어 프로이드 학파는 강렬한 인문적 관심이 있기 때문에 사유에 대한 성격 분석을 하였다. 행동주의 학파는 실험방법론을 중시했기 때문에 사람과 동물의 공통된 몇 가지 지·정·의(知情意) 반응을 연구하는 것에 치중하였다. 사회심리학파가 사회문제를 해결하고자 하는 의도와 결심은 칭찬할 만한 일이지만 반드시 피실험자의 권익을 보장해야 한다. 인지주의파의 마음 표상에 대한 연구는 여전히 중요한 것이지만 그것이 완전히 사회 현실에서 벗어나도록 내버려둘 수는 없다. 그리고 후기 현대주의자의 주체성에 대한 실험 탐구와 권력관계에 대한 해체는 당연히 모두 중시되어야 하지만 허무주의와 상대주의라는 정형화된 패턴에 빠져서는 안 된다. 각 학파에는 장단점이 모두 있기 때문에 마땅히 그 적합한 위치를 파악하여 서로 보완해야지 반드시 하나의 패러다임을 취하여 다른 패러다임의 상대적 유효성을 부정해서는 안 된다.

우리가 이렇게 말하는 것은 결코 뒤섞어서 각 학파 사이의 차이를 없애려는 의도가 아니다. 사람은 유기적 정체(整體)이지만 우리는 여러 조각으로 나누어 연구할 수 있다고 생각한다. 예를 들어 하나의 조각이라는 측면에서 보면 우리는 인체를 온전한 하나의 기기(機器)로 보고, 기계적인 법칙에 복종하는 것으로 이해하면 인간의 몇 가지 본성 현상[性相]을 파악할 수 있다. 그러나 피해야 할 함정은 이 하나의 단편을 인간의 전체로 보는 것이다. 그것은 환원주의의 오류를 범한 것이다. 우리는 심리학 패러다임 사이의 충돌은 대부분 부분을 전체로 보려고 하는 결과 때문이라고 생각한다. 만약 타당하지 않은 추론을 버리고 그와는 다른 방법으로 탐구할 수 있는 공간을 열어둔다면 전혀 다른 국면이 나타나게 된다.

이런 시각에서 볼 때, 전통 중국의 몇 가지 예지는 그 현대적 의미가 있게 된다. 예를 들어 송명시대의 이른바 "리일분수"는 우리에게 상당한 시사점을 제공할 수 있다.[17] 송명유학의 관점에 의하면 '리'(理)는 관통되는 것이지만 그 표현은 오히려 천변만화(千變萬化)한 것이다. 주희는 이러한 상황을 일찍이 "월인만천"(月印萬川)이라는 비유로 설명하였다. 현대에 이르러 우리는 더 풍부한 탄력성을 가지고 해석할 수 있다. 우리는 이미 다원주의가 개입된 방식을 받아들이지만 만약 실제로 하나의 단편적인 부분을 진로로 삼는다면 당연히 동시에 다른 진로를 채택할 수 없다. 그러나 이것은 표면상의 분수(分殊)에 불과한 것이기 때문에 '리'에서 다른 진로를 배척한 것이 아니다. 표면적으로 볼 때 모순 충돌되는 몇몇 현상이 있지만 오랜 시간 동안 탐구하고 연구한 뒤에는 소통하고 융합할 수 있다. 이것은 물리학에서도 그렇다. 예를 들어 빛은 미립자로 나타날 수 있고 또 파장으로 나타날 수 있지만 물리학은 양자택일을 할 필요가 없고 그것들을 상호보완적 현상으로 받아들일 수 있다. 현대인은 우리가 원자 내부의 구조에 대해 완전히 객관적인 묘사를 할 수 없다고 인정한다. 왜냐하면 충격을 준 뒤에 관찰하는 현상은 이미 사물과 서로 연동된 결과로 원래의 상태가 아니기 때문이다. 그러나 물리학자는 여전히 모두가 인정하는 어떤 프로그램과 판단 기준을 통해 어떤 가설이 검증될 수 있고, 미래에 더 정확하고 완비된 해석이 발전되어 나올 수 있다고 기대한다. 현재

17 劉述先, 「'理一分殊'的現代解釋」, 『理想與現實的糾結』(臺北: 臺灣學生書局, 1993), 157-188쪽 참조.

물리학자들 가운데 이미 최종적 진리를 파악했다고 말할 수 있는 사람은 없을지라도 그들은 여전히 반드시 '리'는 관통적인 것이라고 가정해야 한다(postulate). 그렇지 않다면 더 나은 탐구가 불가능하게 된다. 그러므로 E. 카시러(Ernst Cassirer)는 "인과"(因果, causality)는 "구성원리"(構成原理, constitutive principle)가 아니라 "규제원리"(規約原理, regulative principle)라고 인정한다. 그것은 과학이 설명할 수 있는 법칙이 아니라 과학 연구에서 예비하지 않을 수 없는 관념(idea)이다.[18] 그런데 카시러가 추구한 것은 "실질적 통일"(實質的統一, substantial unity)이 아니라 "공능적 통일"(功能的統一, functional unity)이다.[19] 나는 그의 이러한 생각이 "리일분수"의 의미와 합치된다고 생각한다. 애석하게도 카시러가 이미 세상을 떠났고, 그의 생각은 주목을 받지 못하였다. 오늘날 세계는 갈수록 하나의 지구촌으로 변하고 있지만 분열의 추세가 갈수록 심해져 한편으로 편벽됨을 벗어나지 못하여 다원주의의 감추어진 문제점을 만들었다.[20] 이러한 추세는 반드시 바뀌어야 한다. 그런데 철학적 예지는 흔히 지나치게 고원하여 실세적이기 어려운 고충이 있다. 심리학 패러다임의 전환을 검토해보면 지금 가장 적합한 기본개념과 가치는 중대한 변화의 계기를 마주하게 되었는데, 전통에 순응하여 회귀하는 것과 혁신의 요구에 예민하게 반응하고 있다. 고루하다고 하겠지만 이것이 바로 우리가 몇 가지 매우 성숙하지 못한 생각을 제시한 작은 뜻이다.

---

[18] Cf. Ernst Cassirer, *Determinism and Indeterminism in Modern Physics* (New Haven: Yale University Press, 1956), pp. 52-53, 62-63.

[19] Cf. Ernst Cassirer, *An Essay on Man* (New Haven: Yale University Press, 1994), p. 222.

[20] 劉述先, 「多元主義的隱憂」, 『理想與現實的糾結』, 10-15쪽 참조.

4. 상호 연관과 아시아 사회심리학

1997년 8월 동경에서 제2회 아시아 사회심리학 학회를 개최되었다. 우리는 또 두 번째 논문을 함께 썼고, 유활부가 회의에서 발표였다. 우리가 기본적으로 예비한 것은 학술 연구의 배후에 가치적 경향을 반영한 것이다. 거시적으로 볼 때, 서양은 고대 희랍으로부터 오늘에 이르기까지 모두 "진리"(眞理, truth) 추구를 첫 번째 임무로 삼았지만, 중국 전통과 같은 동양은 언제나 천인합일(天人合一), 분전불이(分全不二), 리일분수를 말하여 "상호 연관"(互相關聯, interconnectedness)의 체인(體認)과 실천을 강조하였다. 궁극적 가치는 증명할 수 없는 것으로, 증명을 시도하면 곧 순환논증의 곤경에 빠지게 된다. 그렇지만 그것에 대해 검토하고 또 취사선택의 판단을 하는 것은 가능할 뿐만 아니라 필요한 것이기도 하다. 우리는 이미 심리학 패러다임 전환의 궤적을 추적하였다. 여기에서는 다만 "진리가치"(眞理價値, truth value)를 사회과학 연구의 유일한 규범으로 삼아 관련이 있는 여러 가지 문제들을 집중적으로 고찰할 것이다.

한 동안 강력한 영향력이 있었던 논리실증론(邏輯實證論, logical positivism)은 내용이 텅 빈 논리추리 이외에 경험 검증(經驗檢證, empirical verification)을 통과한 것만이 "지식"(知識)이라 말할 수 있다고 주장하였다.[21] 그렇지만 이런 관점을 응용하여 인문과학에 억지로 끌어들인다면 오히려 심각한 어려움을 낳게 될 것이다. 사회구성론자(社會建構論者, social constructionist)의 관점에서 볼 때 심리학과 물리학의 가장 큰 차이점은 사람의 지각에 있다.[22] 뉴턴의 3법칙이 물체의 운동을 변

21 Cf. A. J. Ayer, *Language, Truth and Logic* (London: Victor Gollancz, 1936, rev. ed., 1946); A. J. Ayer, ed. *Logical Positivism* (Glencoe, Il.: Free Press, 1959).

화시키지는 않지만 프로이드의 심리분석은 오히려 사람 자신에 대한 관점을 크게 변화시킬 수 있다. 많은 학자들이 심리분석에 어떤 "진리가치"(眞理價値)가 있다고 생각하지는 않지만 의료에는 오히려 실제적인 효과가 있다. 의미의 사회 구성은 진실이란 결코 결정된 것이 아니라 가소성이 있는 것이라고 지적한다.

역동 시스템 이론(力動系統論, dynamical systems theory) 혹은 혼돈이론(混沌論, chaos theory)은 또 다른 각도에서 "진리가치" 문제를 본다.[23] L. 로렌즈(Lorenz)는 이른바 "나비효과"가 있음을 지적하였다. 한 마리의 나비가 날개를 퍼덕거리기만 하여도 천리 밖의 기후가 변화할 수 있다고 하였다.[24] 컴퓨터 계산에서 소수점 아래의 수를 버리면 되돌아와 영향을 주게 되고, 흔히 얻게 된 결과가 달라진다. 이것으로 볼 때 수많은 물리 계통은 예견할 수 없음을 알 수 있다. 심리학의 범위 내에서 "진리가치"는 더 취약하다. 인간 사회는 결코 결정론자들이 생각한 것처럼 확정된 것이 아니다. 우리는 후기 현대주의자들이 근본적으로 진리의 추구를 방치한 것과 같이 할 생각을 없지만,[25] 이러한 방식의 한계를 지적하려고 한다. 동양의 관점에서 볼 때, 서양 심리학과 같은 유형의 토론은 어떤 면에서 동양으로 나아가는 경향을

---

22 Cf. C. Geertz, *The Interpretation of Cultures: Selected Essays* (New York: Basic Books, 1973): K. J. Gergen and M. M. Gergen eds. *Historical Social Psychology* (Hillsdale, N. J. : L. Erlbaum Associates, 1984).

23 Cf. J. Gleick, *Chaos: The Making of a New Science* (New York: Viking, 1987): R. Vallacher and A. Nowak, *Dynamical Systems in Social Psychology* (San Diego: Academic Press, 1994).

24 E. Lorenz, "Deterministic Nonperiodic Flow", *Journal of the Atmospheric Sciences*, 20 (1963), pp. 130-141.

25 Cf. J. F. Lyotard, *The Postmodern Condition: A Report on Knowledge* (Manchester, U. K.: Manchester University Press, 1984)

나타내는 듯하다. 예를 들어 우리가 지향하는 "고층심리학"의 가능성은 결코 기술적인 심리학만을 가리킨 것이 아니다. 그것은 "발흥"(興發, aspiration)과 "되돌림"(回饋, feedback)을 요구한다. 이것은 아시아 심리학으로 하여금 다른 가능성을 탐색하게 한다. 여기에서 우리는 정신상으로 서로 연관된 세 가지 예증을 토론하려고 한다.

(1) 학술단체와 사회 기타 부분 사이의 상호작용과 피드백의 가능성

(2) 반성(reflexivity)을 통해 개인 발전의 가능성을 배양함

(3) 방법상의 다원론을 운용하여 사회 집단의 필요에 대응하는 가능성

나누어 보면 이 셋은 모두 어떤 특별한 창조성이 있다고 말할 수는 없지만, 합쳐서 보면 모종의 지향성을 분명하게 나타낸다. 만약 충분히 발현시킨다면 분명히 새로운 방향으로 나갈 수 있을 것이다. 아래에서 우리는 이러한 가능성을 나누어 살펴볼 것이다.

먼저 우리와 같이 대학에서 연구하는 사람들은 우리의 연구 성과를 출판하려고 부단히 노력하지만 독자들은 흔히 학계 내의 전문가들로 제한된다. 동시에 우리는 갈수록 전문적인 연구를 하도록 압력을 받는데, 그 결과 우리는 확대된 사회와 갈수록 단절되어 심리학에서 "이론은 갈수록 많아지지만 현상을 충분히 해석할 수 있는 것은 갈수록 적어지는" 상황이 나타나게 되었다.[26] 이러한 현상을 바로보지 않을 수 없고, 반드시 구체적인 행보를 취하여 이러한 풍조를 전환시켜야만 할 것이다.

---

[26] Cf. E. Aronson, "The Theory of Cognitive Dissonance: The Evolution and Vicissitudes of an Idea," in C. McCarthy and S. A. Haslam eds., *The Message of social Psychology* (Cambridge, MA.: Blackwell, 1997), pp.20-35; M. Fishbein, "Predicting, Understanding and Changing Socially Relevant Behaviors: Lessons Learned," in ibid., pp. 77-91.

유할부가 처음 뉴질랜드의 웰링턴빅토리아 대학에서 가르칠 때 4학년 실험반(榮譽課程, Honor College)과 석사과정 학생들이 매년 50편 정도의 논문을 성과물로 제출하지만 한 번도 발표할 기회가 없음을 발견하였다. 그래서 그는 학생들이 투고하여 발표하면 점수를 더 줄 수 있다고 격려하였다. 1년이 지나자 반에서 4분의 1에 해당하는 학생들이 논문을 발표할 기회를 얻었다. 그 중에서 그 지역 신문 ≪만보≫(晩報, Evening Post)에 발표한 좋은 술·아내·통증참기에 대한 럭비선수들의 "마초적 태도"(猛男態度, macho attitudes)의 "정형화"(定型, stereotypes)와 관련된 연구가 교수들이 발표한 논문보다도 더 많은 대중의 주목을 받았다. 대중매체들은 주동적으로 학생들을 만나려고 경쟁하였다. 15개 텔레비전 채널에서 학생들의 인터뷰를 방송하였다. 그리고 마침내 국영방송에 출연하였다. 이러한 연구는 뉴질랜드의 집단의식을 촉발시켜 매우 자연스럽게 국가와 친밀감을 갖는 문제와 연계되면서 "럭비선수들의 태도는 곧 덕성이지 죄악이 아니다"(橄欖球態度乃是德性, 不是罪惡)는 표제의 성명을 발표하였다. 그런데 이러한 논제는 항상 대학 연구자들의 주목을 받지 못하였다. 이 경험은 우리에게 소중한 교훈을 주었다. 그것은 학생들의 연구도 학계에 충격을 줄 수 있고, 이론상 혹 그렇게 엄격하지 않더라도 대중에게 비교적 유용하고 또 더 큰 흡입력이 있음을 설명해주었다. 사실 고등교육과 사회는 서로 통할 수 있는 통로가 있을 수 있다. 일단 이들 사이에 교량이 세워지면 학생들의 사회진출에도 도움이 될 뿐만 아니라 또 대중매체가 더 큰 책임을 지고서 "사실"을 검토하도록 고무시킬 수 있다. 현대사회에서 매체가 대중의 시각을 만드는 힘은 무시할 수 없다.[27] 특

---

[27] N. Chomsky, *Deterring Democracy* (New York: Pantheon books, 1992)

히 동양에서 학자의 견해는 존중을 받는데, 앞으로의 전망이 실로 밝다고 할 수 있다. 당연히 이것은 학자들이 순수한 연구를 버려야 한다는 것이 아니다. 다만 사회 심리학에 있는 실용적 측면을 펼치도록 요구하는 것에 불과하다. 동시에 또 학자들이 세상 흐름에 따라갈 것을 요구하는 것도 아니다. 우리는 학술과 매체 내지는 일반 대중의 흥미와 이익이 결코 완전히 일치하지 않는다는 것을 잘 알고 있다. 그러므로 반드시 일정 부분 비판적 입장을 견지해야만 휩쓸리지 않고 특수한 이익집단의 도구로 전락하지 않을 수 있다. 그러나 동양에서 학술과 사회의 상호 연관성을 요구하는 문제는 마땅히 더 나은 창조적 탐구가 요구된다.

다음으로 유활부는 뉴질랜드로 온 뒤에 곧바로 종족집단[族群] 관계 연구를 하였다. 그는 우레웨라스(Ureweras) 산간지역에 가서 작업을 하였다. 그곳의 투호에(Tuhoe) 사람은 마오리(Maori) 사람 중에서 마지막으로 정복된 종족으로 자신의 언어와 습속을 간직하고 있었기 때문에 최근에 주목을 받았다.[28] 미국에서는 최근 인디언의 정신에 대한 흥미가 크게 일어났지만 대다수 사람들은 그들과의 개인적인 접촉은 없었다. 그러므로 유활부가 웰링턴빅토리아 대학에 온 뒤에 곧바로 마오리 연구학과를 구성하였고, 그들의 초청을 받아 그 사회의 중심(marae) 지역을 참관하였다. 여성 강사와 그녀의 학생들은 특별히 손님을 위해 시끄러운 도시 지역을 떠나 또 다른 세계로 진입하는 성족(聖足, sacred feet) 의식을 진행하였다. 회소(會所, whare nui)에는 조상의 조각상과 마오리 사회 구조의 상징이 있었는데 실로 새로운 세계를 경험하는 것이었다. 유활부는 놀랍게도 자신이 심리학과에서 첫 번

28 R. Walker, Ka whawhau tonu [Struggle without End] (Auckland: Penguin, 1990)

째로 회소를 방문한 학자라는 것을 알게 되었다. 비록 서로 매우 가까이 있었지만 둘 사이에 간극이 있음을 이것으로부터 알 수 있었다. 이후에 서로의 관계는 점차 진전되었다. 유활부는 마오리 사람과 파케하(Pakeha, 유럽 후예의 백인) 사람이라는 두 큰 부족관계의 역사를 배웠다.[29] 그런 뒤에 초청을 받아 투호에 사람의 촌락을 참관하였다. 말을 타고 산에 들어갔고 또 달 아래에서 물고기를 낚았다. 연구는 전적으로 객관적 대상이 아니라 우정과 정신적 공감 아래 진행되었다. 이것은 아시아 방식에 더 가깝다.[30]

최근에 발표된 마오리 사람에 관한 논문의 대부분 연구자들은 거의 모두 미국대학에서 작업을 하고 있다. 이러한 유형의 과학연구는 보편적 규범에 초점을 맞추는 경향이 있다. 그런데 또 다른 하나는 정치적 구조라는 측면에서 서양 제국주의의 식민화 과정을 묘사하는 경향이 있다. 이 두 유형의 시각은 모두 한계가 있다. 왜냐하면 두 개의 다른 문화에 속한 사람들이 서로 접촉하면서 기대하지 않은 가운데 나온 상호 발견 과정에서의 "솔직 담백한 주관성"(坦誠的主觀性, honest subjectivity) 현상에 대해 충분히 대처할 수 없기 때문이다. 처음에는 다들 흔히 마음속의 편견을 가지고 상대방을 보게 되는데, 중국인이 여기저기 가게를 열고 개고기를 먹는다고 생각한 것과 같은 것이었다. 그러나 점차 서로에 대한 이해가 많아지면서 "반성적 사유"(反思, reflexivity)를 촉진하였다. 이 단계가 매우 중요하다. 왜냐하면 우리로

---

29 J. Belich, *Making Peoples: A History of New Zealanders* (Auckland: Allen Lane/Penguin, 1996)

30 J. H. Liu and P. Temera, "Leadership, Colonization and Tradition: The Double-edged Sword of Rural Maori-Tuhoe Discourses of Identity," paper presented at the International Conference on Language and Social Psychology, Ottawa, Canada, May 16, 1997.

하여금 상대주의의 함정에 빠지지 않도록 만들기 때문이다. 마오리 사람들이 식민주의의 위협 아래에서 힘써 자기의 문화를 보존한 경험과 세계 각지로 떠돌아다니는 중국인이 자기의 문화를 보존한 경험에서 서로 간에 정신적 소통을 찾을 수 있다. 이러한 만남의 깊이는 갈수록 자연스럽게 증대되었지만 자기와 다른 문화를 접촉하는 가운데 도리어 자아의 동질감과 발전을 촉진하였다. 유활부는 이러한 연구 과정을 통해 여기에서 형성된 정신상의 상호 연관은 후기 현대주의에서 말하는 상대주의를 반드시 지향할 필요가 없고, "리일분수"와 "천인합일"의 증거라는 것을 점차 발견하였다. "반성적 사유"(反思)와 "공감"(感通, empathy)이 바로 "솔직 담백한 주관성"의 중요한 내용이다. 그것은 표현은 서로 다르지만 서로 다른 문화를 통해 오히려 정신적으로 호응할 수 있기 때문에 연구되는 사람을 "대상화"(對象化)하거나 혹은 일종의 적대적 관계를 형성할 필요가 없다. 마오리 사람들이 초자연적 힘을 숭배하고 믿는 것은 중국의 선철(先哲)들이 인정한 것은 아니지만 천지인(天地人)의 화해관계는 마오리 사람들의 신앙과 생활방식에서 다른 방식으로 표현된 것이 아니겠는가? 마오리 사람들의 주된 적수는 파케하 사람이며, "중국"과 "미국"에 대해서는 적의가 없다. 그러므로 서로 "솔직 담백한 주관성"을 통해 이해하고 공감한다면 자기의 옛 영역을 확대할 수 있을 것이다. 만약 분명한 언어로 표현할 수 있다면 또 높은 수준의 학술논문을 쓸 수 있을 것이기 때문에 실증주의와 후기 현대주의의 이원 대립이라는 함정에 빠질 필요도 없다.

마지막으로 이러한 연구는 우리로 하여금 심리학과 철학의 관계를 다시 생각하도록 촉구한다. 심리학이 발전시킨 다양한 방법은 사람들을 감탄시킨다. 그러나 불행하게도 각각의 한 가지 방법은 모두 다른 것들과 절연되어 마치 고립된 섬과 같이 되는 것을 면할 수 없기 때문에 충분한 발전을 할 수 없다. 사실상 계량적 통계 방법과 질적 방법은 모두 유용한 방법인데 서로 배척할 필요가 있겠는가! 만약 학술계 인사들의 최종적 목적이 단지 논문을 계속해서 쓰는 것이라면 가장 안정적인 방법은 주류의 규범을 따라서 약간 다른 변죽만 울리면 되겠지만 창조성과 실용성은 부족할 것이다. 우리는 반드시 이처럼 자신이 설정한 한계의 담장을 허물 필요가 있다. 투호에 사람 연구를 통해 우리는 방법상의 다양성을 긍정해야 할 뿐만 아니라 반드시 실제와 결합해야 한다는 것을 의식하게 되었다. 왜냐하면 방문자 대부분은 직업이 없고, 상황은 개선되어야만 했기 때문이다. 그들은 이미 자신의 가장 소중한 경험을 제공하였으므로 마땅히 이러한 연구를 통해 그들의 동질감과 문제를 이해하고 피드백을 해야 한다. 이것으로 볼 때 방법은 "정신적 상호 관계"를 위한 것이지 그 반대가 아니라는 것을 알 수 있다. 다시 말해서 방법의 다양성은 마땅히 철학적 가치와 평형을 이루고 서로 영향을 주어야 한다. 가치의식이 결핍된 연구는 흔히 그저 그대로 그려낼 뿐 별로 중요성이 없다. 뿐만 아니라 철학 원칙의 건립은 우리가 독단주의에 빠지도록 만들지 않는다. 이와는 정반대로 기능 통일의 이념은 공교롭게도 방법적 다원성을 응용하여 실제적으로 만들어야 한다.

이제 우리는 한층 더 분명해졌다. 비록 우리가 동서양의 주류적 가치 경향에 차이가 있다고 생각하지만 우리는 동서양의 이원 대립 혹은 모순 충돌을 주장하려는 것이 아니다.[31] 더 높은 차원에서 볼 때 우리

[31] Cf. Samuel P. Huntington, "The Clash of Civilizations?" Foreign Affairs, Vol. 72. No. 3 (Summer, 1993), pp. 22-49. 우리가 비록 헌팅턴의 문화 문제를 중시하는 점에는 동의하지만 그의 종횡연합론[縱橫捭闔論]에는 반대한다. 그의 이론은 아시아적 가치가 정신상의 상호 관련을 강조하는 예지를 완전히 상실하였고, 현실 정치가에게 이용될 도구가 되는 것을 피할 수 없기에 가르침으로 삼기에는 부족하다.

는 동서양 양측은 상호보완적이라고 생각한다. 그러므로 우리는 이렇게 말할 수 있다. "진리이면서 상호 관련이 결핍된 것을 무엇이라고 해야 하는가? 상호 관련되면서 진리를 결핍하고 있는 것을 또 무엇이라고 해야 하는가?"(What is truth without interconnectedness? What is interconnectedness without Truth?) 우리의 논점은 이렇다. 비록 다수의 사회심리학자들이 르윈의 "좋은 이론보다 더 실용적인 것은 없다"는 말에 동의하겠지만, 그들이 이 말의 의미를 완전히 이해한 것은 아니다. 어쨌든 하나의 이론이 완전히 무용하다면 좋은 이론일 수 없다. 진리와 효용을 완전히 단절시키면 "서로 상관없는"(不相干, irrelevant) 것으로 변하게 된다. 반대로 우리는 또 단지 효용만을 강조할 수도 없다. 만약 "리일분수", "천인합일"의 원리를 지지대로 삼지 않는다면 "주관성"은 상대주의 혹은 고립주의에 빠지게 된다. 만약 각각의 단편적인 조각들의 유한성을 체현하게 된다면 서양 인식론의 끊임없는 변론에서 벗어날 수 있을 것이다. 우리는 (중국의) 본토심리학이 발전하기를 희망한다. 그것은 객관적 과학임을 증명하거나 순전히 주관적인 희망이 될 필요는 없다. 주관과 객관 두 측면에서 모두 합당한 "정합성"(整合, integrity)을 얻어야 한다.

5. 맺는 말

위에서 우리는 완전한 이론을 제시하지 않았다. 우리는 다만 촉각을 세우고 미래의 전개 가능성과 새로운 방향을 다시 탐색하려고 한 것이다. 이렇게 한 이유는 지금은 패러다임이 전환되고, 확정된 표준이 없으며, 일치된 결론을 얻을 수 없는 큰 변화의 시대이기 때문이다. 우리는 한편으로 경직된 전통의 해체가 시급하고, 다른 한편으로는 또 혼란스럽고 느슨하며 완전히 질서를 잃은 국면을 걱정한다. 우리는 일원과 다원, 진리가치와 상호 관련된 것 사이에 일종의 평형적인 중도(中道)를 찾으려고 하였다. 우리는 정설에 안주하려고 하지 않는 학자들이 우리의 호소에 호응하여 집단적 사유로 모두의 이익을 생각하고 전통과 현대, 동양과 서양의 결합을 위해 힘써 노력함으로써 미래를 위한 새로운 방향을 찾기를 희망한다!

주註 * 원래 『本土心理學研究』 제9기(1998년 6월)에 수록하였다.

9

통합지식과 지·정·의

- 반세기 이래 통합지식교육의 반성

1. 머리말

1951년 내가 대만대학 철학과에 시험을 보고 입학할 때부터 시작하여 근 반세기 동안 나의 학술 생애는 통합지식교육과 불가분의 관계를 가지고 있다. 우리는 그 당시 1학년 국문(國文) 과목으로 한 학기에는 『사기』 선본(選本)을 배우고, 다음 학기에는 『맹자』를 배웠다. 뒤에 우리는 이것이 돌아가신 부맹진(傅孟眞) 총장이 계획한 통합지식교육으로 우리에게 역사와 도덕교육을 시도하고자 한 것임을 알게 되었다. 대만대학의 교훈은 "품행을 바르게 하고 학문에 힘쓰며, 나라를 사랑하고 사람을 사랑함"(敦品勵學, 愛國愛人)이었다. 내가 전공한 철학은 매우 특별한 학문으로서 일설에 의하면 전문 철학자는 곧 "일반적인 전문가"(a specialist of generalities)이다. 적어도 당시의 학과 설계 목적은 분명히 이러했기 때문에 우리는 영·미의 몇몇 철학과에서 협소하고 전문적인 철학 분석 훈련만을 제공받는 것과는 달랐다. 우리는 필수적으로 중국, 서양, 인도의 세 철학사를 배워야 했고, 또 중국통사, 심리학과 사회학, 제2외국어로 독일어를 배워야 했다. 우리는 방동미(方東美) 선생에게 철학개론과 문화철학을 배웠고, 수업에는 비교철학의 거시적 내용, 통합과학, 철학, 문학과 인생이 있었다. 나는 논리학 이외에 또 물리와 미적분을 들었으며, 도서관 서가에 있는 참고서는 거의 다 보았다. 그 당시 나의 바람은 통합적 인재가 되는 것이었지 전문적인 학자가 아니었다.

나는 1958년 대만대학에서 철학 석사학위를 받은 뒤에 마침 통합지식교육을 중시한 동해대학(東海大學)에서 인문교육 강사를 초빙한다고 공고하였기에 나의 조건이 적합하였으므로 모종삼(牟宗三), 서복관(徐復觀) 두 분의 추천을 받아 첫 번째 교직을 얻게 되었다. 그 당시 동해대학에는 아직 철학과가 없어서 나는 논리학과 인문학 과목을 가르쳤다. 동해대학에 진학한 학생들은 모두 내가 가르치던 인문학 과목을 들어야 했고, 중국, 서양, 인도의 정신 원류를 소개하였다. 또 문학 감상이 있었으며 학생들의 환영을 받았다. 당시 미국에 새로 세워진 서던 일리노이(Southern Illinois) 대학이 주도하여 나에게 장학금을 주고 박사과정에서 공부할 기회를 주었다. 그래서 나는 유학이라는 돌아올 수 없는 길을 걷게 되었고, 다시 대만으로 돌아와 학생들을 가르치지 못하게 되었다.

1966년 나는 박사학위를 받았으며, 또 학과에 초빙되어 가르치게 되었다. 서던 일리노이 대학은 마침 또 통합지식교육을 중시하는 학교로 그 전신은 사범대학이었다. 일리노이 주는 대학교육을 확대하려고 하였고, 서던 일리노이 대학은 그 과정에서 일리노이 주에서 일리노이 대학 다음의 주립대학이 되었다. 철학과는 대학 전체에 윤리학의 통합지식과정을 제공하기 위해 대규모의 강좌를 실시하였다. 한 반은 3백

명의 학생을 수용하였고, 12개의 분반으로 나누었다. 과정은 3학점으로 매주 교수가 2시간 강의를 하고, 1시간은 조교가 학생들을 도와 분반을 맡았으며, 각 조교별로 4개 분반을 담당하였다. 내가 대학원생 시절에도 일찍이 이 과목의 조교를 맡았으며, 뒤에 또 이 과목을 여러 해 동안 강의하였다. 이 밖에도 나는 동양철학과 인문학 과목(oriental humanities)의 통합지식 과정을 가르쳐야 했고 학점은 3점이었다. 수강신청자의 수가 때로는 백 명을 넘어 조교가 교재를 수정하는 일을 도와야 했으며, 때로는 개인지도(tutoria)를 하게 되었다. 서던 일리노이 대학은 1년 3학기(quarter) 제도로, 인도 · 중국 이 외에 또 일본의 인문학 과목을 가르쳐야 했으므로 일본의 역사문화를 간단히 소개하였다. 이러한 과정은 일반 철학의 통합지식과정보다 더 환영받았다. 왜냐하면 이 과정은 학생들의 시야를 넓게 하는데 도움을 주었으며, 멀리 있는 동양을 이해하고자 하는 그들의 호기심을 만족시켜 주었기 때문이다.

1974년에 홍콩 중문대학(中文大學) 철학과의 선배 세대에 해당하는 현대 신유가 학자 당군의(唐君毅)와 모종삼(牟宗三) 두 교수가 퇴직하였기 때문에 나에게 돌아와 가르치도록 초청하였다. 1974년부터 1993년까지 휴가 때를 제외하고는 모두 내가 학과장을 담당하였다. 중문대학은 또 한 때 통합지식을 중시하는 대학이었으므로 철학과는 많은 통합지식과정을 개설하는 중책을 담당하였다. 우리는 통합지식을 확대하는 과정에서 철학과를 발전시켰지만 이 두 측면은 서로 보완적인 관계를 유지하였다. 오늘날까지 철학과 인력의 반은 여전히 통합지식교육에 투입하고 있다. 우리는 몇몇 학과에서 통합지식과정에 대해 약간 좋지 않게 보는 것과는 달리 철학과에 통합지식 혹은 전공과정을 개설하는 것을 완전히 같은 것으로 보고 구분하지 않았다.

이처럼 나의 학술 생애는 통합지식교육과 불가분의 관계가 있기 때문에 나는 이 기회를 빌려 반세기 이래 직면했던 통합지식 교육문제에 대해 몇 가지 반성을 하고자 한다. 나는 감히 이 분야에 대해 어떤 공적이 있다고 말할 수 없지만 분명 일찍이 적지 않은 정력을 쏟았고, 또 이와 관련된 문제에 대해 안타까운 생각이 있었으며, 때때로 깊은 좌절감이 들었기 때문에 부족하지만 몇 가지 내 자신의 생각과 느낌을 제시하여 함께 고민하고 탐구하기를 바란다.

내가 이해하기로 전통교육은 중국과 서양을 불문하고 기본적으로 통합지식교육이다. 송대 이후 중국에서 주자는 소학(小學)에서 청소하고 응대하며 나아가고 물러나는 예절교육을 배우고, 그 뒤에는 대학(大學)에 들어가 격물(格物)·치지(致知)·성의(誠意)·정심(正心)·수신(修身)의 교육을 받아야 한다고 제창하였는데, 제가(齊家)·치국(治國)·평천하(平天下)라는 이상에 도달하기를 희망한 것이다. 이것은 몸과 마음을 모두 살피고(身心兼顧), 지·정·의(知情意)를 모두 중시한 통합지식교육이다. 그러므로 중국전통은 항상 통합적 재능이 전문적 기술보다 뛰어남을 중시하였다. 예를 들어 문인화에 대한 평가는 세밀화[工筆畵]보다 아주 높다. 또 청대에 이르기까지 제도에서도 여전히 관(官)·리(吏)는 구분되었다. '리'는 지방에서 실제 업무에 익숙한 전문가[專才]였고, '관'은 중앙에서 임명한 행정책임을 담당하는 통합적 인재[通才]였으며, 그들에게 필요한 것은 견식(見識)·청렴함[操守]·품위[品味]였다. 이것이 실행된 실제적 효과가 어떠한가는 다른 문제이고 그 제도가 설계된 원칙이 포괄적이라는 점은 매우 분명하다. 서양의 전통 역시 이와 같다. 영국을 예로 들면 이튼 중학교에서 옥스퍼드·캠브리지 대학에 이르기까지 모두 전반적인 생활 교육, 품덕 교육이며 결코 선별적인 지식교육은 아니다. 그리고 대학의 정예들이 배양한 지도자 집단은 전문가가 아니라 국가의 중책을 담당할 만한 통합적 인재이다. 현재의 미국식 대학교육이야말로 보편교육으로 변하였다. 그리하여 학과 구분이 세밀하게 되었으며 대학에 진학하는 목적은 어느 한 분야의 전문적인 학문을 배워 졸업 후에 좋은 직업을 얻는 것이 되었다. 나는 전통사회에서 현대에 이르기까지의 과정에서 가장 핵심적인 전환은 과학기술·산(상)업혁명과 관련이 있다고 생각한다. 이것이 전체 교육의 목적을 변질시켰고, 당연하게도 통합지식교육의 계획과 실행마저도 바꾸어버렸다. 솔직히 말해서 근대 이후 서양문명은 세계에서 주도적 지위를 차지하고 있다. 우리는 이러한 시대에 초등하교, 중·고등학교, 대학, 대학원에 이르기까지 모두 서양식의 교육을 받고 있다. 내가 여기에서 말하려고 하는 것은 내 개인적인 경험에 기초하여 반세기 동안 이루어진 통합지식 교육문제에 대해 내 자신의 반성을 제시하는 것이다. 나는 특히 세 가지 측면에서 나의 논의를 제시할 것이다.

(1) 근대 이후 지식과 정·의(情意)가 갈수록 멀어지는 문제;

(2) 통합지식교육 핵심과제의 설계 문제;

(3) 지금 유행하고 있는 다문화주의가 만든 충격의 문제.

이 세 가지 문제를 제시한 것은 내가 개인적으로 관심을 갖고 있는 문제이기 때문이다. 아래에서는 자유로운 방식을 취하여 장절의 구분 없이 논의할 것이다. 독자들의 양해를 바란다.

서양 근대철학자 데카르트가 마음과 사물[心物]을 엄격하게 구분하기 시작하면서 하나의 정체적이고 완전한[整全] 우주를 서로 관련이 없는 두 개의 부분으로 구분하게 되었고 단지 신에 대한 신앙 속에서 억지로 연계되어 함께 있을 뿐이었다. 흄(David Hume)에 이르러 신에 대한 신앙이 회의적으로 변하면서 더욱더 "사실"(實然, is)과 "당위"

(應然, ought)를 분리하여 붕괴의 형세가 이미 완성되었다. 그 사이에 독일관념론의 종합이 있었지만 20세기가 되자 헤겔철학이 몰락하면서 형이상학이라는 큰 체계는 사망을 선언하게 되었다. 내가 대학에서 공부할 때 영・미 분석철학이 유행하였고, 은해광(殷海光) 선생이 소개하면서 대만대학에서는 논리실증주의가 한 때 크게 유행하였지만 그것이 계승한 것은 마침 흄의 예지[叡識]였다. 이러한 조류가 중시한 것은 인지 의미[認知意義]이다. 그들의 입장에 따르면 순수형식의 논리・수학과 검증을 통과한 경험지식만이 인지 의미를 가지고, 윤리학과 같은 것은 단지 정서적 의미[情緒意義]만을 가지며, 형이상학은 다만 개념의 시편(詩篇)일 뿐으로, 모두 인지 의미를 가지지 못한다.[1] 재미있는 것은, 흄이 비록 감정과 이성(情理)을 두 개로 나누었지만 도리어 세상일을 결정하는 관건은 인지(認知)가 아니라 정(情)・의(意)라고 이해하였다는 점이다. 그 자신은 동정(同情)을 매우 중시하였다. 그는 이것을 인간사회의 공통된 경향이라 생각하였다. 그렇지만 이러한 학설은 객관적인 학술 이론의 지지가 없었으므로 주관적 선택(preference)의 결과에 불과할 뿐이다! 뒤에 윤리학이 지식의 영역 밖으로 방치되면서 그것을 대체하여 들어간 것은 오랫동안 누적된 몇 가지 습관에 불과할 뿐이다! 이처럼 매우 중요한 정・의는 완전히 무시되어 다시는 지식연구의 대상이 될 수 없었는데, 이것은 분명 심각한 병폐를 초래할 것이다.

그런데 서양에서는 로크(J. Locke) 이후 자유주의가 성행하였다. 로크는 개인[個體]을 출발점으로 삼아 국가의 계약설을 주장하였고, 또 정교 분리를 힘써 제창함으로써 종교상 불관용적인 태도에 반대하

[1] 劉述先, 「語意學與眞理」(臺北: 廣文書局, 1963). 나는 여기에서 논리실증론에 대해 엄격한 비판을 제기하였다.

였다. 로크의 관점은 뒤에 서양사상의 주류가 되었다. 로크는 교육제도에서, 예를 들어 미국처럼, 교실 안에서는 지식의 전수만 할 수 있고 종교를 전파하는 것은 결단코 허락되지 않으며, 심지어 기도하는 것도 할 수 없다고 하였다. 서양은 이것으로부터 자유 민주, 인권을 존중하는 정치제도를 발전시켜 왔고, 정권은 평화적인 방법으로 이양되도록 하였는데 그 자체 독특한 성취를 이루었다. 그렇지만 공적 영역과 사적 영역의 한계는 분명하다. 학교는 기본적으로 지식전수의 장소이고, 품덕과 신앙 같은 일은 가정과 교회에서 담당한다. 불행하게도 현대 핵가족의 부모는 근본적으로 자녀를 관리하고 교육할 시간이 없고, 교회의 힘은 갈수록 약화되어 점차 도덕의 진공상태를 형성하게 되었다. 오늘날 서양의 결점이 남김없이 드러나 세상 사람들은 그것이 전 인류의 모범이 될 수 없다는 것을 알게 되었다. 그런데 서양은 군사, 상업에서 강세를 나타내 전 지구적으로 세력을 펼쳐 지식인들의 우려를 낳고 있다.

서양의 전통 사회에서 현대에 이르는 중대한 전환과 관련하여 베버(Max Weber)의 이상형 학설이 문제의 핵심을 잘 파악하였다. 희랍은 아리스토텔레스가 "인간은 이성적 동물이다"(人爲理性的動物)고 말한 것을 전통으로 삼았는데 한 사람의 인생 목표는 자기 생명에 잠재된 본질을 실현하는 것이다. 중세기의 성 토마스는 아리스토텔레스의 학설을 받아들였지만 단지 초월적 차원에서 기독교 신앙으로 대체하고, 믿음(信), 소망(望), 사랑(愛)의 덕성을 덧붙였다. 그러나 인생에 근본적으로 정해진 방향[定向]이 있다는 생각은 고대 희랍과 차이가 없다. 그런데 근대에 (종교라는) 괴물을 해체한 이후의 상황은 근본적으로 달라졌다. 이성과 종교 신앙, 형이상학적 진리, 도덕윤리의 분열은 순전히 도구적 이성(instrumental rationally)이 되었다. 베버는 이러한 상황에 대해 우려를 나타냈고, 실존주의 철학자 사르트르는 신이 없는 세계에서 인간 실존의 초조함을 날카롭게 그렸다. 이슬람 철학자 나스르(Seyyed Nasr)는 문예부흥 이후 서양의 존재·가치 상실의 상태를 하나도 옳은 것이 없다(一無是處)고 직접적으로 비판하였다. 이러한 비판은 지나친 것이기는 하지만 현재 드러난 문제는 그와는 반대로 가볍게 볼 수 없다.[2] 현대인은 두 차례 세계대전을 겪었다. 특히 한국전쟁, 베트남전쟁 이후 계몽시대의 낙관적 태도는 이미 아무 것도 남지 않게 되었다. 요즘 유행하고 있는 한 가지 학설에 의하면 우리는 이미 "철학 종결"의 시대에 진입하였다.[3]

그런데 헤겔의 절대적인 자신감으로부터 오늘날 철저하게 상실감에 빠진 시대에 이르는 과정은 바로 내가 성장과정에서 직접 경험한 것이다. 내가 1949년 대만에 와서 고등학교를 다닐 때에는 아직 (중국대륙과의) 서신교환이 금지되지 않았다. 나는 책을 좋아하였으므로 대륙의 학술과 단절되지 않았다. 그 다음 해가 되자 서신교환이 전면적으로 금지되었고, 이후 해협 양안은 서로 단절된 세계가 되었다. 가정배경과 개인적인 성격으로 나는 항상 마르크스—레닌과 유물론을 좋아하지 않았고, 또 실재론과 실용주의를 특별히 좋아하지도 않았다. 내가 비교적 좋아한 것은 중일전쟁 이후 유행한 헤겔과 신 칸트학파였다. 그 당시의 철학개론은 학 학자와 학파의 철학을 토론한 뒤에 반드시 한 학자의 학설로 귀결되었다. 재미있는 것은 모택동(毛澤東)이 젊었을 때 읽었다는 F. 폴슨(Paoulsen)의 『윤리학원리』(倫理學原理)가 내가 본 자료와 똑 같은 것이었다는 점이다. 한 철학개론의 서언에서 철학

---

2 나스르 사상에 대한 소개와 토론은 유술선, 「新儒家與新回教」, 『當代中國哲學論: 問題篇』(뉴저지: 八方文化企業公司, 1996), 113-137쪽을 참조하기 바란다.

3 Kenneth Baynes, James Bohman, and Thomas McCarthy eds., *After Philosophy: End or Transformation?* (Cambridge Mass.: The MIT Press, 1987) 참조.

이 비록 빵을 구울 수는 없지만 빵을 먹을 때 더 맛이 있게 할 수는 있다고 한 것을 기억하고 있다. 1966년 내가 서던 일리노이 대학에서 윤리학의 통합지식과정을 가르칠 때 분위기가 완전히 바뀌었다. 우리의 책임은 더 이상 한 사람의 학설을 가르치는 것이 아니었고, 사용한 교재는 플라톤에서 현대까지 명저를 선택하여 편집한 것이었다. 전 학과에서 같은 교재를 사용하였지만 각 교수들은 교재에 포함된 서로 다른 자료를 선택하여 학생들에게 여러 가지 다른 사유 노선을 소개하고 그들의 사고를 자극함으로써 자신의 방향을 찾도록 하였다. 한 번은 미국의 한 조교가 특별히 나에게 말하기를 학생들이 그에게 유 교수는 왜 그처럼 신중한지(cagey), 그리고 그 자신의 철학적 입장이 궁극적으로 무엇인지 모르겠다고 나에게 물어보았다고 하였다. 사실 내 자신의 사상은 언제나 입장이 분명하여 신유가로 돌아가지만, 대학 1학년의 통합지식과정은 오히려 내가 학생들에게 내 자신의 신념을 밝히는데 적당한 장소가 아니었다.

서던 일리노이 대학의 통합지식과정은 철학과에서 많은 조교들을 이용하여 우리가 동양에서 온 학생들을 포함한 적지 않은 인재를 배양하도록 도움을 주었다. 애석하게도 이처럼 좋은 일이 오래가지 못하게 되었는데, 전공의 요구가 점차 많아져 갈수록 통합지식과정의 중요성을 억압하게 되었다. 통합지식교육의 학점은 계속 줄어들어 마침내 전혀 의미가 없게 되었다. 이것으로 알 수 있는 것처럼 미국 고등교육의 주류 사상은 전공의 훈련이 가장 중요한 핵심이었고, 통합지식교육은 단지 구색을 갖춘 것에 불과하였다! 70년대 후기에 이르자 한 학자의 학설을 전문적으로 강의할 필요도 없을 뿐만 아니라 심지어는 비판적 사고의 배양도 있으나마나한 상태가 되었다. 이것이 미국의 현재 고등교육의 현황이다.

당연히 미국 교육계가 이 측면의 문제를 완전히 무시한 것은 결코 아니다. 통합지식은 완전히 무시할 수 없다. 먼저 지식 자체의 범위부터 말한다면, 현대 지식은 끊임없이 전문적이고 정미한 방향으로 나가기 때문에 과학기술 간의 융합[整合]이 큰 문제가 되었다. 그런데 아이러니하게도 바로 지식 내부의 요구 때문에 수학 · 통계 · 물리 · 화학 · 의학은 모두 서로 함께 고민하지 않을 수 없게 되었고, 심지어 인문사회과학도 통합을 추구하는 추세에 있다. 그런데 현대인이 앞으로 이른바 후기 현대의 세대에 진입하면 할수록 자신은 전통문화와 벗어날 수 없는 관계라는 것을 발견하게 될 것이다. 일부 지식인들은 이에 "고전"(偉大書籍) 시리즈의 출판을 제창하였으며, 플라톤 · 단테 · 셰익스피어는 여전히 무시할 수 없는 보배이다. 몇몇 대학 가운데 컬럼비아대학과 같은 경우 일찍이 배리(Wm. Theodore Bary)가 부총장으로 있을 때 "핵심" 통합지식과정을 힘써 발전시켜 입학하는 각 대학생들에게 학습의 기회를 제공하였다. 그런데 현재 『타임』(Time, 時代) 잡지와 같은 통속물에서 "지능"(智商, I. Q.)에만 주목하는 것으로는 부족하고 "감정지수(情感商數, E. Q.)에도 주목해야만 인격은 평형 발전을 하여 더 큰 성공의 기회가 있을 것이라고 모두 크게 보도하였다.

오늘날 문제는 제시되었지만 해결의 길은 여전히 분명하지 않다. 예를 들어 말하자면, 고전 시리즈의 출판은 몇몇 독자들의 주목을 받겠지만 궁극적으로 얼마나 효과를 낼 수 있는가? 지금의 전화 · 컴퓨터의 발전은 문자 매체에 대해 이전에는 없었던 위협이 되고 있다. 젊은이들은 전화를 하지 전혀 편지를 쓰지 않는다. 그들에게 문자는 매우 추상적인 것으로 차라리 화보집을 본다. 그런데 컴퓨터는 비록 책 전체를 저장할 수 있고 색인을 통해 필요한 단락을 매우 빨리 찾을 수 있지만 반드시 그 문장의 의미를 잘 이해한다고 할 수 없다. 더 큰 문제는 장기적으로 컴퓨터에 나타난 "가상현실"(拟似眞實, virtual reality)을 마주하면서 사람들이 갈수록 실제의 인생에서 벗어나게 된다는 점이다. 컴퓨터 화면에 나타난 음란물과 폭력물에 대해 사람들이 무감각하게 되면서 위험한 결과를 낳을 수 있게 되었다. 진짜와 가짜가 뒤섞여 있지만 그에 대한 합당한 해결책이 없는 것에 대해 사람들이 우려를 나타낸다. 현재 몇몇 어린 아이들은 매우 잔혹한 행위를 하면서도 그에 대한 자각이 전혀 없다. 이것은 이전에는 상상도 할 수 없었던 상황 변화이다.

현재 모두들 다시 정감, 품덕 교육을 중시하는 것이 시급한 일이라는 것을 알지만 어떻게 해야 하는지가 하나의 큰 문제가 되었다. 개인, 가정, 사회, 대중매체는 모두 일부의 책임이 있다. 오늘날 우리가 대학의 통합지식 교육문제만을 말한다면 우리는 핵심 과정을 설계해야 하지만 분명히 극복하기 어려운 많은 어려움을 마주해야 한다는 것을 인정하지 않을 수 없다. 그 가운데 하나가 비교적 최근에 유행하고 있는 "다문화주의"(多文化主義, multi-culturalism)이다.

어떤 측면에서 볼 때 다문화주의가 유행한 것은 그 이유가 있다. 서양의 계몽시대는 이성, 진보를 표방하였고 의심할 여지없이 서양의 가치를 보편적 가치로 보았다. 현대에서 후기 현대로 나가면서 서양학자들은 심각한 반성을 통해 그것에 엄격한 비판을 제기하였다. 서양의 이러한 관점은 부지불식간에 문화 패권주의(hegemony)를 형성하여 암암리에 제국주의의 시각이 되었는데, 영국이 인도를 침략하고 "백인의 책무"(白種人的負擔)라 말한 것이 하나의 분명한 사례이다. 국내에서는 소수민족과 여자에 대한 차별이 심각하였다. 이것은 분명 그에 대한 통렬한 비판을 하지 않을 수 없으며 반드시 점차 조정해 나가야 한다. 비판정신이 풍부한 지식인으로 니담(Joseph Needham)과 같은 학자는 서양은 합당한 자격과 준비가 되지도 않은 상황에서 과학・기술 · 공 · 상업(科技工商業)이 단편적으로 발달하면서 세계의 지도자가 되었지만 결과적으로 재난적인 결과를 낳았다고 분명히 말하였다.[4] 그러나 다른 문화와 여권의 존중에 대해 극단까지 나아가 다문화주의와 여성주의가 유행하게 되었지만 오히려 상대주의의 위험성을 이끌었다. 대학에서 "정치적 정확성"(政治正確, political correctness)의 태도가 유행한 것도 의외의 효과를 낳았다. 이 노선을 따라 간다면 왜 몇몇 서양 고전을 통합지식과정의 핵심으로 봐야 하는지 역시 큰 문제가 된다. 예일 대학은 어쩔 수 없이 "서양문명" 발전 과정에 대한 연구비 지원을 거절하였다. 그 이유는 그것이 학술상의 자유를 해칠 가능성이 있는 지침을 원하지 않았기 때문이다.

그러나 좀 더 깊게 생각해보면 인권평등은 분명히 그 필요성이 있지만, 개인과 문화의 성취도 한 덩어리로 만들어 똑같이 볼 수 있는가? 우리는 사람이 여러 측면에서 발전할 수 있음을 인정한다. 예를 들어 고전음악 이외에도 재즈음악이 있지만 우리는 엘비스 프레슬리의 록큰롤과 모차르트 · 베토벤의 교향악을 똑같은 수준의 것으로 볼 수 있는가? 문학에서의 상황도 이와 같다. 우리는 당연히 흑인을 차별해서는 안 되지만 또 셰익스피어의『베니스상인』배후에 감추어진 유태인에 대한 차별에도 동의하지 않는다. 그러나 우리는『톰 아저씨의 작은 오두막』을 셰익스피어의 4대 비극과 같은 수준으로 볼 수 있는가? 오늘날 우리는 서부영화에서처럼 인디언을 야만인으로 여겨 죽일 수 없고, 또 인디언 신앙의 정신성은 대학 사회에서 유행하는 상징이 되었지만 (인디언 신앙과 같은) "원시종교"(原初宗教, primal religions)를 인도교, 불교, 유가, 도가, 이슬람교, 유태교, 기독교와 같은 "역사종

[4] Joseph Needham, *Within the Four Seas* (London: George Allen & Unwin, 1969).

교"(歷史宗敎)로서 각 가정에서 예배할 수 있는가?[5] 우리는 오늘날 우리에게 단일한 표준이 있어서 개인과 문화의 성취를 평가할 수 있다고 생각하지 않는다. 또 모든 것을 하나로 결정함으로써 다원 가치를 피차간에 모순 대립되게 만들어 서로 용납할 수 없는 지경에까지 이르게 되는 것도 바라지 않는다. 설령 아무도 궁극적 실재를 파악할 수 없다고 하더라도 우리는 여전히 진선미(眞善美)라는 가치에 나갈 수 있는 공간을 남겨두어야지 눈앞의 일체의 것에 만족할 수는 없다. 다시 말해서 우리는 한편으로 분명 자신의 권리를 지켜야겠지만 다른 한편에서도 더 높은 이상을 추구하려고 노력해야 한다. 만약 가치의 측면에서 모두 평준화한다면 또 어떤 희망이란 것이 있겠는가? 그런 까닭에 우리는 자신에 대한 긍정을 해야 하고 또 솔직하게 자신을 비판해야 한다. 자신과 다른 것에 대해서는 동정적 이해의 태도를 취해야 하지만 또 눈을 감고 맹목적으로 따라서도 안 된다. 그 목적은 장점을 살리고 단점을 보완하는 것에 있으므로 부단히 자아 확장을 해야만 한다. 오늘날 우리는 전통과 현대, 절대와 상대, 일원과 다원, 개체와 집단, 지식과 정·의 사이에 평형 상태를 취해야 한다. 이것이 쉬운 일은 아니겠지만 우리가 반드시 마주해야 할 상황이다.

홍콩 중문대학에서는 역사적 원인과 대학교육이 3년으로 축소된 상황으로 인하여 통합지식교육은 매우 이상적으로 할 수가 없었다. 우리가 지금 하려고 하는 것은 많은 통합지식과정을 개설하는 것이다. 그 중에 하나는 필수과목에 포함된다. "중국문화요의"(中國文化要義)라는 유형을 포함한 중국문명 과정이 있다. 그 밖의 3과목은 선택과목으

---

[5] Huston Smith, *The World's Religions: Our Great Wisdom Traditions* (New York: Harper San Francisco, 1991) 참조.

로서 유형 1은 사상방법, 인문과학, 수학, 물리, 생물, 사회과학, 상업과 같은 것을 포함한 개론 형식의 과정이 있다. 유형 2는 응용윤리학, 현대사회, 홍콩문화, 여성연구와 같은 과정을 포함한다. 유형 3은 문학, 예술, 희곡, 음악 감상과 같은 유형의 과정을 포함한다. 내가 생각하기에 3년 동안 14, 5학점은 분명 허용될 수 있는 한계에 도달한 것이기는 하지만 사실상 여전히 매우 불충분한 것이다. 동시에 선택과목의 범위는 지나치게 넓고 개설된 과목은 너무 많고 흩어져 있어 근본적으로 통합적 목적에 도달할 수 없다. 그리고 통합지식 방면을 책임진 선생님은 이미 자신이 할 수 있는 최선의 노력을 다 기울였지만 이것은 어쩔 수 없는 일이 되었다!

대만에서 통합지식교육이 실시되고 있는 상황에 대해서는 내가 1964년에 미국으로 가서 떨어져 지낸지 이미 30여 년이 되었기 때문에 근본적으로 잘 알지 못한다. 그러므로 멀리 떨어져서 내 자신의 마음속에 있는 생각을 제시할 수 있을 뿐이므로 반드시 실제상황과 맞는다고 할 수 없다. 이점에 대해서는 모두에게 양해를 구한다.

나의 생각에 4년 동안 18학점에서 20학점까지 통합지식 학점을 취득하는 것이 당연히 합리적 점수이다. 대학 전공의 부족한 훈련은 대학원에서 보충할 수 있다. 그러나 대학 본과 과정에서 통합지식교육은 마땅히 그에 걸맞게 중시되어야 한다. 무시되거나 중요하지 않은 것으로 여겨 시간낭비나 하는 과목으로 취급되어서는 안 된다. 대학 전체 교육에서 중요한 내용이다. 내가 앞에서 논의한 것으로 볼 때, 현재 모두가 동의할 수 있는 핵심 과정을 만드는 것은 흡사 실제적이지 못한 환상과 같고, 또 설령 만든다고 하더라도 자격을 갖춘 선생을 찾아 이러한 과정을 가르칠 수 있다고 말할 수 없을 것이다. 그러나 여전히 거칠고 느슨하면서도 모두가 어느 정도 동의할 수 있는 과정의 요강을 마련함으로써 우리가 서던 일리노이 대학에서 윤리학개론을 했던 것과 같이 실제적으로 과정을 수행하는 사람이 선택할 수 있는 폭을 넓혀주고, 자료를 참고하는 것도 어느 정도 선택의 여지가 있게 해주어야 한다. 상당한 선택의 가능성이 있게 될 것이다.

내가 말하는 통합지식과정은 대학생의 필수과목 혹은 선택과목으로서의 공통과목을 의미하며 내용이 전혀 다른 선택과목을 말하는 것이 아니다. 어문, 컴퓨터와 같은 기능 과목은 포함되지 않는다. 내가 생각한 공통과목은 아래와 같다.

(1) 논리, 사고방법 혹은 수학개론;

(2) 전통문화개론;

(3) 자연과학개론;

(4) 윤리학개론;

(5) 생명과학개론;

(6) 사회과학개론;

(7) 경제, 상업개론;

(8) 현대문명개론;

(9) 문학감상개론;

(10) 예술감상개론.

이 과목들은 2학점 과목으로 개설할 수 있으며, 어떤 것은 두 과목 중에서 하나를 선택할 수 있고, 자신이 배우는 학과에서는 이 방면의 통합지식과정을 다시 선택할 필요가 없다. 대학 1, 2학년은 통합지식 학점을 하나 더 배울 수 있고, 3, 4학년은 줄일 수 있다.

대학 1학년은 논리학을 기초과목으로 배우는 것이 적합한데 추상적인 사고는 서양문화의 특징이다. 그런데 인간의 사상은 분명히 구체적인 것에서 추상적인 것으로 나간다. 문과 학생이 수학을 싫어한다고 하더라도 적어도 사고하는 방법을 조금 배울 수는 있을 것인데, 사상의 명확성은 특히 오늘날 중국인에게 필요한 것이다. 전통문화의 이해는 똑같이 그 필요성이 있다. 현대인은 사람이 백지상태에서 태어나지 않는다는 사실을 알고 있다. 우리는 반드시 자신의 근원을 이해해야 한다. 여기에서도 "본토화"(本土化)와 관련이 있는 문제와 경향을 함께 토론할 수 있다. 다음으로 현대인은 당연히 자연과학에 대한 기본적인 이해가 있어야 한다. 만약 가능하다면 또 간단히 과학과 문화의 관계를 논의할 수 있다. 과학을 문화 시스템 내에 환원하는 것은 현대에서 후기 현대로 나가는 한 가지 중요한 표지가 된다.

대학 2학년은 도덕윤리문제에 비판적 반성을 할 수 있다. 생명과학은 생물화학, 의학, 심신 건강문제와 연관이 있고, 사회과학은 인류학, 심리학, 사회학의 일반 문제와 관련이 있다. 혹은 이 두 과목에서 하나를 선택하여 학습할 수 있다.

현대인은 시장경제구조 및 관리 측면과 같은 일반상식에 해당하는 인간의 경제행위를 어느 정도 이해하지 않으면 안 된다. 우리는 현대문명이 해체된 이후 인류가 마주하게 된 실존의 불안, 전통가정의 해체, 종교 신앙의 변질, 초국가기업의 형성 및 후기 현대로 나가면서 출현하게 된 여러 가지 문제들을 토론할 수 있다. 문학 감상도 몇 가지 어문과목과 결합할 수 있고, 예술 감상은 자유로운 선택과목으로 삼을 수 있다.

종합하면 중요한 것은 내가 제시한 이러한 생각들이 실제로 가능한지 여부가 아니라 이러한 생각을 제기한 배후에 놓인 규약원칙(規約原則, regulative principle)이다. 이제 내 생각을 마무리하기 위해 몇 마디 덧붙이고자 한다. 문화철학의 관점에서 볼 때, 나는 현대 서양문화의 성취는 분명 그 문화 배경과 매우 밀접한 관계가 있다고 생각한다. 그리고 서양에서 창조되어 나온 것은 그 보편적 의미가 있다고 할 수 있다. 중국인인 나는 서양문명과 비교해 볼 때 우리의 전통은 반드시 현대화되어야 한다고 믿는다. 그러나 이것은 우리가 반드시 맹목적으로 서양을 따라가야 한다는 것을 의미하지는 않는다. 나는 서양문화가 근대 이후 선진적 지위를 차지하였고, 우리가 배울만한 가치가 많다고 생각하지만 중국 문화 전통은 전혀 무의미하다고 말하는 것에 동의할 수 없다. 사실상 서양의 지식인은 비교 관점을 통해 자성과 엄격한 자아비판을 하였고, 이미 서양 문화 전통을 초탈할 수 있는 계기를 전환적으로 제시하였다. 예를 들어 말하면 근대 서양과학은 스스로 객관적 학문이라 자임하였지만 최근의 물리학 발전이 증명한 것처럼 강하게 충돌한 뒤에 관찰하면 원자 내부의 행위에 이미 변화가 발생하여 다시 본래의 상태가 아니다. 환경생태학의 발전은 과학도 엄격하게 가치중립성을 지켜 존재와 가치가 근본적으로 서로 받아들일 수 없는 것처럼 한칼에 나눌 수는 없다고 말한다. 고전물리학 배후에 예정된 기계유물론은 일찍이 이미 무의미한 것이 되었다. 니담의 말에 의하면 주희사상 배후에 예정된 유기적 자연관이 현대적 관점에 더 합치된다.[6] 그런데 서양은 줄곧 개체를 강조하고 경쟁을 숭배하였으며, 현대 서양이 주도한 과학기술·공상업문명은 이미 더 이상 감출 수 없는 약점을 드러냈다. 현대인이 반드시 마주해야 할 하나의 큰 문제가 있다. 그것은 우리가 갈수록 좁아지는 지구촌 안에서 어떻게 하면 평화롭게 공존할 것인가 하는 것이다. 이 문제는 우리로 하여금 근대 서양의 모델 밖에서 다른 가능성을 찾도록 한다. 다문화주의의 충격 속에서 서양의 패권은 분명 엄격한 비판을 받아야 했는데, 미래로 나아가면서 우리가

---

[6] Joseph Needham, *Science and Civilization in China*, Vol. 2 (Cambridge: Cambridge University Press, 1956) 참조.

비록 다원주의를 긍정해야 하지만 언제나 분열되어 와해된 상태에 머물 수는 없고, 반드시 모두가 함께 평화롭게 공존할 수 있는 공통된 인식[共識]을 탐색해야 한다. 최근 "세계윤리"(世界倫理, global ethic)를 추구하는 노력은 우리가 주목할 가치가 있는 것이다.[7] 그런데 나는 송명 리학의 "리일분수"라는 예지에 대한 새로운 해석이 당연히 새로운 조류를 추동하는 데에 분명히 공헌을 할 수 있다고 믿는다.[8] 이상의 내용은 내가 최근에 통합지식교육과 관련하여 시급하다고 느낀 몇 가지 문제에 대해 생각한 개인적인 관찰과 반성을 제기한 것이다. 나는 사람들이 이러한 문제에 관심을 갖고 한 걸음 더 나가 보다 나은 반성과 탐색을 하여 문제 해결의 길과 방안을 찾기 희망한다.

|주註| * 이 글은 동오대학(東吳大學)에서 주최한 "제5회 통합지식교육 교사 연구반"(第五屆通識教育教師硏習營)의 주제 강연이고, 『通識教育季刊』 제5권 제1기(1998년 3월)에 수록하였다.

---

7 Hans Küng and Karl-josef Kuschel eds., *A Global Ethic: The Declaration of the Parliament of the World's Religions* (London: The SCM Press, 1993) 참조.

8 劉述先, 「'理一分殊'的現代解釋」, 『理想與現實的糾結』(臺北: 臺灣學生書局, 1993), 157-188쪽 참조. 유네스코(聯合國教科文組織, UNESCO)는 지금 "세계윤리계획"(世界倫理計劃, universal ethics project)을 적극적으로 추진하고 있다. 1997년 3월 파리에서 제1회 회의를 개최하여 "세계윤리선언"(世界倫理宣言)을 기초하는 문제로 토론을 하였는데, Hans Küng, Karl-Otto Apel, Michael Walzer 등을 포함한 전 세계의 12명의 철학자들이 있었고, 나는 극동지역의 유일한 대표였다. 그 후 12월 초 나폴리에서 속회(續會)를 하였고, 약 30명의 철학자가 참가하였다. 나는 Küng이 "선언"을 기초한 소조(小組)에 참여하였고, 또 논문을 발표하여 "리일분수"가 세계윤리방면에서 갖는 이론적 효과를 토론하였다. 회의 뒤에 모두들 아직 "선언"을 발표할 단계에 도달하지 않았다고 생각하였지만 각 지역에서 지역적 성격의 세계윤리문제에 대한 토론을 격려하였다. 기초한 문건은 1999년에 유네스코에서 종합 보고서를 제출하였다.

10

다원문화에서 중국문화의 위치

최근 2백 년 동안 유가전통을 주도로 한 중국문화는 이전에 볼 수 없었던 좌절을 맛보았는데 거의 나라가 망하고 민족이 멸망하는 위기가 있었다. 60년대 말에 이르러 미국의 저명한 한학자 레빈슨(Joseph R. Levenson)은 유가는 앞으로 박물관에나 가야 찾게 될 것이라고 생각하였다.[1] 그리고 중국 대륙에서 "문혁" 시기의 전통문화에 대한 파괴는 더욱 극단적이었다. 그런데 1970년대부터 시작하여 아시아 경제가 비약적으로 발전할 줄 누가 알았겠는가. 일본과 이른바 네 마리 작은 용—한국 · 싱가포르 · 홍콩 · 대만—은 경제 기적을 이루었다. 그들은 모두 유가의 배경이 있다. 그래서 유가에 대한 큰 흥미가 생겨났다.[2] 그런데 중국 대륙에서 "문혁"이 발생한 뒤에 정상을 회복하여 쇄

---

1 Cf. Joseph R. Levenson, *Confucian China and Its Modern Fate: A Trilogy*, Vol. 3 (Berkeley: University of California Press, 1968).

2 예를 들어 1993년 6월 14일 ≪Time≫(時代) 잡지 표지인물은 공자였고, 주제는 "민주: 아시아는 자신의 방식을 찾다"(民主: 亞洲找到它自身的方式)라는 것이었다. 이 글

국정책을 포기하면서 "현대 신유학"(現代新儒學)은 마침내 국가의 중요 연구 과제가 되었다. 국내외에서 모두 유가전통이 현대화 과정 중에서 궁극적으로 어떤 역할을 하였는가에 대해 힘써 탐구하였다.[3] 어떤 사람은 심지어 21세기는 중국인의 세기가 될 것이라고 선언하였다. 이것이 5·4신문화 운동 때의 반 유학적 사조와 얼마나 뚜렷한 대조를 형성하였는지 묻고 싶어진다!

그러나 내 자신은 비교적 신중한 관점을 취하고자 한다. 한편으로 우리는 20세기 초와 같이 민족적 자신감을 완전히 잃을 필요가 없을 뿐만 아니라 "전반서화"(全盤西化)와 같은 논의는 결국 실행할 수 없는 것이다. 그렇지만 우리에게도 다른 선택의 여지가 없다. 반드시 서양으로부터 배워야 한다. 지난 백 년을 한 번 살펴보자. 우리는 이미 서양으로부터 많은 것을 흡수하였지만 현재 서양의 열강들도 중화문화권을 무시할 수 없는 역량이라고 어쩔 수 없이 인정하고 있다. 다른 한편으로 우리 역시 지나치게 자신의 실력을 높게 평가하여 실제적이지 못한 환상을 갖게 되어서도 안 된다. 만약 21세기가 진정으로 중국인의 세기가 된다고 하더라도 남이 그렇게 말해야 하는 것이지 자화자찬해서 되는 일이 아니다.

사실상 근대 이래로 줄곧 서양문화가 주도적 지위를 차지하였다. 그렇지만 세상이 변하여 오늘날과 같이 되면서 전면적으로 새로운 국면이 연출되었다. 서양의 패권은 이미 변화가 필요한 단계에 도달한 것

에서 "역사종결"(歷史終結)을 제창한 일본계 미국인 후쿠야마(Francis Fukuyama)의 말을 인용하였는데, 서양 자유민주의 의미에 도전할 수 있는 것은 이슬람의 원리주의가 아니라 동양식 부드러운(柔性) 권위주의라고 하였다.

[3] Cf. Tu Wei-ming, ed., *Confucian Traditions in East Asian Modernity* (Cambridge, Mass.: Harvard University Press, 1996)

같다. 서양 지식인의 비판과 반성은 그들로 하여금 서양의 맹점과 결함을 파악하도록 하였을 뿐만 아니라 그 파괴와 파국적인 경향을 보게 만들었다. 그러나 미래 세계는 결코 다른 문화—중화문화를 포함한—가 서양의 (주도적) 국면을 대체할 수 있는 것이 아니라 반드시 일종의 새로운 사유 방식을 탐색해야만 이 안에 놓인 핵심을 파악할 수 있다.

현재 세계에는 표면상으로 볼 때 완전히 상반되는 조류가 동시에 유행하고 있는 것 같다. 하나는 분산적[離心] 경향이다: 다문화주의(多文化主義, multi-culturalism)의 성행이다. 미국에서 흑인 문화, 인디언 문화, 히스패닉(Hispanic) 문화, 아시아 후예(Asian)의 문화가 각각 자신의 문화를 견지하면서 서로 경쟁하여 주류 백인 문화의 억압을 거부할 뿐만 아니라 또한 많은 지식인의 지지를 받았다. 다른 하나는 집중적[向心] 경향이다: 세계는 이미 변하여 하나의 지구촌이 되었다. 만약 우리가 서로 소통하고 평화 공존할 수 있는 길을 찾는 공통된 인식[共識]을 발견하지 못한다면 서로 충돌・전쟁 내지는 전 지구적 파멸의 위험을 피할 수 없게 된다. 우리는 이 새로운 시각에서 중화문화가 21세기에 할 수 있는 역할과 어떤 공헌을 할 수 있는지 전망의 가능성을 살펴보아야 한다.

과거에는 교통이 불편한 관계로 다른 문화는 각기 분산되어 발전하였다. 예를 들어 서양은 기독교가 지배적이었고, 동아시아는 유가가 중심 문화였다. 솔직히 말해서 전통 유가에는 강렬한 일원화 경향이 있지만 배타성이 강하지 않고 포용적인 경향이 있다. 그러므로 명대 말기에 유교, 불교, 도교의 삼교합일(三教合一) 사상이 유행하였다. 현대에 이르러 이미 서양의 침략에 저항할 수 없게 되자 모든 폐단을 유가의 잘못으로 귀결시켰다. 5·4 신문화 운동 이후 먼저 서양화[西化]를 해야 한다는 사상이 유행한 뒤에 마르크스—레닌사상이 중국 대륙을 지배하게 되면서 유가사상은 주도적 지위를 잃게 되었다. 몇몇 신유가 학자들은 어쩔 수 없이 홍콩, 대만, 해외로 떠나지 않을 수 없게 되었고, 중화민족은 붕괴될 운명에 빠졌다. 그리하여 당군의(唐君毅)는 "바람 앞의 등불"(花果飄零)이라고 한탄하였고,[4] 여영시(余英時)는 신유가를 "떠도는 영혼"(游魂)[5]이라고 형용하였다. 바로 그가 말한 것처럼, 이 용어에는 폄하하려는 의미가 없다. 다만 현상에 대한 묘사일 뿐이다. 솔직히 말해 나는 이러한 묘사에 동의한다. 정신전통으로서의 유가철학은 활력이 있는 것이지만 고원한 이상은 실현하기 어렵다. 그 결과 지금의 곤경을 만들게 되었다. 사실 좀 더 깊이 생각해보면 유가가 발전하여 현실 국가의 주도적 이념 법칙[意理]이 될 필요는 없지만, 그것의 특수성과 보편성은 반대로 더 쉽게 드러날 수 있다. 우리의 선배 세대 학자들은 1958년 원단에 "중국문화와 세계선언"(中國文化與世界宣言)을 발표하였는데,[6] 그들은 이 글에서 국가와 민족의 존망이라는 절박한 감정을 드러냈다. 그런 까닭에 그들은 한편으로 서양의 과학과 민주를 흡수해야 한다고 강조하였고, 다른 한편으로 또 도통(道統)의 관념을 드러냈다. 그렇지만 오늘날 우리 세대가 마주해야 할 문제는 완전히 다른 것이다. 소련의 해체로 냉전시대가 종결되었다. 미국의 패권도 한국전쟁, 베트남전쟁으로 약화되었다. 아시아 경제의 비약적 발전으로 미래세계는 점차 미국, 유럽, 아시아 세 지역을 중심으로 질서를 형성할 것이다. 세계는 서로 다르면서 또 서로 의지하고

[4] 唐君毅, 『中華人文與當今世界』(臺北: 臺灣學生書局, 1975), 上册, 1-64쪽.

[5] 余英時, 「現代儒學的困境」, 杜維明 主編, 『儒學發展的宏觀透視』(臺北: 正中書局, 1997), 28-34쪽.

[6] 이 선언은 당군의가 기초하였고, 토론과 수정을 거친 뒤에 장군매(張君勱), 모종삼(牟宗三), 서복관(徐復觀) 등 몇 명이 서명을 하였다. 이 글은 지금 唐君毅, 『中華人文與當今世界』(下册)의 부록(865-929쪽)에 수록하였다.

있기 때문에 피차간의 대화, 소통이 매우 필요한 상황이 되었다. 이러한 상황에서 매우 분명한 것은 정신전통으로서 유가는 세계의 많은 정신전통 가운데 하나일 뿐이라는 점이다. 이와 같이 다원적 구조가 예비된 상황에서 유가는 자신이 다른 전통에 비해 뛰어나다는 것을 증명해야 할 부담이 없고, 다만 자신의 전통에 그 근거와 매력이 있음을 밝힐 수만 있다면 이미 충분하다.[7]

현대 신유가의 한 가지 공헌은 유가가 제공한 것이 결코 세속윤리만이 아니라는 점에 있다. 공자는 "아침에 도를 깨달으면 저녁에 죽어도 좋다!"(孔子曰: "朝聞道, 夕死可矣!" 『論語』, 「里仁」)고 말하였다. 이로부터 유가 역시 일종의 "궁극적 관심"(終極關懷, ultimate concern)을 제시하고 있음을 알 수 있다. 그 함의는 "초월"(超越)의 의미이지만 기독교의 "외재초월"(外在超越)과 달리 "내재초월"(內在超越)에 속한다.[8] 기독교의 신은 세계를 창조하였지만 그 자신은 세계의 일부가 아니다. 그러므로 외재초월이다. 그러나 유가의 천도(天道)는 세간에 유행하는 것으로, 인성(人性) 안에 내재한다. 그러므로 내재초월이다. 기독교는 예수를 믿고 타력으로 구원받을 것을 강조한다. 유가는 수양공부, 위기지학(爲己之學)을 강조한다. 이 둘 사이에는 분명 조정될 수 없는 것이 존재하지만 그것을 걱정할 필요는 없다. 중요한 것은 이 둘이 모두 초월적 측면을 긍정하기 때문에 피차간에 회통할 수 있는

---

7 예를 들어 나는 영문으로 유가철학을 한 권 써서 유가의 정신성(儒家的精神性, Confucian spirituality)을 밝혔는데, 최근 미국에서 출판되었다. Shu-hsien Liu, *Understanding Confucian Philosophy: Classical and Sung-Ming* (Westport, Conn. and London: Greenwood Press and Praeger Publishers, 1998)

8 이것과 관련된 문제에 대한 토론은 劉述先, 「論宗教的超越與內在」, 『二十世紀』總 第50期(1998年 12月號), 101-111쪽을 참조하기 바란다. 이 글은 이 책의 제2부 제1편에 수록되었다.

계기가 있다는 점이다.[9] 최근 천주교 신학자 한스 큉(Hans Küng)은 종교 간의 평화가 없으면 세계평화는 없다는 것을 통감하고서 세계윤리의 구상을 제시하였다.[10] 놀랍게도 한스 큉은 종교의 공통된 속성[共性]은 불교처럼 신이 없는 종교가 있듯이 신을 믿는 것에 있는 것이 아니라 "인성"(人性, humanum)에 대해 깊은 관심을 갖지 않는 종교 전통은 없다는 점이라고 하였다. 이러한 말은 유가의 "인"(仁, humanity or human-heartedness)과 부합하기 때문에 나는 곧 글을 써서 지지하였다.[11] 1993년에 세계종교회의는 한스 큉이 초안을 만든 "세계윤리선언"을 통해 세계의 각 종교 및 대표들의 서명을 받았다.[12] 1997년에 유네스코에서 "세계윤리계획"(universal ethics project)이 성립되자 3월 말 파리에서 첫 번째 회의를 개최하게 되었는데, 한스 큉 등 서로 다른 문화 전통을 대표하는 12명의 철학자를 초청하여 발언하게 하였다. 나도 초청을 받아 유가의 관점에서 나의 견해를 간략히 진술하였다. 나는 세계문화의 차이를 보면 방향이 약간 다른 귀납식의 방법은 해결책이 아니고, "리일분수"가 당연히 하나의 출구를 제공할

---

9 기독교와 유가는 모두 오랜 역사를 가지고 있어서 한 마디로 논의하기 어려운데, 신유가만이 언제나 시대와 더불어 변화할 것을 강조한 것이 아니라 화이트헤드(Alfred N. Whitehead)의 영향을 받은 기독교 신학자 찰스 하트숀(Charles Hartshorne) 역시 "과정신학"(過程神學, Process theology)을 제창하여 피차간의 거리를 매우 단축시켰다. 劉述先, 「由當代西方宗教思想如何面對現代化問題的角度論儒家傳統的宗教意涵」, 『當代中國哲學論: 問題篇』(뉴저지: 八方文化企業公司, 1996), 81-112쪽 참조.

10 한스 큉 著, 周藝 譯, 『世界倫理構想』(香港: 三聯書店, 1996).

11 Cf. Shu-Hsien Liu, "reflections on World Peace through Peace among Religions-A Confucian Perspective", *journal of Chinese Philosophy*, Vol. 22, No. 2 (june, 1995), pp. 193-213.

12 Hans Küng and Karl josef Kuschel, ed., *A Global Ethic: The Declaration of the Parliament of the World's Religions* (London: SCM Press, 1993).

것이라고 말하였다.[13] 두유명(杜維明)은 해외에서 "문화중국"(文化中國)의 확장을 제창하여 자못 호응이 있었다. 이상의 말에서 유가의 정신성은 현재에도 여전히 그 활력이 있음을 볼 수 있지만 동아시아의 경제 기적에는 전혀 공헌을 한 것이 없다. 뿐만 아니라 참된 민주 이념을 실현하지 못한 지금의 현실정치, 겹겹이 놓인 세속적 경향 및 황금만능의 추세에 대해서도 심각한 우려를 나타내고, 또 강한 비판을 가하였다. 다시 말해 정신적 유가와 정치화된 유가 사이에는 모종의 긴장관계 내지는 대립관계가 존재하지만 후자에 대해서는 바로 정치, 경제, 사회, 문화 학자들이 큰 관심을 갖는다. 전통적 전장제도(典章制度)의 유가(institutional Confucianism)는 분명히 이미 사라졌지만 이른바 부드러운[柔性] 권위체제 문화와 마음의 습성[心習]을 남겼다. 이것이 바로 지금의 '동아시아 경제 기적'에 주목한 이유이다. 서양의 현대화 과정에는 과학기술, 산업혁명의 배경 이외에 서로 불가분의 관계에 있는 세 가지 측면이 있다. 즉 시장경제(market economy), 민주정치(democratic polity), 개인주의(individualism)가 그것이다.[14] 지금 동아시아도 이미 현대화의 길을 걷고 있지만 상대적으로 이 세 측면에 대해 궁극적으로 어떤 변화가 발생했는가? 시장의 강력한 힘은 모두가 인정하지만 민주 문제는 매우 복잡하다. 비록 모두가 민주는 막을 수 없는 조류라고 말하기는 해도 사실상 동아시아의 민주와 서양의 민주에는 아직 큰 차이가 존재한다. 가장 중요한 것은 동아시아 경제의 비약적 발전이 흔히 정부 주도와 밀접한 관계에 있는 것이지 언제나 자유방임이었던 것은 아니다. 그런데 개인주의는 동양에서 근본

---

13 劉述先, 「世界倫理與文化差異」, 『哲學雜誌』(臺北) 第23期 (1998年 2月), 52-69쪽. 이 글은 지금 이 책 제2부 제3편에 수록되었다.

14 劉述先, 『黃宗羲心學的定位』(臺北: 允晨文化實業公司, 1986), 344쪽.

적으로 성장할 수 있는 토양이 결핍되어 서양화에 치우친 지식인이나 가끔 관념상으로 한 번 말하는 것에 불과할 뿐 실제는 완전히 그렇지 않다. 맹목적으로 서양을 추종하는 것, 달리 말해 이른바 전반서화(全盤西化)는 이미 불가능하고 또 필요하지도 않다. 진짜 문제는 여기에 있다. 만약 전통과 현대를 유기적으로 결합한다면 각 지역은 모두 자신에게 적합한 길을 찾을 것이다.

유가적 요인은 분명히 존재한다. 그 영향을 받은 인민은 흔히 근로(勤勞), 절검(節儉)하고, 가정과 교육의 가치를 중시하며, 기존의 예의(禮儀)를 받아들여 평화적 질서로 향한다. 그러나 또 부차적으로 권위에 맹종하고 어리석은 충효를 따르며, 관계를 중시하고 허식을 추구하는 나쁜 습관이 있다. 이러한 요인들은 흔히 드러나지 않은 가운데 작용한다. 그런 까닭에 나는 항상 전통의 자원과 한계에 대해 계속해서 말하였다. 이것은 당연히 사회학, 인류학이 집중적으로 연구할 대상이다.

정치화된 유가가 민간의 유가와 결합하면 때로는 각 지역에서 다른 모습으로 나타난다. 이것은 기독교가 다른 지역에서 다른 모습으로 나타난 것과 같다. 여기에서는 싱가포르와 한국을 사례로 하여 이러한 상황을 설명하고자 한다. 싱가포르는 중국계 사람이 그 지역 인구의 4분의 3을 차지한다. 나라가 세워진 뒤에 항상 인민행동당(人民行動黨)이 정권을 잡았는데 강한 정부의 지도력과 시장경제가 결합하여 하나의 성공 모델이 되었다. 지도자들은 서양식의 완전한 자유방임에 분명히 반대하였고, 80년대에는 한 때 유가윤리를 제창하였다. 그러나 싱가포르는 다민족사회로 유가의식이 국교의 지위에 오른 적이 없었다. 결국 유가윤리 및 기타 종교지식을 가르치려던 과정을 포기하였다. 1991년에 정부는 ≪공동가치백서≫(共同價値白皮書, White Paper for

Shared Values)를 발표하여 4가지 사항의 공통 인식[共識]을 제시하였다. 1) 사회집단이 개인보다 중요하다. 2) 가정은 사회 건설의 기초이다. 3) 투쟁 방식이 아닌 공통된 인식에 기초하여 중요한 문제 해결을 도모한다. 4) 민족과 종교 사이에 관용과 평화를 강조한다.[15] 이것들은 모두 유가전통이 서로 받아들여질 수 있는 가치라는 것이 매우 분명하다. 그러나 싱가포르라는 이 도시국가가 전통과 현대를 결합하는 방식은 청렴하고 효율적인 정부를 제창하는 것이지만 다른 지역은 반드시 이 방식을 따를 필요는 없다.

한국의 상황은 싱가포르와 완전히 다르다. 한국에는 자신의 유가전통이 있다. 오늘날 자칭 유가 신도라고 하는 사람이 비록 2%에 불과하지만 부모에게 효도하고 조상에게 제사를 드리는 것과 같은 실제적 행위로 말하면 불교도와 유가신도는 완전히 똑같고, 기독교도의 7, 80%도 부합한다.[16] 이것으로 볼 때 한국은 세계에서 아마도 가장 유가화된 국가일 것이다. 한국의 민주화 과정에서 유학자의 공헌은 두드러지지 않다. 그들이 비록 군부가 정권을 찬탈한 불의에 의문을 제기하였지만 권위체제에 대해 일관되게 순응적이었고 협력하는 태도를 취하였다. 그렇지만 "현대"(現代)와 같은 한국의 발전된 대기업은 여전히 농후한 가족기업의 분위기를 가지고 있고, (이것은) 전통과 끊을 수 없는 관계를 가지고 있다. 그런데 한국경제는 최근 문제가 발생하였다. 이것 역시 관료와 기업의 결탁이라는 전통과 벗어날 수 없는 관

[15] Cf. John Wang, "Promoting Confucianism for Socio-economic Development: The Singapore Experience," and Eddie C. Y. Kuo, "Confucianism as Political Discourse in Singapore: The Case f an Incomplete Revitalization Movement", in *ibid*., pp. 277-309.

[16] Cf. Koh Byong-ik, "Confucianism in Contemporary Korea", in *ibid*., pp. 191-201.

계가 있는 것 같다.

종합하면 동아시아 현대화 과정은 분명히 각 지역 문화의 제약을 받으며, 유가는 상관성이 매우 강하여 서로 비슷한 특성이 있고 또 서로 다른 특징도 가지고 있어서 한 마디로 논의하기 어렵다. 전통적 권위체제 및 인민의 습관방식은 일정한 영향을 주어 동아시아가 라틴 아메리카, 아프리카와 비교할 때 분명히 더 나은 장점이 있다. 그리고 낙후지역은 현대화해야 하지만 동아시아로부터 배우는 것이 서양의 시각을 가지고 하는 것보다 훨씬 쉬울 것이다. 이것이 바로 변형된 뒤의 정치화된 유가가 오늘날 세계에서 큰 흡입력을 갖게 된 이유이다. 당연히 여기에도 심각한 문제가 없지 않다. 동아시아의 많은 국가들이 비록 민주의 명칭은 있지만 어쨌든 아직 법치체제가 세워지지 않았고, 인권이 신장되지 않았으므로 앞으로 걸어가야 할 길이 멀다. 그렇지만 문화중국은 자신의 방식을 서양의 지식인들이 받아들여 (자기 나라의) 폐단을 치료하도록 전파할 수 있다. 그렇다고 하더라도 현대화 과정에서 서양의 물질문화가 홍수처럼 밀려든다면 자신의 우수한 점도 곧 사라져 "예를 잃으면 재야에서 구한다"(禮失而求諸野)는 현상이 나타나게 될 것이다. 우리가 전통과 현대에 대해 어떻게 지혜로운 선택을 할 것인가는 여전히 세기말에 반드시 마주해야만 하는 큰 문제이다. 그리고 중국문화의 내용이 풍부하지만 나는 여기에서 내가 비교적 잘 알고 있는 유가전통을 가지고 나의 생각을 간략히 진술하였을 따름이다. 여러분의 가르침을 구한다.

주註

* 이 글은 일찍이 "중화문화와 21세기 국제학술대회"(中華文化與二十一世紀國際學術硏討會) (1998년 12월 24일부터 28일까지 홍콩 中文大學)에서 발표하였다. 또 『二十一世紀』 총 제52기(1999년 4월)에 수록하였다.

찾아보기

ㄹ

ㅁ

ㅈ

ㅍ

ㅎ

저자 소개

유술선

유술선은 원적이 강서(江西) 길안(吉安)으로 1934년 상해에서 태어났다. 대만대학 철학과 학사, 철학연구소 석사, 미국 서던 일리노이 대학에서 철학박사 학위를 받았다. 일찍이 동해대학(東海大學) 부교수, 서던 일리노이 대학 철학과 교수, 홍콩 중문대학(中文大學) 철학과 강좌교수(講座敎授), 중앙연구원(中央研究院) 중국문철연구소(中國文哲研究所) 특임강좌를 담당하였다. 2016년 6월 서거. 저작으로 『문학 감상의 영혼』(文學欣賞的靈魂), 『새로운 시대 철학의 신념과 방법』(新時代化哲學的信念與方法), 『문화철학의 시론적 탐구』(文化哲學的試探), 『생명정조의 결단』(生命情調的抉擇), 『중국철학과 현대화』(中國哲學與現代化), 『주자철학사상의 발전과 완성』(朱子哲學思想的發展與完成), 『황종희 심학의 정초』(黃宗羲心學的定位), 『문화와 철학의 탐색』(文化與哲學的探索), 『중서철학논문집』(中西哲學論文集), 『대륙과 해외-전통의 반성과 전환』(大陸與海外-傳統的反省與轉化), 『유가사상과 현대화』(儒家思想與現代化), 『이상과 현실의 규결』(理想與現實的糾結), 『전통과 현대의 탐색』(傳統與現代的探索), 『당대중국철학론』(當代中國哲學論), Understanding Confucian Philosophy: Classical and Sung-Ming 등이 있다. 그밖에 영문으로 된 논문 수십 편이 있다.

역자 소개

최대우

전남대학교와 동 대학원 철학과를 졸업하고 충남대학교 철학과에서 철학박사 학위를 받았다. 현재는 전남대학교 교수다. 저서로는 『호남의 유학자들』(전남대학교출판부, 2016, 공저), 『이제마의 철학』(경인문화사, 2009), 『정다산의 경학』(민음사, 1989, 공저), 『유학사상』(전남대학교출판부, 광주고전국역총서, 1992, 공저) 등이 있으며, 편저로는 『형식논리학입문』(전남대학교출판부, 1986, 공편저) 등이 있다. 역서로는 『중국 현대 신유학의 자아전환, 전남대학교출판부, 2013, 공역), 『동의수세보원 역해』(경인문화사, 2012), 『유학사상(연보집성)』(한국전산출판사, 광주고전국역총서, 1994, 공역) 등이 있다.

이경환

전남대학교와 동 대학원 철학과를 졸업하고 중국사회과학원에서 철학박사 학위를 받았다. 논문으로 「노자의 도와 덕의 관계에 관한 연구(석사학위논문, 1993), 「莊子的自由論」(박사학위논문, 2004) 등이 있다. 역서로는 『중국 현대 신유학의 자아전환』(전남대학교출판부, 2013, 공역)이 있다.

중국 현대 신유학의 철학적 탐구

인 쇄 2016년 11월 1일
발 행 2016년 11월 10일

역 자 최대우·이경환
발행인 지병문
발행처 전남대학교출판부

등 록 1981. 5. 21. 제53호
주 소 61186 광주광역시 북구 용봉로 77
전 화 (062) 530-0571~2
마케팅 (062) 530-0573
팩 스 (062) 530-0579
홈페이지 http://www.cnup.co.kr
이메일 cnup0571@hanmail.net

값 14,000원

ISBN 978-89-6849-356-0 (93150)

이 도서의 국립중앙도서관 출판예정도서목록(CIP)은 서지정보유통지원시스템 홈페이지(http://seoji.nl.go.kr)와 국가자료공동목록시스템(http://www.nl.go.kr/kolisnet)에서 이용하실 수 있습니다.
(CIP제어번호 : CIP2016026320)

이 책은 고인이 되신 저자 유가족의 번역 허가를 받아 최대우 · 이경환 교수에 의해 번역되었습니다.